明清

MINGQING
SHANGREN YU SHEHUI

商人与社会

张明富 著

人民出版社

目　录

1

前　言

　　明清时期，商潮涌动，地域商帮如雨后春笋般"破土"而出，商人数量激增，超过此前任何朝代，队伍空前壮大。他们或坐贾于通都大邑，或行商于江河湖海、崎岖险途、荒烟大漠，浓墨重彩地书写下了明清商业的历史长卷，创造了中国古代甚至包括西方各国前近代商业史上的奇观！

　　然而，展读472年的明清历史，清楚地记载着，这一奇观在中国社会即将踏入近代门槛之际逐渐消失了，明清商人群体整体地走向了衰落，犹如海市蜃楼一般！只留下斑斓的色彩与壮丽辉煌，供历史学者在心中凭吊！

　　拂去岁月的尘埃，透过多历年所的黄卷，远眺青山大河，不禁思绪万千：明清时期是一个什么样的时代？让那么多的人放下手中的锄犁刀铲，抛开熟悉的纸笔墨砚，转身加入商人的行列，走向未知的商海？壮大了的明清商人队伍与此前历史上的商人相比有何不同？具有何种超越地域的整体面貌？对明清社会又产生了什么样的影响？更让人唏嘘不已的是：由众多商帮组成的、当时世界各国罕有匹敌的明清时期的中国商人群体，为什么又在嘉、道之时开始衰微，未能整体地实现近代的转化？明清商人的时代落幕了，代之而起的是近代的企业家群体，他们是怎样对待明清商人的遗产的？

本书即是顺着这一思路对明清商人进行研究的。学术研究是一代又一代的学人不断向前推进的，前辈时贤的探索是后续研究的基础。近几十年来，明清商人研究取得了不菲的成绩。正视这些成果，既是对前辈时贤的尊重和礼敬，也可从中汲取学术的营养，"站在巨人的肩上"。因此，本书首章即对明清商人研究进行学术史的梳理，勾勒明清商人学术研究的发展轨迹，总结明清商人研究的成绩和不足，以期找到突破和创新的方向；明清商人在规模上、构成上，与明以前的商人有何不同？明清商人群体的发展经历了哪几个阶段？结局如何？这是第二章的内容。第三章从社会背景考察入手，深入剖析明清商人队伍得以壮大的原因。第四章分析明清商人的为商之道中哪些系继承前代商人而来？哪些系由传统资源的转化？哪些又是明清商人的创新？第五、六章探讨明清时期徽商与晋商的价值观。第七章论述明清商人的休闲生活方式。第八章着重从思想文化与多民族国家统一方面阐释明清商人对明清社会的影响。第九章从明清商人的商业行为与商品经济的矛盾性、明清商人的职业身份认同等方面透视明清商人未能整体实现近代转化的原因并总结明清商人精神的价值。

这九章除第一章是研究动态评述外，其他八章是笔者一直关注和非常感兴趣的问题。这八个问题笔者关注较早，大约开始于20世纪的90年代。屈指算来，已过去了20多年、接近30年的时光。其间，虽数度抽身忙于他事，研究工作时断时续，但一直都没有完全停止对这些问题的思考和探索。近几年，更是放下其他事务，专注于明清商人的研究工作。现在呈现在读者面前的这本小书，就是在研究过程中一点一滴积累起来的心得和收获。

这些点滴的心得和收获源于不懈地坚持，更受惠于师友的点拨和同人的启迪。如果说有什么创新的话，归纳起来，主要有四：一是把明清商人作为明清时期的一个重要的社会群体进行整体的考察，力图从历时性和共时性的视角揭示明清商人在中国古代商人发展史上的地位、特征，以及在明清时期明清商人发展的阶段性、超越地域性的特征;二是在明清商人队伍壮大的社会背景的分析中,重点强调了制度性因素的基础作用,认为明中叶早期市场经济体制的初步形成、通商政策的确立,是明清商人队伍得以壮大的必备条件,而且,较之其他条件更为重要;三是在对明清商人社会影响的论述中,钩稽史实,突出了明清商人的国家认同,提出了商人是一支统一国家构建中不可忽视的力量的观点;四是在对明清商人群体整体衰落原因的探讨中,更加注重明清商人自身特性的影响,认为明清商人的商业行为与商品经济的矛盾性、明清商人职业身份认同的工具性羁绊了明清商人迈向近代化的脚步,是明清商人群体在嘉、道以后整体衰落的内在原因。

上述八个问题涉及面广,时间跨度大,理论问题复杂,史料分散,研究颇有难度,要获彻底解决恐非易事。笔者资质愚钝,在书中提出的一些看法只是一孔之见,难免肤浅,也许未能切中肯綮。掩卷而思,不足之处甚多,特别是未能把明清时代的中国商人置于世界范围内进行考察,揭示中西商人的异同。但,丑媳妇总得见公婆。对提出的这几个问题解决得如何?是否有些道理,能否经得住时间的考验?笔者不敢拙见自持。学术研究本身就是仁者见仁,智者见智。唯望学界师友、同人批评。

第一章　明清商人研究的学术史回顾

　　明清两朝既是中国古代商品经济发展的重要阶段，也是古代经济向近代转型的关键时期。大批农民、儒士弃农、弃儒经商，商人数量超迈前朝，地域商帮非常活跃，对其时的政治、经济、文化均产生了重要影响。商人传记资料大量出现于这一时期的方志、文集、笔记、谱牒、碑刻之中。私家史著中，亦偶有一二商人传记。然"二十五史"中的《明史》《清史稿》皆未为商人专门立传。

　　明清商人引起较为广泛的关注始于 20 世纪初，迄今已有 100 余年的历史。其间，经几代学者在这一领域的辛勤耕耘，已结出丰硕的成果。综观明清商人的整个研究历程，可大致划分为三个阶段：20 世纪初至 50 年代，是研究的开创期；60—70 年代，是研究的沉寂期；20 世纪 80 年代至今，是研究的发展期和繁荣期。

一、开创期：20 世纪初至 50 年代

　　国内外对明清商人的关注是从晋商的票号开始的。1905 年，英国传

教士在《中国银行与物价》一书中，辟有"山西票号"专节。稍后，研究晋商的著作如日本学者根岸佶的《清国商业综览》第四卷（东亚同文会1906年版）、柏原文太郎的《中国经济全书》六辑（东亚同文会1907年版）、广畑茂的《支那货币史钱庄考略》（建设出版社1933年版），以及日本驻中国各地领事有关晋商的调查报告，还有一些票号老经理、老掌柜的回忆文稿相继问世。1923年，马寅初先生发表山西票号研究专论《吾国银行业历史上之色彩》（《银行杂志》1923年第1卷第1号）。19世纪三四十年代，则出版了两部重要著作：陈其田《山西票庄考略》（华世出版社1937年版），卫聚贤《山西票庄史》（说文社1944年版）。另外，还相继发表了一些有关山西票号的调查资料和研究论文。这些研究和史料整理发掘，为晋商的进一步研究提供了宝贵的资料。

至20世纪40年代末，明清商人研究的范围逐渐扩大，但重心转向徽商。傅衣凌先生在1946以后至1949年以前，先后撰写了论述"明代徽州商人""明代江苏洞庭商人""明代福建海商""明代陕西商人""清代前期东南洋铜商""清代前期厦门洋行"的论文，后略加增删，收入《明清时代商人及商业资本》（人民出版社1956年版）。资料丰富，见解独到，代表了那个时代的研究水平。日本学者藤井宏1953年发表《新安商人研究》的长文，是徽商研究的又一重要成果。后由傅衣凌、黄焕宗译成中文分别发表在《安徽历史学报》（1958年第2期）和《安徽史学通讯》（1959年第1期）上。该文以汪道昆《太函集》为主要资料，第一次深入系统地研究了新安（即徽州）商人产生的背景、活动范围与经营项目，新安商人资本积累的过程与其经营形态，新安商人与生产者、消费者、国家和官僚的种种关系。20世纪50年代末，傅衣凌《明清时代徽州婺商资料类辑》（《安徽史学通讯》1958年第2期）对徽州婺商史料做了研究；陈野《论徽州商业资本的形成及其特色》（《安徽史学》1958年第5期）一文，对徽商商业资本的形成、特色及作用进行了论述。

二、沉寂期：20 世纪 60—70 年代

20 世纪 60—70 年代，研究工作虽未完全停止，但国内成果少见。倒是日本出版、发表了少量有关山西商人的论著和调查资料：佐伯富的《清朝的兴起和山西商人》（《社会文化史学》1966 年第 1 期，1974 年 10 月编入《中国史研究》第 2 辑）、《清代塞外的山西商人》（东方学会创立 25 周年《纪念东方学论集》，1972 年 11 月）、《清代山西商人》及《山西商人的起源和沿革》（日本东方学会主编《东方学》，1979 年 7 月），系统研究了山西商人的起源、形成和发展及其社会经济、政治背景，探讨了晋商的经营行业、活动范围及资本与获利情况等。

三、发展期和繁荣期：20 世纪 80 年代至今

进入 20 世纪 80 年代，明清商人研究步入了空前的发展和繁荣阶段，研究成果大量涌现，研究领域不断拓宽。这一时期的明清商人研究，大致可以分为区域性商人集团综合研究、单个区域性商人集团研究、区域性商人集团比较研究、不同类型商人研究、商人群体整体研究 5 个类别。在这 5 个类别的研究成果中，无疑以单个区域性商人集团的研究成果为大宗。但同时，区域性商人集团综合研究、区域商人集团比较研究、不同类型商人研究、商人群体整体研究也都得到较快的发展。下面做一分类的梳理。

1.区域性商人集团的综合研究

对区域性商人集团的综合研究，即是以区域性商人集团为研究对象，但又不局限于某一单个区域性商人集团，而是将数个区域性商人集团放在一起论述。这方面影响最大的著作当推张海鹏、张海瀛主编的《中国十大商帮》（黄山书社 1993 年版）。该书分 10 章，共 41 万字，分别论述了明清时期山西、陕西、宁波、山东、广东、福建、洞庭、江右、龙游、徽州十大商帮的形成、发展、衰落的过程及各商帮的经营范围、资本流向及历史作用，是首部对十大商帮全面系统研究的著作。唐力行等《江南儒商与江南社会》（人民出版社 2002 年版）也颇具影响力，论述了洞庭、徽州、宁波儒商以及外地商人在江南的活动。对区域性商人集团综合研究的论文有：陈忠平《明清时期闽粤商人在江南市镇的活动》（《学术研究》1987 年第 2 期），范金民《明清时期活动于苏州的外地商人》（《中国社会经济史研究》1989 年第 3 期），张守广《试论明清时期地域商人集团的产生、发展及特点》（《江苏社联通讯》1990 年第 2 期），陈锋《论明清时期区域性商人集团的发展》（《社会科学辑刊》1990 年第 4 期），李华《清代湖南的外籍商人——清代地方商人研究之六》（《清史研究》1991 年第 1 期），王兴亚《明清时期的河南山陕商人》（《郑州大学学报》1996 年第 1 期），桑良之《十大商帮与藏书文化》（《黄山高等专科学校学报》2001 年第 1 期），王云《明清时期山东的山陕商人》（《东岳论丛》2003 年第 2 期），刘文峰《明清山陕商人与儒家文化》（《山西师大学报》2003 年第 4 期），范金民《明清地域商人与江南市镇经济》（《中国社会经济史研究》2003 年第 4 期），宋伦、李刚《明清山陕商人在湖北的活动及其会馆建设》（《江汉论坛》2004 年第 10 期），许敏《试析明代后期江南商贾及其子弟的文人化现象——从方用彬谈起》（《中国史研究》2005 年第 3 期），陈剑峰《地域商人与明清时期浙北区域经济发展》（《浙江社会科学》2006 年第 6 期），宋伦、田兵权《明清山陕商人在甘肃的活动及会馆建设》（《西安电子科技大学学报》2008 年第 4 期），宋伦、李刚《明清山陕商人在河南的会馆建设及其市场化因素》（《西北大学学报》2009 年第 5 期），张实龙《商人与儒学——以明清甬商、徽商、晋商为例》（《宁波大学学报》2009 年第 6 期），李刚、崔洁《明清山陕商人的契约化经营模式探析》（《民办教育研究》2010 年第 2 期），黄冬霞、李刚《明清陕晋商帮地位变迁探微》（《西北农林科技大学学报》2010 年第 2 期）等。这些成果探讨了区域性商人集团的形成、发展及特点，闽粤商人与江南市镇经济、山陕商人的契约化经营模式及会馆建设、陕晋商帮地位变迁、江南商贾的文人化现象、商帮与藏书文化、甬徽晋商人与儒学等问题。

2. 单个区域性商人集团研究

单个区域性商人集团研究，是指以某一个区域性商人集团，或其某一方面为研究对象而进行的专门研究。在这一时期，单个区域性商人集团的研究范围得到了极大的拓展，不仅十大商帮备受关注，而且无锡商人、河州商人等也进入研究者的视野。但仍以徽商、晋商研究成果为最多。

（1）徽商研究。徽商研究论著，居各区域性商人集团之最。张海鹏、王廷元主编的《明清徽商资料选编》（黄山书社1985年版），长达39万余字。该书将从史籍、方志、谱牒、笔记、小说、文集、契约、文书、碑刻、档案中摘录的商人资料，按"明清时期的徽州社会""徽商经营的行业""徽商的活动范围和经营方式""徽商资本的出路""徽商的政治态度""徽商与学术文化"等 8 个主题分类编选，是国内第一部关于徽商的资料集。张海鹏、王廷元主编的《徽商研究》（安徽人民出版社1995年版），洋洋洒洒54万余言，分11章，对徽州商帮的形成与发展、徽商的资本积累、徽商的经营活动、徽商的"儒贾观"和商业道德、徽商与封建势力的关系、徽商资本的出路、徽商与徽州文化、徽商的衰落及徽商个案等进行了深入研究，堪称徽商研究的力作。对徽商专门研究的著作还有很多：王振忠

《明清徽商与淮扬社会变迁》（生活·读书·新知三联书店 1996 年版），王廷元、王世华《徽商》（安徽人民出版社 2005 年版），陈智超《明代徽州方氏亲友手札七百通考释》（安徽大学出版社 2001 年版），李琳琦《徽商与明清徽州教育》（湖北教育出版社 2002 年版），陈学文《徽商与徽学》（方志出版社 2003 年版），（日本）臼井佐知子《徽州商人の研究》（东京汲古书院 2005 年版），王磊《徽州朝奉》（福建人民出版社 1994 年版），王世华《富甲一方的徽商》（浙江人民出版社 1997 年版），胡时滨、舒育龄《清代后期徽商巨贾》（黄山书社 1997 年版），周晓光、李琳琦《徽商与经营文化》（世界图书出版公司 1998 年版），丁言模《左儒右贾——安徽帮》（广东经济出版社 2001 年版）；江淮论坛编辑部《徽商研究论文集》（安徽人民出版社 1985 年版）、邵之惠《绩溪徽商（续一）》（2004 年），绩溪县方志办公室《绩溪徽商》（2001 年），邵之惠《绩溪徽商（续二、三）》（2008年，2010 年），朱世良等《徽商史话》（黄山书社 1992 年版）。这些著作或对徽商全面研究，或考释商人手札，或论述徽商与徽学的关系，或探讨徽商对明清徽州教育的贡献等，皆有独到的见解。

论文方面有：李则纲《徽商述略》（《江淮论坛》1982 年第 1 期）对徽商进行了较全面的考察。其他大量的论文则是从不同侧面对徽商进行研究。

关于徽商兴起、发展、衰落的过程及原因，徽商的资本积累及流向的研究：叶显恩《试论徽州商人的形成与发展》（《中国史研究》1980 年第 3 期）、《徽商的衰落及其历史作用》（《江淮论坛》1982 年第 3 期）、《徽商利润的封建化与资本主义萌芽》（《中山大学学报》1983 年第 1 期），刘和惠《徽商始于何时》（《江淮论坛》1982 年第 4 期），李琳琦《论徽商资本流向土地的特点及其规律》（《安徽师大学报（哲学社会科学版）》1988 年第 4 期）、《徽商资本流向家乡土地论述》（《徽州社会科学》1989 年第 3 期），王廷元《论徽州商帮的形成与发展》（《中国史研究》1995 年第 3 期），李吴《徽商崛起的财务视角：文化、资本、制度的互动》（《湖北经济学院学报》2009年第2期），孙长城、刘其民《明清时期歙县江村商人的崛起和发展》（《合肥学院学报》2009年第2期），王珍《关于徽商兴起及衰落的原因》（《徽州社会科学》1986年第3期），聂德宁《试论明代中叶徽州海商的兴衰》（《安徽史学》1989年第3期），翟屯建《新安理学与徽商的崛起》（《徽州师专学报》1994年第3期），刘伯山《徽商崛起的精神因素》（《探索与争鸣》1999年第4期），汪雷《明清时期徽商集团拓展壮大原因探析》（《学术月刊》2001年第6期），葛剑雄《从历史地理看徽商的兴衰》（《安徽史学》2004年第5期），范金民《明代徽州盐商盛于两淮的时间与原因》（《安徽史学》2004年第5期），谢永平《明清东南城镇经济与徽商资本的积累》（《盐城师范学院学报》2006年第3期），刘凝霜《明清历史上"徽商"的产生与发展及其兴盛与衰落》（《现代商业》2013年第20期），齐春雷《徽商兴衰的文化因素探究及其启示》（《阜阳师范学院学报：社会科学版》2019年第4期），李靖《近代徽商衰落的反思和启示》（《中外管理》2019年第3期）等。

关于徽商的经营行业、经营地域范围、经营特点及历史作用的研究：刘文智《清前期的扬州徽商》（《江淮论坛》1982年第3期），吴仁安、唐力行《明清徽州茶商述论》（《安徽史学》1985年第3期），邵之惠《绩溪旅外徽馆业简介》（《徽州社会科学》1985年第2期），王廷元《徽州典商述论》（《安徽史学》1986年第1期），陈希《胡开文墨业史略》（上中下）（《徽州社会科学》1986年第1、2、3期），曹国庆《明清时期景德镇的徽州瓷商》（《江淮论坛》1987年第2期），王珍《徽州木商述略》（《徽州社会科学》1991年第2期），唐力行《明清徽州木商考》（《学术界》1991年第2期），王廷元《明清徽商与江南棉织业》（《安徽师范大学学报》1991年第1期），李琳琦《明清徽州粮商述论》（《江淮论坛》1993年第4期），王振忠《明清淮安河下徽州盐商研究》（《江淮论坛》1994年第5期），童光东《明清时期新安药店及其医药学作用》(《中华医史杂志》1995 年第 1 期),李琳琦《徽商与明清时期的木材贸易》(《清史研究》1996 年第 2 期),张海鹏《徽商进入两淮的几个阶段——"明清徽商与两淮盐业"研究之一》(《货殖》1996 年第 2 辑),张海鹏《徽商在两淮盐业经营中的优势——"明清徽商与两淮盐业"研究之二》(《首届国际徽学学术会讨论文集》,黄山书社 1996 年版),王国键《论五口通商后徽州茶商贸易重心的转移》(《安徽史学》1998 年第 3 期),周晓光《近代外国资本主义势力的入侵与徽州茶商的衰落》(《江海学刊》1998 年第 6 期),王世华《明清徽州典商的盛衰》(《清史研究》1999 年第 2 期),吴仁安《论明清徽商在上海地区的经营活动与历史作用》(《大连大学学报》1999 年第 5 期),周晓光《清代徽商与茶叶贸易》(《安徽师范大学学报》2000 年第 3 期),范金民《明代徽商染店的一个实例》(《安徽史学》2001 年第 3 期),周晓光《徽州盐商个案研究:〈二房货产清簿〉剖析》(《中国史研究》2001 年第 1 期),汪崇筼《明代徽州盐商论述》(《盐业史研究》2001 年第 1 期),曹永宪《明清徽州盐商的移居与商籍》(《中国社会经济史研究》2002 年第 1 期),汪崇筼《明清徽商在淮盐经营中的获利探讨》(《盐业史研究》2007 年第 4 期),梁明武、李莉《明清婺源木商兴盛原因初探》(《北京林业大学学报》2007 年第 4 期),秦宗财、董家魁《明清徽州的文化商人》(《学术界》2007 年第 6 期),秦宗财、王艳红《明清徽商与茶叶市场》(《安徽师范大学学报》2006 年第 4 期),梁明武、李莉、陈建成《明清徽商木材经营中的资本形态初探》(《林业经济》2007 年第 11 期),李小玲、季坤《明清时代婺源木材商人》(《兰州教育学院学报》2007 年第 3 期),王裕明《明清分家阄书所见徽州典商述论》(《安徽大学学报》2010 年第 6 期),刘淼《徽州盐商的经营特点》(《徽学》1986 年第 1 期),李琳琦《徽商的商业人才》(《孔孟月刊》(台北)1998 年第 8 期),王廷元《徽州商人的小本起家》(《首届国际徽学学术会讨论文集》,黄山书社 1996 年版),王廷元《论明清时期的徽商与芜湖》(《安徽史学》1984 年第 4 期)，陈忠平《明清徽商在江南市镇的活动》(《江淮论坛》1985 年第 5 期)，刘淼《清代前期徽州盐商和扬州城市经济的发展》(《安徽史学》1987 年第 3 期)，曹国庆《明清时期江西的徽商》(《江西师范大学学报》1988 年第 1 期)，陈学文《明清徽商在杭州的活动》(《江淮论坛》1990 年第 1 期)，吴仁安《试论明清时期上海地区的徽商》(《徽学》1990 年第 2 期)，王云《明清时期山东运河区域的徽商》(《安徽史学》2004 年第 3 期)，陈剑锋《明清时期浙北杭嘉湖市镇的徽商》(《安徽师范大学学报》2003 年第 2 期)，胡欣《明清时代徽商在河南的分布及特点》(《乐山师范学院学报》2011 年第 8 期)，胡欣《明清时期徽商在河南经营的原因及影响探析》(《内蒙古农业大学学报》2011 年第 5 期)，李宁《明清时期徽商在山东临清的活动研究》(《德州学院学报》2013 年第 3 期)，王廷元《略论徽州商人与吴楚贸易》(《中国社会经济史研究》1987 年第 4 期)，王世华、黄彩霞《徽商在浙江兰溪的经营特色和管理创新》(《安徽师范大学学报：人文社会科学版》2013 年第 5 期)，王廷元《徽商从业人员的组合方式》(《江海学刊》2002 年第 1 期)，王瑞成《明清商业聚落与城镇社区——以徽商为主的分析》(《中州学刊》2002 年第 1 期)，韩大成《明代徽商在交通与商业史上的重要贡献》(《史学月刊》1988 年第 4 期)，(日本) 臼井佐知子、何小刚《徽商及其网络》(《安徽史学》1991 第 4 期)，张雪慧《论明清徽商与西南民族地区的社会经济关系》(《徽州社会科学》1991 年第 3 期)，朱宗庙《徽商与扬州》(《扬州师院学报》1991 年第 2 期)，翟屯建《徽商与明清时期江南经济的发展》(《东南文化》1993 年第 3 期)，谢永平《明清徽商的兴起与东南城镇经济的发展》(《南通大学学报》2008 年第 2 期)，卞利《无徽不成镇——明清时期的徽商与城市发展》(《社会科学》2011 年第 1 期)，姚伟《明清徽商在皖江流域的商业经营与社会公益活动》(《淮北师范大学学报：哲学社会科学版》2021 年第 1 期)，张海鹏《从扬州到徽州的繁荣看明清徽商的历史作用》(《第六届明史国际学术讨论会论文集》，1995 年），黄彩霞、王世华《徽商对商品流通基础设施的投入及其社会影响》（《甘肃社会科学》2007 年第 1 期），江丽《明清徽商与汉口》（《安徽广播电视大学学报》2006 年第 1 期），王振忠《万历〈歙志〉所见明代商人、商业与徽州社会》（《传统中国研究集刊》（第五辑），2008 年），梁仁志《明清徽商发展与儒学的变化》（《淮北师范大学学报》2012 年第 2 期），唐力行《徽商与杭州汪王庙的变迁——兼论国家、民间社团、商人的互动与社会变迁》（《国家、地方、民众的互动与社会变迁国际学术研讨会暨第九届中国社会史年会论文集》，2002 年）等。

关于徽商的经济伦理与经营文化的研究：王世华《论徽商的商业道德》（《光明日报》1998 年 2 月 13 日），童建军、马丽《论明清徽商的商业伦理——基于利益相关者理论的分析》（《西南大学学报》2008 年第 3 期），董家魁《清代宁国商人的经营策略》（《大庆师范学院学报》2012 年第 4 期），康海燕《明清时期徽商的经营管理之道》（《兰台世界》2012 年第 19 期），刘艳琴《明代徽商与官府、客地居民和乡邻的关系——从明代话本小说看徽商拓展生存空间的方式》（《安徽大学学报》2009 年第 4 期），倪玉平《明清徽商的经营艺术》（《中国市场》2010 年第 33 期），孙新文、邢宇峰《明清徽商的市场伦理——以徽商与政府的关系为视角》（《四川理工学院学报》2009 年第 5 期），董家魁《儒家文化之仁义礼智信与徽商的市场营销艺术》（《内蒙古农业大学学报》2012 年第 2 期），陈学文《明清徽州商人之成功——明清徽商经营之道与商业道德》（《浙江学刊》2001 年第 6 期），王世华《明清时期徽商的公关艺术》（《文史知识》1994 年第 12 期），李琳琦《徽商的店堂文化、柜台艺术与广告促销活动》（《孔孟月刊》（台北）1998 年第 9 期），李琳琦《略论徽商的竞争策略》（《孔孟月刊》（台北）1998 年第 11 期），张海鹏《论徽商经营文化》（《安徽师范大学学报》1999 年第 3 期），陈学文《明清徽州商人之成功》（《浙江学刊》2001 年第 6 期），李琳琦《"儒术"与"贾事"的会通》（《学术月刊》2001 年第 6 期），

王振忠《明清时代南京的徽商及其经营文化》(《浙江社会科学》2002 年
第 4 期)，周晓光《略论明清徽商的"儒道"经营理念》(《孔孟月刊》(台
北) 2004 年第 5 期)，王建刚、江宁《徽商投资思想探析》(《黄山学院学
报》2005 年第 2 期)，黄彩霞《徽商的商业经营安全观述论——以徽商商
业书为中心的考察》(《甘肃社会科学》2010 年第 6 期)，康海燕《明清时
期徽商的经营管理之道》(《兰台世界》2012 年第 19 期)，梁德阔《徽商
的经济交换形式》(《经济问题探索》2005 年第 12 期)，陈刚锋、秦宗财《明
清徽商的商业信息渠道》(《安徽师范大学学报》2007 年第 6 期)，潘晔《从
徽商的经营策略谈当代家族式企业财务管理》(《中国商论》2017 年第 2 期)，
王刚业《徽商的经营智慧》(《企业改革与管理》2013 年第 11 期)，胡芳《论
儒家思想与徽商经营管理之道》(《巢湖学院学报》2014 年第 2 期) 等。

关于徽商特色、价值观及徽州商人文化的研究：张海鹏、唐力行《论
徽商"贾而好儒"的特色》(《中国史研究》1984 年第 4 期)，杨明明《徽
商是典型的东方封建商贾》(《徽州社会科学》1986 年第 3 期)，唐力行《论
徽商的形成及其价值观的变革》(《江淮论坛》1991 年第 2 期)，陈其南《明
清徽州商人的职业观与家族主义》(《江淮论坛》1992 年第 2 期)，唐力行
《论徽州商人文化的内涵、特征及其历史地位》(《安徽史学》1992 年第 3
期)、《论徽州商人文化的整合》(《安徽史学》1993 年第 1 期)，李琳琦《略
论徽商的途程观念》(《历史档案》1997 年第 2 期)，刘伯山《徽商的儒商
本质及其在竞争中的优势》(《徽州师专学报》1997 年第 2 期)、《一代儒
商——徽商》(《哲学大视野》1997 年第 2 期)，董家魁、孙华莹《试析明
清徽商的"弃贾从儒"》(《滁州学院学报》2005 年第 4 期)，卞利《贾而
好儒的徽商》(《江南晚报》1997 年 11 月 5 日)、《徽商的义利之辩》(《江
南晚报》1997 年 11 月 26 日)，梁仁志《也论徽商"贾而好儒"的特色——
明清贾儒关系问题研究之反思》(《安徽史学》2017 年第 3 期)，吴晓萍《论
明清时期徽商的敬业精神》(《芜湖职业技术学院学报》1999 年第 3 期)，

汪崇筼《明清徽州盐商的文化特色》(《盐文化研究论丛》(第一辑)，2005年)，胡中生《徽商的人文精神与明清徽州的和谐社会》(《安徽省徽学学会二届二次理事会暨"徽州文化与和谐社会"学术研讨会论文集》，2007年)，王日根《明清徽州商人的家族观念及其超越》(《安徽史学》2007年第1期)，王颖《明清时期徽州商人文化素质探析》(《兰州学刊》2008年第10期)，孟森、杨波《徽州商人文化的兴起与明清江南学术的转变》(《商业文化》2008年第6期)，李珍《论徽商文化理念的多元归一性》(《学术探索》2009年第6期)，李琳琦、姚雪梅《重教兴文：徽商的风尚》(二)(《金融博览》2010年第9期)，李建萍、樊嘉禄《从清代扬州务本堂看徽州盐商商儒价值观的内涵》(《安徽史学》2010年第6期)，李少玉《矛盾的世界：明清商人的价值观探微——以徽商为视角》(《河南商业高等专科学校学报》2010年第5期)，徐大慰《徽商的儒贾观》(《江汉论坛》2011年第11期)，李少玉《传统孝文化与明清徽商》(《河南商业高等专科学校学报》2011年第1期)，黄兆宏、雷兴鹤《明清时期徽商的儒学精神及其现代性探析——以仁、义、礼、智、信为核心》(《贵州师范学院学报》2012年第4期)，王世华《徽商精神与现代经济》(《安徽日报》2003年4月11日)，吴兴元、陈敬宇《论"孝道"对徽商的影响》(《湖北教育学院学报》2007年第10期)，于海根《试析明清徽州盐商独特的文化人格现象》(《学术月刊》1994年第5期)，刘伯山《徽商精神的内涵》(《安徽日报》1999年5月13日)，桑良至《徽商公共关系的特色》(《经济研究导刊》2010年第18期)，钟艳《徽商精神对长三角发展的贡献和价值》(《商业文化》2021年第26期)等。

关于徽商与教育、学术文化的研究：汪庆元《徽商与两浙崇文书院》(《江淮论坛》1988年第3期)，洪璞《明清徽商与科学技术的发展》(《安徽师范大学学报》1990年第4期)，张民服《徽商与明清文化》(《郑州大学学报》1991年第5期)，王世华《"左儒右贾"辨——明清徽州社会风

尚的考察》(《安徽师范大学学报》1991 年第 1 期)，桑良志《徽商与扬州
文化》(《扬州师院学报》1993 年第 1 期)，张海鹏《徽商——酿造徽州文
化的"酵母"》(黄山市编《徽学研究论文集》，1994 年)，黄成林《试论
徽商对徽州文化的影响》(《人文地理》1995 年第 4 期)，赵克生《明清时
期的徽州教育》(《历史教学问题》1996 年第 3 期)，李琳琦《明清徽商与
儒学教育》(《华东师范大学学报》1997 年第 3 期)、《从谱牒和商业书看
明清徽州的商业教育》(《中国文化研究》1998 年第 3 期)、《明清徽州的
蒙养教育述论》(《安徽师范大学学报》2000 年第 1 期)、《略论徽商对家
乡士子科举的扶持与资助》(《历史档案》2001 年第 2 期)、《明清徽州商
业社会中的教育特色》(《华东师范大学学报》2003 年第 1 期)，王成《明
清时期徽商对扬州文化发展的贡献》(《安庆师范学院学报》1999 年第 5
期)，陈修英《明清新安商人与刻书》(《淮北煤炭师范学院学报》2000 年
第 4 期)，卞孝萱《从〈扬州画舫录〉看清代徽商对文化事业的贡献》(《徽
学》，2000 年)，周晓光《明清徽商建筑文化的特色》(《中国典籍与文化》
2000 年第 1 期)，宗韵《清代徽商家庭教育个案研究——以〈先府君行述〉
为考察的中心》(《安徽师范大学学报》2003 年第 5 期)，王世华《徽商与
长江文化》(《安徽师范大学学报》2003 年第 1 期)，梁仁志《明清侨寓徽
商子弟教育的特色》(《安徽史学》2008 年第 5 期)，宋玉霞《儒学科举情
结对明清徽商的双重影响》(《教育与考试》2008 年第 1 期)，王世华、李
锦胜《明清徽商与新安画派》(《学术月刊》2005 年第 1 期)，刘诗能《徽
商商业教育发展及其社会背景分析》(《职教论坛》2005 年第 4 期)，宗韵
《明清徽商家庭商业教育述略》(《安徽史学》2006 年第 3 期)，张晓婧《明
清徽商兴办书院的动机及其社会功能》(《大学教育科学》2006 年第 1 期)，
周生杰《简论明清徽商的诗歌创作》(《文学评论》2012 年第 3 期)，徐彬
《明清时期徽商参与家谱编修的动因》(《安徽师范大学学报》2011 年第 1
期)，徐彬《论明清徽州家谱编修与徽商的互动》(《学术研究》2011 年第

6 期），郑清土《鲍廷博和〈知不足斋丛书〉》（《安徽史学》1995 年第 4 期），朱万曙《明清徽商的壮大与文学的变化》（《文学遗产》2008 年第 2 期），温世亮《论明清徽商及其子裔之文学贡献》（《西北农林科技大学学报》2013 年第 6 期），张长虹《晚明徽商与苏州艺术市场关系研究》（《新美术》2005 年第 3 期），汤瑾瑜《浅析徽商与明清艺术品市场关系》（《经济视角》2012 年第 1 期），周礼、范成梅《徽商与江南士人社会交往研究》（《安徽省徽学学会二届二次理事会暨"徽州文化与和谐社会"学术研讨会论文集》，2007 年）等。

关于徽商消费、心理的研究：李琳琦《徽商的奢侈性消费及其心理探析》（《历史档案》1995 年第 4 期）、《徽商的消费行为及其心理探析》（《中国文化月刊》（台中）1998 年第 7 期）、《传统文化与徽商心理变迁》（《学术月刊》1999 年第 10 期），陈艳君《明清徽商消费生活的儒雅性》（《安徽广播电视大学学报》2007 年第 4 期）、《明清徽商的消费行为特征》（《安庆师范学院学报》2008 年第 4 期）、《明清徽商的消费生活述论》（《淮北煤炭师范学院学报》2008 年第 1 期），任慧《明清徽商的消费方式和社会认同心理》（《宜春学院学报》2011 年第 9 期），周伟义《宗族与徽商心理——社会心理学视域下徽商"贾而好儒"特色的分析》（《皖西学院学报》2018 年第 1 期）等。

关于徽商法制观念的研究：卞利《论明清徽商的法制观念》（《安徽大学学报》1999 年第 4 期），王亚军《论徽商"好讼"的弊害》（《学术论坛》2012 年第 1 期）、《徽商与中世纪商人的诉讼比较》（《社会科学家》2011 年第 11 期），王鸽、马雪滢《徽州宗法制度下村落建设表现研究》（《乡村科技》2018 年第 30 期）等。

关于徽商的捐助、赈济及休闲生活的研究：范金民《清代徽州商帮的慈善设施——以江南为中心》（《中国史研究》1999 年第 4 期），卞利《徽商与明清时期的社会公益事业》（《中州学刊》2004 年第 4 期）、《明清时期徽商对灾荒的捐助与赈济》(《光明日报》1998 年 10 月 3 日)，梁仁志《明清徽商捐纳之风及其原因和影响》(《淮北煤炭师范学院学报》2008 年第 5 期)，张崇旺《徽商与明清时期江淮地区的荒政建设》(《安徽大学学报》2009 年第 5 期)，孙华莹《徽商与明清徽州荒政》(《安徽师范大学学报》2006 年第 6 期)，廖建林《徽商与明清时期的社会公益事业》(《广西梧州师范高等专科学校学报》2005 年第 2 期)，马丽《区域社会发展与商人社会责任关系的历史研究——基于明清扬州徽商捐输活动的考察》(《社科纵横》2012 年第 1 期)，董家魁《明清徽商休闲娱乐活动的特色》(《重庆科技学院学报》2012 年第 7 期)、《明清徽商的休闲文化生活》(《齐齐哈尔大学学报》2012 年第 2 期)，王成、徐善华《明清徽商青楼生活的文化考察》(《淮北煤炭师范学院学报》2006 年第 5 期) 等。

　　关于徽商与封建势力、宗族组织的研究：唐力行《论徽商与封建宗族势力》(《历史研究》1986 年第 2 期)，李琳琦《略论明清时期封建政治势力对徽商的压制与打击》(《徽州社会科学》1988 年第 2 期)，王世华《论徽商与封建政治势力的关系》(《安徽师范大学学报》1994 年第 4 期)，朴元熇《明清时代徽州商人与宗族组织——歙县柳山方氏为中心》(《安徽师范大学学报》1999 年第 3 期)，方利山《徽商家庭浅论》(《安徽教育学院学报》1999 年第 1 期) 等。

　　关于徽商妇的研究：唐力行《论商人妇与明清徽州社会》(《社会学研究》1992 年第 4 期)，卞利《徽商与徽州妇女》(《江南晚报》1997 年 10 月 22 日)，胡海《明清时期徽商妇的家庭角色及地位》(《安徽文学》2007 年第 11 期)，王传满《明清徽州妇女对徽州商业的贡献》(《山东科技大学学报》2009 年第 6 期) 等。

　　徽商抗倭、徽商与资本主义萌芽、徽商与嘉靖海乱、徽商会票制度、苏州徽商资料、徽商传记、徽州绅商、徽商与中世纪西欧商人比较等的研究：王世华《论徽商的抗倭斗争》(《安徽师范大学学报》1986 年第 1 期)，唐力行《论明代徽州海商与中国资本主义萌芽》（《中国经济史研究》1990年第3期），郑力民《徽商与嘉靖海乱——兼与戴裔煊先生商榷嘉靖海乱性质》（《徽州社会科学》1990年第4期），王振忠《〈唐土门簿〉与〈海洋来往活套〉——佚存日本的苏州徽商资料及相关问题研究》（《江淮论坛》1999年第2期），汪庆元《徽商会票制度考略》（《文献》2000年第1期），耿传友《论明清徽商传记的历史价值与文学价值》（《南京师大学报》2012年第2期），梁仁志《明清徽州的绅商——兼谈明清绅商和近代绅商之不同》（《安徽师范大学学报》2011年第3期），彭学宝《徽商与中世纪西欧商人的比较研究》（《商丘师范学院学报》2005年第3期），赵克生《汪道昆与徽商》（《六安师专学报》1999年第1期），马勇虎《徽州商人的分层研究》（《黄山学院学报》2005年第1期），李琳琦、孟醒《明清小说与历史文献中的徽商形象之比较》（《安徽师范大学学报》2008年第2期），陈瑞《徽商与明清徽州保甲差役的承充》（《中国社会经济史研究》2011年第3期），唐丽丽、周晓光《徽商与明清两浙"商籍"》（《安徽师范大学学报》2011年第3期），董家魁《明清宁国商人新探》（《安徽师范大学学报》2013年第1期）等。

（2）晋商研究。对晋商进行专门研究的论著也颇多。张正明、薛慧林主编《明清晋商资料选编》（山西人民出版社1989年版）一书，收集了20余万字的第一手资料，按"明清时期的山西社会""活动范围与经营行业""经营方式和政治态度""会馆碑刻""资本积累和利润流向"5大类编排。中国人民银行山西分行、山西财经学院编《山西票号史料》（山西人民出版社1990年版），分三编，11章，110多万字，是一部关于山西票号商的史料汇编。（日本）寺田隆信《山西商人研究》出版于1972年，20世纪80年代由张正明等翻译成中文，1986年由山西人民出版社出版。作者首先就山西商人产生的历史背景和条件进行了论述。然后，以此为出发点，就山西商人的形象、特点及历史性质进行了探讨。关于山西商人如何看待商业，并以怎样的态度去经营商业，他们是怎样建立自己的营业组织的，他们和封建政权结合的途径、后果，他们获得的高额利润的去向等问题，在书中都进行了具体分析，且资料翔实。惜其未涉及山西票号。黄鉴晖《山西票号史》，1992 年山西人民出版社出版，2002 年山西经济出版社出版了修订本。该书分为 8 章，论述了山西票号出现前中国社会经济发展状况，评析了山西票号起源诸说，如隋末唐初说、明末清初说、清康熙乾隆嘉庆说等，认为山西票号起源于 1823 年左右。并将山西票号的发展划分为山西票号最初发展（1823—1853）、山西票号发展的挫折（1853—1863）、山西票号的大发展（1863—1893）、山西票号发展的极盛与危机（1893—1911）、山西票号的衰败（1911—1921）5 个阶段，深入分析了山西票号衰败的原因。张正明《晋商兴衰史》（山西古籍出版社 1995 年版），分 9 章，全面论述了晋商的兴起、发展、衰落过程及原因，分析了晋商的成功之道，对晋商的历史与地位进行了评价，并对山西著名商号与商人、商人家族进行了研究。刘建生、刘鹏生、燕红忠等《明清晋商制度变迁研究》（山西人民出版社 2005 年版），运用西方新制度经济学派的理论和方法对晋商的制度变迁作了深度分析。专门研究晋商的著作还有：黄鉴晖《明清山西商人研究》（山西经济出版社 2002 年版），史若民《票商兴衰史》（中国经济出版社 1992 年版），王尚义等《明清晋商与货币金融史略》（山西古籍出版社 1995 年版），李希曾《晋商史料与研究》（山西人民出版社 1996 年版），张正明《晋商与经营文化》（世界图书出版公司 1998 年版），穆雯英《晋商史料研究》（山西人民出版社 2001 年版），刘建生、刘鹏生等《晋商研究》（山西人民出版社 2002 年版），孔祥毅等《山西票号研究》（中国财政经济出版社 2002 年版），张正明《明清晋商及民风》（人民出版社 2003 年版），葛贤惠《商路漫漫五百年——晋商与传统文化》（华中理工大学出版社 1996 年版）等。这些著作除对晋商进一步总体研究外，多从史料、货币金融角度展开研究。

晋商研究论文有：张民服《试论明清晋商的商业活动趋向》（《中国史

研究》1994 年第 2 期），谢元鲁《明清北方边境对外贸易与晋商的兴衰》（《四川师范大学学报》1994 年第 2 期），孙丽萍《论晋商的人生价值观》（《晋阳学刊》2001 年第 4 期），郑志刚《晋商商号中的现代资本市场身影》（《中国金融》2020 年第 5 期），安介生《清代山西重商风尚与节孝妇女的出现》（《清史研究》2001 年第 1 期），冯磊《明代晋商兴起的政商环境与德性特质》（《山西高等学校社会科学学报》2021 年第 1 期），梁四宝、燕红忠《江右商帮与晋商的差异及其主要特征》（《生产力研究》2002 年第 4 期），刘建生、王瑞芬《浅析明清以来山西典商的特点》（《山西大学学报》2002 年第 5 期），刘鹏生、李冬《晋商兴衰历史考察》（《中国地方志》2003 年第 1 期），欧人《明清晋商商业价值观简论》（《商业研究》2003 年第 9 期），刘庭玉《"媚事威权"——晋商兴衰的："怪圈"》（《现代企业教育》2004 年第 3 期），章颖颉《略论儒家伦理与明清之际社会转型——以山西商人为个案的研究》（《同济大学学报》2004 年第 6 期），常平凡等《浅谈晋商与粮食贸易》（《山西农业大学学报》2005 年第 1 期），李存华、王智庆《晋商的历史局限性及探析》（《山西财政税务专科学校学报》2006 年第 6 期），杜正贞、赵世瑜《区域社会史视野下的明清泽潞商人》（《史学月刊》2006 年第 9 期），光晓霞、包平《晋商兴起原因浅谈》（《太原教育学院学报》2006 年第 3 期），侯文正《晋中商帮兴衰史略（连载一）》（《文史月刊》2006 年第 1 期），代梦雪《晋商：由商帮经营活动及经验探索其历史贡献》（《营销界》2020 年第 42 期），张钧《明清晋商与传统法律文化论纲》（《山西大学学报》2006 年第 4 期），王璐《明清晋商对外贸易的历史作用》（《山西高等学校社会科学学报》2006 年第 9 期），张卫东、王家进《从晋商兴衰的生态学原因看新晋商的崛起》（《太原大学学报》2006 年第 1 期），商雅琼《明清晋商的伦理道德教育与晋商的成功》（《山西档案》2007 年第 2 期），王云爱《明清时期晋商与华北区域经济的发展》（《中共山西省委党校学报》2007 年第 6 期），乔南《明清山西商人家族教育制度初探》（《教

育理论与实践》2007 年第 21 期），师冰洁《从地方志看明清时期晋商的
宗亲慈善活动》(《重庆教育学院学报》2007 年第 5 期），师冰洁《"背叛"——
明清时期晋南地区商人家庭夫妻关系的裂痕》(《法制与社会》2007 年第
12 期），师冰洁《从地方志看明清时期中小晋商的民间慈善活动》(《晋中
学院学报》2007 年第 5 期），王秀玲、万强《明清时期晋商家族教育浅析》
(《历史教学（高校版)》2007 年第 4 期），刘宝宏、卢昌崇《晋商为什么
衰落？——产权保护视角的探析》(《财经问题研究》2008 年第 6 期），王
璐《明清晋商对外贸易地理方向选择原因分析》(《山西高等学校社会科学
学报》2008 年第 1 期），赵丽生《明清晋商的历史地位与会计成就》(《会
计之友》2008 年第 5 期），王勇红、王勇浩《明清山西盐商与茶商之比较》
(《四川理工学院学报》2008 年第 1 期），孙桂芸《晋商与山西戏曲艺术的
传播》(《沧桑》2008 年第 1 期），李存华、王智庆《明清晋东商人兴衰探
缘》(《沧桑》2008 年第 4 期），宋丽莉、张正明《浅谈明清潞商与区域环
境的相互影响》(《山西大学学报》2008 年第 1 期），成艳萍《国际经济一
体化视角下的明清晋商》(《中国经济史研究》2008 年第 2 期），乔南《清
代山西商人行商地域范围研究》(《晋阳学刊》2008 年第 2 期），李超《明
清晋商在山西的分布》(《文化产业》2021 年第 19 期），韩玮《明清晋商
研究中几个需要思考的问题》(《山西财经大学学报》2008 年第 2 期），李
茂盛《论明清晋商崛起的历史经验》(《河北广播电视大学学报》2013 年
第 3 期），王红芳《明清晋商对俄茶叶贸易兴衰的分析与启示》(《生产力
研究》2013 年第 6 期），张权《论明清工商业会馆对商帮的作用——以晋
商会馆为例》(《社科纵横》2012 年第 3 期），张志娟《晋商诚信精神的时
代价值及践行路径》(《武汉冶金管理干部学院学报》2021 年第 1 期），燕
红忠《明清晋商制度的基本模式与实现方式——自我实施与集体主义惩戒
机制》(《中国社会经济史研究》2011 年第 3 期），吕艳伟《试述地理环境
在晋商形成中所起的作用》(《内蒙古农业大学学报》2011 年第 5 期），侯

吉庆《试谈名利兼重的晋商》（《辽宁教育行政学院学报》2010 年第 7 期），
王志东、燕红忠《晋商与政府结合的原因及其影响——关于传统官商关系
的一个"合约"分析》（《浙江社会科学》2010 年第 7 期），吴瑞娟《人口
迁徙在明清晋商发展中的作用》（《菏泽学院学报》2010 年第 1 期），孔祥
毅《晋商兴衰与转型中的教训》（《2010 年三晋文化研讨会论文集》，2010
年），孙丽萍《论明清晋商对中国社会进步与发展的贡献》（《山西社会主
义学院学报》2009 年第 1 期），段建宏《泽潞商人·戏台·地域社会》（《前
沿》2009 年第 3 期），秦佩珩《清代晋商之盐商和票号再探讨》（《郑州大
学学报》1989 年第 5 期），许晓静《明清晋商的教育理念及其对经营战略
的影响》（《晋中学院学报》2009 年第 5 期），张志娟《明清晋商家族中的
妇女生活窥探》（《黑龙江史志》2013 年第 10 期），陈远志《浅析明清时
期的商品经济政策与晋商的崛起》（《黑龙江史志》2010 年第 17 期），刘
文智《清代前期的山西商人》（《天津社会科学》1987 年第 3 期），陶宏伟
《明清时期平定商人的发展与转型》（《忻州师范学院学报》2009 年第 2 期），
张正明《明清时期的山西盐商》（《晋阳学刊》1991 年第 2 期）等。探讨
了晋商兴衰的原因、晋商与华北区域经济的发展、晋商的商业价值观和人
生价值观、晋商的慈善活动、晋商与戏曲艺术发展等问题。

其他区域性商人集团研究。徽商、晋商研究成果固为大宗，但对其他
区域性商人集团专门研究的成果也有不少。专著方面：王日根《福建商帮》
（香港中华书局 1995 年版），范金民《洞庭商帮》（香港中华书局 1995 年版），
李刚《陕西商帮史》（西北大学出版社 1997 年版）、《陕西商人研究》（陕
西人民出版社 2005 年版），方志远《江右商帮》（香港中华书局 1995 年版，
中华书局 2000 年版），张守广《超越传统——宁波帮的近代化历程》（西
南师范大学出版社 2000 年版），黄启臣《明清广东商人》（广东经济出版
社 2001 年版），陈学文《龙游商帮研究》（杭州出版社 2004 年版），张民服、
戴庞海《豫商发展史》（河南人民出版社 2007 年版），卢明辉、刘衍坤《旅

蒙商》（中国商业出版社 1995 年版）等。分别就福建商人、陕西商人、江西商人、广东商人、龙游商人、河南商人、旅蒙商人进行了全面系统的研究。余丽芬《胡雪岩与经营文化》（世界图书出版公司 1998 年版）对胡雪岩的商业经营进行了论述。

论文方面，研究陕西商人的论文有：李刚、郑中伟《明清陕西商人与康藏锅庄关系探微》（《重庆商学院学报》2000 年第 6 期），钞晓鸿《明清时期的陕西商人资本》（《中国经济史研究》1996 年第 1 期）、《传统商人与区域社会的整合——以明清"陕西商人"与关中社会为例》（《厦门大学学报》2001 年第 1 期），赵沛、李刚《乾隆年间陕商赵均瑞在疆经商活动及其历史启迪》（《西部学刊》2013 年第 4 期），李刚、曹向阳《明清时期陕西商人民间慈善活动及现实启迪》（《西部学刊》2013 年第 1 期），王俊霞、李刚、广红娟《明清陕西商人"合伙股份制"经营模式初探》（《西北大学学报》2010 年第 3 期），张健《明清陕西商贾流寓与扬州秦腔文化流行区》（《中国历史地理论丛》2011 年第 2 期），许祖波《明清陕西商人在打箭炉的贸易活动探微》（《康定民族师范高等专科学校学报》2009 年第 1 期），武忠远、张婕《明清时期陕商成功的影响因素分析》（《商业时代》2008 年第 4 期）等。这些成果论述了陕西商人的商人资本、经营模式、成功因素、边疆经营活动及其在区域社会整合中的作用，对陕西商人与秦腔文化的流行也有涉及。

广东商人研究相关论文有：罗一星《明清时期的佛山商人》（《学术研究》1985 年第 6 期），黄启臣《明清广东商帮》（《中国社会经济史研究》1992 年第 4 期），叶显恩《明代珠江三角洲商人与商业活动》（《中国史研究》1987 年第 2 期），陈伟明《明清广州儒商的社会构成与商业经营》（《暨南学报》1999 年第 3 期），吴水金《论明清粤商的商人精神》（《华南理工大学学报》2001 年第 3 期），卜奇文《论明清粤商与广西圩镇经济的发展》（《华南理工大学学报》2001 年第 1 期），刘正刚、刘强《明清江苏的广东商人》（《江苏商论》2004 年第 8 期），韦福安《明清及近代粤商入龙州的历史动因及其地域、身份来源探析》（《南宁师范高等专科学校学报》2008 年第 2 期），黄艳《从西江流域几处古建筑及其碑记看清代广东商人在广西的活动》（《岭南文史》2009 年第 2 期）等。论述了粤商精神、广州儒商、佛山商人、广东商人在外地的经商活动及其对当地经济发展的推动作用。

江右商研究相关论文：方志远、黄瑞卿《江右商的社会构成及经营方式——明清江西商人研究之一》（《中国经济史研究》1992 年第 1 期），吴金成《明清时期在湖广的江西商人》（《第八届明史国际学术讨论会论文集》，1999 年），余龙生《论明清江西商人商业伦理精神的特点》（《湖北教育学院学报》2007 年第 10 期），余龙生《浅析明清江西商人商业伦理精神的基本内容》（《江苏商论》2008 年第 3 期），余龙生《明清时期江西商人商业伦理精神的价值辨析》（《商业研究》2009 年第 10 期），方志远、黄瑞卿《明清时期西南地区的江右商——明清江西商人研究之三》（《中国社会经济史研究》1993 年第 4 期），李锦伟《江右商帮与明清农村公共产品的供给——以吉安府为例》（《农业考古》2013 年第 4 期），李锦伟《商人妇与明清社会公益事业的发展——以江西吉安府为中心》（《山西师大学报》2013 年第 3 期），徐攀《明清汀州商人与地方社会》（《赤峰学院学报》2012 年第 9 期），黄建胜、张凯《论明清时期沅水中游地区的商贸发展与江右商人》（《湖南工程学院学报》2012 年第 1 期），方兴《明清时期的江西商人与西南矿业》（《江西社会科学》2011 年第 2 期），李锦伟《论明清商人供给农村公共产品的模式和目的》（《商业时代》2011 年第 10 期），李锦伟《明清时期农村公共产品供给方式初探——以江西吉安府为例》（《山西师大学报》2011 年第 2 期），余龙生、文娟《明清江西盐商述略》（《江苏商论》2009 年第 1 期）等。论述了江西商人的经营方式、商业伦理精神、对农村公共产品的供给及在湖广、西南的活动。

其余区域商人集团研究相关论文：陈学文《中国历史上西部开发的先

驱者——龙游商帮》（《浙江学刊》2003 年第 2 期），林枫《明清福建商帮的性格与归宿——兼论中国封建社会的长期延续》（《中国经济史研究》2008 年第 2 期），陈支平《清代泉州晋江沿海商人的乡族特征》（《清史研究》2008 年第 1 期），陈支平《清代闽台商人间经济纠纷的案例分析》（《中国经济史研究》2008 年第 3 期），崔来廷《略论明清时期的河南怀庆商人及贸易网络》（《河南理工大学学报》2006 年第 3 期），吴志远《明清河南武安商人兴起的历史背景》（《中州学刊》2012 年第 2 期），刘丹丹、苗菊芳、吉伟卓《明清时期武安商帮在中国商帮中的地位及作用》（《邯郸学院学报》2011 年第 4 期），程峰、杨玉东《怀庆商帮与武安商帮的商帮意识——从会馆的建立谈起》（《焦作大学学报》2011 年第 2 期），王婧《论清代河南怀庆商人的兴起》（《社会科学论坛》2011 年第 6 期），李永菊《地域商人与社会变迁——从几通墓志看明代河南归德商人》（《河南理工大学学报》2010 年第 1 期），许桂灵《岭南客家商帮的形成、分布及其文化风格》（《热带地理》2012 年第 2 期），孙继亮《试论"宁波商帮"的崛起及其发展》（《经济研究参考》2012 年第 4 期），朱永香《明清小说中的杭州商人形象》（《重庆文理学院学报》2010 年第 6 期），李华《清代湖南商人的经商活动——清代地方商人研究之九》（《中国经济史研究》1992 年第 1 期），范金民、罗晓翔《非求生于近邑，必谋食于他乡——明清时期的无锡商帮》（《中国社会经济史研究》2009 年第 3 期）等。在这些论文中，除了对福建、宁波、龙游商人进行研究外，还对湖南、河南商人、无锡及客家商人进行了研究。

3.区域性商人集团比较研究

各地方商人比较研究起步较晚，进入 21 世纪方才有成果出现。但现在也已取得一些成绩。刘建生、燕红忠、张喜琴等《明清晋商与徽商之比较研究》（山西经济出版社 2012 年版）一书，在对盐业、茶、粮、布、典当等行业进行比较的基础上，归纳了两大商帮的共同特征、差异及其兴衰过程，并进而对两大商帮的制度模式、经营管理机制等内容进行了全面、系统的比较。论文方面：王世华《双子星座：徽商、晋商比较研究》（《安徽师范大学学报》2005 年第 6 期），陈立旭《区域工商文化传统与当代经济发展——对传统浙商晋商徽商的一种比较分析》（《浙江社会科学》2005 年第 3 期），刘建生、燕红忠《晋商与徽商经营管理之比较——传统文化在商业运营中的作用》（《中国经济思想史学会第十届年会论文》，2002 年），余龙生《明清江西商人与晋商的比较》（《中国市场》2006 年第 52 期），陈梅龙、沈月红《宁波商帮与晋商、徽商、粤商比较析论》（《宁波大学学报》2007 年第 5 期），蔡洪滨、周黎安、吴意云《宗族制度、商人信仰与商帮治理：关于明清时期徽商与晋商的比较研究》（《管理世界》2008 年第 8 期），乐承耀《甬商与晋商地域文化传承比较研究》（《中共宁波市委党校学报》2008 年第 1 期），何威《明清时期河州商人与山西商人比较研究》（《青海民族研究》2008 年第 2 期），张益赫、葛扬《文化信仰与商帮治理：明清时期晋商、徽商比较制度分析》（《河南社会科学》2012 年第 6 期），郭世强《历史地理视角下明清陕、徽、晋三商比较——兼论陕商的没落》（《三门峡职业技术学院学报》2013 年第 1 期），乔建伟《明清时期鲁商与晋商异同比较及原因分析》（《河北经贸大学学报》2013 年第 1 期），蔡志新《关于湖商和徽商的比较研究》（《商业经济与管理》2009 年第 2 期），付建华《"三言二拍"中的苏州徽州商人与明清时晋商之比较》（《晋中学院学报》2010 年第 4 期），雍家胜《文化信仰与经济绩效——盐业中的徽商与宁波商》（《南方经济》2009 年第 11 期）等。徽商与晋商的比较最为人注目，但同时也涉及了陕西商人、山东商人、广东商人、宁波商人、江西商人、河州商人等。比较的范围在逐步拓宽。

4. 不同类型、不同阶层商人研究

在明清商人研究中，除对区域性商人集团进行研究外，还对不同类型

和阶层的商人进行了研究，如官商、民商、盐商、海商、族商、牙人、行商等。陈支平先生首次提出"族商"的概念，其专著《民间文书与明清东南族商》（中华书局 2009 年版），在发掘大量民间文书的基础上，对东南族商进行了深入细致地研究。林仁川《明末清初私人海上贸易》（华东师范大学出版社 1987 年版），对明末清初私人海上贸易及海商进行了论述。研究论文有：商鸿逵《清代皇商介休范氏——〈红楼梦〉故事史证之一》（《明清国际学术讨论会论文集》，天津人民出版社 1982 年版），韦庆远《清代著名皇商范氏的兴衰》（《历史研究》1981 年第 3 期），王思治、金成基《清代前期两淮盐商的盛衰》（《中国史研究》1981 年第 2 期），薛宗正《清代前期的盐商》（《清史论丛》第 4 辑，中华书局 1982 年版），覃延欢《明代皇商官商刍议》（《学术论坛》1989 年第 4 期），邓亦兵《清代前期的民商》（《中国经济史研究》1997 年第 4 期），王振忠《明清两淮盐商与扬州城市的地域结构》（《历史地理》第 5 辑，1992 年）、《明清两淮盐产社区文化及其影响》（《中国史研究》1992 年第 2 期），陈伟明《明清粤闽海商的构成与特点》（《历史档案》2000 年第 2 期），丘慧莹《清代扬州盐商与戏曲活动研究》（《戏曲研究》2005 年第 1 期），陈东有《明清东南海商压抑心态初探》（《南昌大学学报》1999 年第 1 期），陈忠平《明清时期江南市镇的牙人与牙行》（《中国经济史研究》1987 年第 2 期），林仁川《明清私人海上贸易的特点》（《中国社会经济史研究》1987 年第 3 期），陈支平、郑振满《清代闽西四堡族商研究》（《中国经济史研究》1988 年第 2 期），王婧《清代中后期怀庆药商的地域经营》（《株洲师范高等专科学校学报》2007 年第 6 期），王婧《清代中后期怀庆药商的地域经营》（《河南商业高等专科学校学报》2007 年第 6 期），邱旺土《清代前期海外贸易商的构成》（《中国社会经济史研究》2007 年第 4 期），王雪萍《论扬州盐商的儒贾性》（《盐文化研究论丛（第四辑）——回顾与展望：中国盐业体制改革学术研讨会论文集》，2009 年），陈支平《明清族商研究的倡言与思考》（《厦门大学学报》2009 年第 4 期），赵志军、谢海涛《明清之际的海禁政策与海商》（《法制与社会》2009 年第 24 期），赵长贵《明清行商所临风险及其规避》（《云南社会科学》2010 年第 6 期），周薇《明清小说盐商的特征性描写与两淮盐业的现实指向》（《明清小说研究》2010 年第 3 期）等。成果以盐商为最多，但已基本覆盖了各种不同种类的商人。

5. 明清商人群体整体研究

明清商人群体整体研究，即是以明清商人群体为考察对象，或对其进行全面研究，或就其某一方面展开研究。余英时《中国近世宗教伦理与商人精神》（初稿刊于香港《知识分子季刊》1986 年冬季号），全文分为上、中、下三篇。上篇：中国宗教的入世转向。这一部分主要是研究中唐以来的新禅宗和宋以后的新道教。中篇：儒家伦理的新发展。着重讨论新儒家和新禅宗的关系，以及从程、朱到陆、王的发展。下篇：中国商人的精神。重点研究 16—18 世纪商人和传统宗教伦理，特别是新儒家的关系。唐力行《商人与中国近世社会》（修订本）（商务印书馆 2006 年版），从商人与中国近世社会相互作用的视域，考察了 16—20 世纪前半叶商人的发展及其在近世社会演进中的角色和作用，认为商人始终处于两难境地。研究颇具功力和新意。郭蕴静等《明清商人社会》（山西古籍出版社 2001 年版），陈学文《明清时期商业书及商人书之研究》（台北洪叶文化事业有限公司 1997 年版），张海英《走向大众的"计然之术"——明清时期的商书研究》（中华书局 2019 年版），陈亚平《清代法律视野中的商人社会角色》（中国社会科学出版社 2004 年版），杨海滨《明清中国的商人组织与市场整合研究》（经济科学出版社 2014 年版），则从商人社会、商人书、商人组织及法律的视野对明清商人做了独到的研究。

论文有：汪士信《明清时期商业经营方式的变化》（《中国经济史研究》1988 年第 2 期），刘永成、赫治清《清代前期的商人和商业资本》（《中国古代社会经济史诸问题》，福建人民出版社 1989 年版），陈支平《中国商人历史研究中的制度与文化：一个新的路径》（《学术月刊》2009 年第 4 期），张颖超《明清商人的生活方式》（《第七届明史国际学术讨论会论文集》，1999 年），陈学文《明清商人经营规范与职业道德的趋同》（《北京师范大学学报》1999 年第 1 期），侯杰《明清时期的商人与儒家思想观念》（《南开学报》2000 年第 5 期），方立《论明清商人对商业环境的改造》（《理论月刊》2000 年第 8 期），陈东有《明清时期东南商人的神灵崇拜》（《中国文化研究》2000 年第 2 期），孙华莹《论明清商人重教兴学及其特点》（《安徽师范大学学报》2000 年第 4 期），封越健《清代前期商人的社会构成分析》（《中国经济史研究》2000 年第 2 期），阎广芬《试论明清时期商人与教育的关系》（《河北大学学报》2001 年第 3 期），李和承《明代传统商人与职业神》（《中国社会经济史研究》2002 年第 1 期），李琳琦《明清商业社会中的教育特色》（《华东师范大学学报》2003 年第 1 期），杨虹《解读明清小说中的明清商人》（《广西社会科学》2003 年第 8 期），费鸿萍《略论明清儒商经营理念的形成及其主要内容》（《北京工商大学学报》2004年第 1 期），曲玉《略论明清小说中明末商人的价值观念》（《科教文汇（上半月）》2006 年第 11 期），孙强、徐林《中国古代商人的尚义传统——以明清商人为例》（《江苏商论》2006 年第 2 期），周柳燕《论明清小说中的儒商形象》（《文史博览》2006 年第 18 期），任晓兰《明清商人文化投资现象评析》（《山西档案》2008 年第 3 期），朱万曙《明清时期商人的文学创作》（《文学评论》2008 年第 3 期），刘秋根《明清商人经营及资金筹措方式——以若干种尺牍范本节的解读为中心》（《中国工商业、金融史的传统与变迁——十至二十世纪中国工商业、金融史国际学术研讨会论文集》，2007 年），张丽、骆昭东《从全球经济发展看明清商帮兴衰》（《中国经济史研究》2009 年第 4 期），周建波《明清商人如何为低收入阶层提供信贷服务》（《求索》2009 年第 12 期），徐承波《试论明清商人政治地位的变化》

（《人民论坛》2013 年第 29 期），刘连德《明清时期商人文学创作特点》（《长江大学学报》2013 年第 4 期），杨海滨《论明清商人组织对远程贸易及市场整合的影响》（《云南大学学报》2013 年第 6 期），常文相《明代商人的法权地位》（《古代文明》2013 年第 4 期），张立新《明清商业、消费观念与商人地位的变化》（《安顺学院学报》2012 年第 2 期），张晋光《明清商人与木材贩运》（《林业经济》2011 年第 6 期），秦翠红《试论明清商人的家班》（《社会科学辑刊》2006 年第 2 期），何伟福《清代滇黔地区的内地商人与市场网络体系的形成》（《思想战线》2007 年第 6 期），王日根、叶宝珠《明清福建商人与社会环境》（《福建论坛》1990 年第 3 期），叶宝珠《简论明清商人的社会形象》（《商业研究》1993 年第 2 期），张崇旺《试论明清商人的经营文化习俗》（《中国社会经济史研究》1993 年第 3 期），王新田、汪立祥《明清商人与教育》（《教育评论》1993 年第 4 期），徐承波《浅论明清商人阶层对社会风尚的影响》（《理论导报》2010 年第 4 期），冯伟《明清商人捐资助学的社会动机探析》（《绍兴文理学院学报》2010 年第 3 期），徐承波《浅谈明清商人阶层的政治影响及其局限性》（《理论导报》2009 年第 10 期）等。以对明清商人的整体研究为视角，探讨了商人的社会构成、文化素质、经营理念、经营方式、职业道德、法权地位、政治地位及商人捐资助学等问题。

四、已有代表性成果的简要分析及评价

通过上述对明清商人研究的学术梳理可以看出，100 余年来，明清商人研究已取得斐然成绩，佳作迭现。无疑，这些成果对推动明清商人研究的深入是贡献极大的。但综观整个现有研究状况，具有如下一些特点：

1.区域性商人集团专门研究成果丰硕，但呈现出不平衡的特性。在众多研究明清商人的成果中，专门研究区域性商人集团的成果，不论是专著还是论文，从数量上看，都占到了至少是一半以上，且有分量的成果不少。如傅衣凌《明清时代商人及商业资本》、张海鹏与王廷元主编的《徽商研究》、张正明《晋商兴衰史》、黄鉴晖《明清山西商人》及张海鹏与唐力行论述徽商"贾而好儒"的论文、钞晓红关于陕西商人的论文、方志远关于江右商经营方式的论文等。但各区域性商人集团研究成果的分布呈现出严重的不平衡性。仅以著名的十大商帮而论，徽商的研究成果最多，晋商其次，龙游商、洞庭商、山东商人的研究成果不多。十大商帮之外的区域性商人集团的研究成果则更少，有的甚至尚未进入研究者的视野。

2.各地方商人的比较研究及不同类型、不同阶层商人的研究有待进一步开拓。各区域性商人集团的比较研究虽兴起较晚，但局面可喜。比较研究的范围已涉及了晋商、徽商、陕商、江右商、鲁商、宁波商等。不过，相对而言，徽商与晋商的比较研究要更深入、更全面一些，王世华、张正明、刘建生等的相关成果可称代表。特别是刘建生、燕红忠、张喜琴等所著《明清晋商与徽商之比较研究》，共17章，长达65万余言，就晋商、徽商的兴起及发展、整体商业实力及变化、经营管理机制、业务制度安排等方面做了细致的比较。其他区域性商人集团之间、其它区域性商人集团与晋商、徽商之间的比较则有待于进一步深化和开拓。对明清时期不同阶层、不同类型商人的研究成果已涉及皇商、盐商、海商、行商、民商及陈支平先生力倡的"族商"等。但大多的研究成果以论文的形式呈现，专著仅有数本，如陈支平《民间文书与东南族商研究》、林仁川《明末清海上私人贸易》、梁嘉彬《广东十三行考》等，还有较大的开拓空间。如明清商人大多数来自农村，"农商"也应引起足够的重视。

3.明清商人群体的整体研究稍嫌不足。对明清商人进行整体研究的成果虽然也有一定数量，且不乏高质量的创新性成果，如余英时对16—18

世纪商人意识形态的研究、唐力行对 16—20 世纪前半叶商人与社会互动的考察等。但若与区域性商人集团研究成果的数量相比，则差之远甚。这还不是最主要的。最主要的是缺乏一部走出地域、系统论述明清商人发展的著作。

五、明清商人研究进一步深化和创新的方向

明清商人研究是明清史研究，乃至中国史研究中的一个重大课题。如何在已有研究的基础上进一步深化和创新，自 20 世纪 90 年代以来，就为不少学者所瞩目。如著名史家张海鹏、张海瀛在 1993 年 6 月，为《中国十大商帮》所写的"前言"中就说：近几十年来，明清商帮的研究取得了一定的成果，"但也无庸讳言，到目前为止，学者们的注意力，仅仅放在个别商帮的研究上，而多数商帮至今还受到冷落。就明清商帮这个大课题来看，大家还没有把个别研究与整体研究结合起来，没有把'帮'与'帮'之间的共同点与差异点找出来，没有揭示出商帮的兴衰原因和活动规律，没有全面的说清商帮的活动与明清社会发展的关系，等等。"① 二位张先生高屋建瓴地为明清商人的研究指明的方向，为众多学者响应。近一二十年来，出版、发表了为数不少的对各地方商人集团进行比较的论著，商帮与区域经济发展关系方面也有作品问世。应该说，局势有所改观。但还没达到二位先生所希望的程度，这仍然是今后明清商人研究走向深化和创新的方向。

"族商"研究也为一些学者所重视。1988 年，陈支平先生还与郑振满先生合作，撰写了《清代闽西四堡族商研究》的论文，提出了"族商"的

---

① 张海鹏、张海瀛：《中国十大商帮》，黄山书社 1993 年版，第 3 页。

概念。① 这应是明清商人研究的一个新方向，但似未引起学界的足够重视和广泛响应。2009 年，陈支平先生撰文正式倡言对"族商"进行研究，并提出对这一研究的思考。② 同年，陈支平先生在中华书局出版了《民间文书与明清东南族商研究》一书。明清时期宗族制度发达，人们生于宗族，长于宗族，商人人格在宗族的塑造中完成，商业行为、商业经营理念自然会深深地打上宗族的烙印！也许，族商研究是解开明清商人基因密码的一把钥匙！因此，族商研究值得重视，并大有可为。

学术研究是随着时代前进的。时代的变化和发展会给学术研究提出新的课题。学术研究也只有在不断应对、解决时代提出的课题中，才能得到现实土壤的滋养，永葆生机和活力。除了张海鹏、张海瀛、陈支平等先生倡导的明清商人研究应当深化和创新的方向外，应该还有不少，兹仅举两例。

第一，明清商人精神内涵与近代企业家群体人格塑造。

明清商人远去了，他们已是另外一个时空的存在。但活跃了近 500 年的明清商人已深深融入了明清时期的社会与历史，对其丰厚的遗产，我们不能视而不见，应当予以充分地重视，挖掘、提炼明清商人精神的内涵。目前，虽已有为数不多的论述徽商精神、晋商精神的文章，但总体上看，在许多方面都还需要进一步提升和完善。

同时，传统与近代也不是完全断裂的，还有延续的一面。不可否认，中国的近代化是受到了外来的刺激和推动，不属于内生型近代化这一类型。但从中也能找到一些内在的发展理路。明清时期是中国社会向近代转型的时期，明清商人活动的结果肯定会对近代产生影响，而不会如一缕青烟，消失在一望无际的天空。近代的企业家群体会充分利用明清商人留下的资源。因此，建立起明清商人遗产与近代企业家的联系，进行学理分

① 　陈支平、郑振满：《清代闽西四堡族商研究》，《中国经济史研究》1988 年第 2 期。
② 　陈支平：《明清族商研究的倡言与思考》，《厦门大学学报》2009 年第 4 期。

析，既是深化明清商人研究的要求，也是理解中国近代企业家群体的一种视角。

第二，明清商人与统一多民族国家构建。

明清时期的统一多民族国家是明清商人活动的广阔舞台，当然也是主要舞台。虽有商人漂洋过海，但明清商人的主体仍是以国内活动为主。那么，明清商人在统一多民族国家的构建中发挥了什么样的作用呢？此前对这一问题，学界是有所涉及的。如张正明、方志远、张雪慧等学者，在他们的论著中曾论及晋商、徽商、江右商在蒙古、天山南北、青海以及西南、华南民族地区的经济活动；商鸿逵先生、韦庆远先生在对山西介休商人范氏的研究中，论及范氏为清朝西北用兵运送军粮等。但只是零星涉及，还有不少内容没有提到，系统性、全面性稍嫌不足，且没有提高到筑牢中华民族共同体意识及中华民族共同体建设的高度。总之，这一研究既具学术性，也有着强烈的现实意义。深耕厚植，必将结出硕果。

行文至此，明清商人研究的学术史梳理将画上句号。但明清商人研究的历史悠久，已逾百年，研究成果数量甚多，用汗牛充栋形容似不为过。笔者见闻有限，遗漏在所难免。如有遗珠，皆是无心之过，而非有意为之，尚祈见谅！评述失当之处，亦请包涵！

第二章　明清商人队伍壮大及其
与此前商人的构成差异

　　中国商人起源甚早。有学者曾经考证，作为一个群体至迟到商代已经出现。其后各朝，皆有这个群体的身影和足迹，并不乏耀眼的业绩。但若从数量上比较，无疑，明清商人当居中国古代各朝商人之冠。也就是说，明清商人队伍是较前壮大了。那么，明清商人队伍壮大的史实依据何在？壮大了的明清商人作为一个群体，在明清时期经历了一个什么样的成长过程？明清商人这个群体在构成上，与此前各朝的商人群体有何差异？这是本章欲解决的问题。

一、明清商人队伍的壮大

　　明清历史起伏跌宕，风云变幻，延续时间近500年。这是中国商人发展史上一个非常重要的阶段。商人队伍的壮大引人注目。那么，这一时期的商业从业人员有多少？在总人口中占有一个什么样的比例？由于统计资料的缺乏，不能得出一个准确的数据。也许，只有留下永久的遗憾了！但诸多文集、方志及其他史料记载显示，商人人数确实是较前代大大增加了。

1.商人地域分布广，不少地区经商人口比例高。

明清时期的长江流域、黄河流域、珠江流域以及八闽大地，皆有不少人外出经商，有好几个地方的经商人数都达到了总人口的 70% 以上，有的甚至达到了 80%—90%，少者亦有 10%—20%。

山西表里河山，经商者众。明代山西下辖五府，直隶州三，属州十六，县七十九。"大同、潞安，倚边寒薄，地狭人稠，俗尚勤俭，然多玩好事末。"①长治县为潞安府"浩穰邑"，更是"俗善商贾"②；汾州府，"民率逐于末作，走利如鹜"，不事本业③；平阳府，民多"服劳商贾"④；张四维更对蒲州、介休两地外出经商人数在总人口中所占的比例做了一个基本的估计。他说："蒲介在河曲，土陋而民夥，田不能以丁授，缘而取给于商计，坊郭之民，分土而耕菑者，百室不能一焉。其挟轻资，牵车牛，走四方者十而九。"⑤蒲介"坊郭之民"外出经商者"十而九"。至清，山西经商风气更炽。纪昀《阅微草堂笔记》载："山西人多商于外，十余岁辄从人学贸易，俟蓄有积资，始归纳妇。纳妇后，仍出营利，率二三年一归者，其常例也。"⑥这并非小说家言，其他史籍也有诸多此类记载。如：

---

① （清）张瀚：《松窗梦语》卷四《商贾纪》，盛冬铃点校，上海古籍出版社 1986 年版，第 82 页。

② （明）赵南星：《味檗斋文集》卷二《明正人兵部职方司郎中张分墓志铭》，中华书局 2017 年版。

③ （万历）《汾州府志》卷二六《杂识》，清乾隆三十六年刻本。

④ （成化）《山西通志》卷二《风俗》，民国二十二年景钞明成化十一年刻本。

⑤ （明）张四维：《条麓堂集》卷二一《海峰王公七十荣归序》，张志江点校，上海古籍出版社 2018 年版，第 558 页。

⑥ （清）纪昀：《阅微草堂笔记》卷二三《滦阳续录（五）》，天津古籍出版社 1994 年版，第 531 页。

"晋省之人经营四方者居多"①，"查晋省人多系外出贸易"②，等等。关于清代山西的农业人口和商业人口的比例也有人做过估计。《榆次县志》的编撰者说："县人操田作者十之六七，服贾者十之三四"③。徐继畬"籍隶山西"，熟知山西风土人情，他说："山西民俗勤俭，古称唐魏之遗，赋税如期，不烦追比，农贾相半，绝少旷游"④。他认为，就山西全省的情况而言，业农者与从贾者各占一半，人数基本相等。

陕西与山西相邻，其经商者主要集中在三原、泾阳等地。史载，明中叶后的三原县，"十七服贾"⑤；泾阳"民逐末于外者八九"⑥。当然，这些漂泊于外的十之八九的人并不全是经商者，但无疑经商者占其中的很大部分。

山东旧为齐鲁之地，有周孔之遗教。然至明清时期经商者亦不少。泗水县，"四民之业，农居六七，贾居一二"⑦；临清州，"舟车毕集，财货萃止，服贾之民亦十居其六焉"⑧；馆陶县，"俗争弃农矜贾"⑨；高苑县，"业

---

① 《世宗宪皇帝朱批谕旨》卷二三七，《文渊阁四库全书》第 425 册，台湾商务印书馆 1985 年版，第 677 页。

② 《清高宗实录》卷一〇五二，乾隆四十三年三月癸亥，中华书局 2008 年版。

③ （乾隆）《榆次县志》卷七《风俗》，清同治二年刻本。

④ （清）徐继畬：《松龛先生全集》奏疏卷上，《请整顿晋省吏治疏》，沈云龙主编：《近代中国史料丛刊》续编第 42 辑，台北文海出版社 1987 年版，第 16 页。

⑤ （明）温纯：《温恭毅文集》卷一一《志铭·明寿官峨东王君墓志铭》，《文渊阁四库全书》第 1288 册，台北商务印书馆 1986 年版，第 644 页。

⑥ （清）沈青峰：（雍正）《陕西通志》卷四五《风俗》，《文渊阁四库全书》第 553 册，台北商务印书馆 1986 年版，第 550 页。

⑦ （雍正）《山东通志》卷二三，《文渊阁四库全书》第 540 册，台北商务印书馆 1986 年版，第 468 页。

⑧ （雍正）《山东通志》卷二三《风俗志》，《文渊阁四库全书》第 540 册，台北商务印书馆 1986 年版，第 470 页。

⑨ （雍正）《山东通志》卷二三《风俗志》，《文渊阁四库全书》第 540 册，台北商务印书馆 1986 年版，第 470 页。

儒者什之三，服耕者十之六，鬻贩者十之一"①；泰安府，不少人"浸淫于贸易之场，竞争于锥刀之末"②。

徽州地处皖南，"以商贾为第一等生业"③，其地风俗"人到十六就要出门做生意"④。外出经商者甚多。王世贞说："大抵徽俗，人十三在邑，十七在天下"⑤；汪道昆说："业贾者什七八"⑥；民国《歙县志》载，徽州"商贾居十之七"⑦。

苏州、松江地区，何良俊《四友斋丛说》载：正德以前"逐末之人尚少"，至嘉靖时，"去农而改工商者三倍于前矣"⑧。此种社会变化，为何良俊所亲身经历，其记载应该是可信的。洞庭东山、洞庭西山位于浩渺的太湖之中，"民生十七八即挟赀出商，楚卫齐鲁靡远不到"，"以商贾为生"⑨；在清代，江苏长江以北的地区亦经商者众，"区方百里以为县，户不下万，丁不下三万。其间农夫十之五，庶人在官与士大夫之无田及逐末者十之四，其什一则坐拥一县之田。"⑩

---

① （雍正）《山东通志》卷二三《风俗志》，《文渊阁四库全书》第 540 册，台北商务印书馆 1986 年版，第 472 页。

② （雍正）《山东通志》卷二三《风俗志》，《文渊阁四库全书》第 540 册，台北商务印书馆 1986 年版，第 477 页。

③ （明）凌濛初：《二刻拍案惊奇》卷三七《叠居奇程客得助，三救厄海神显灵》，秦旭卿点校，岳麓书社 1993 年版，第 500 页。

④ 张海鹏、王廷元：《明清徽商资料选编》，黄山书社 1985 年版，第 46 页。

⑤ （明）王世贞：《弇州山人四部稿》卷六一《赠程君五十叙》，《文渊阁四库全书》第 1280 册，台北商务印书馆 1985 年版，第 92 页。

⑥ （明）汪道昆：《太函集》卷一六《阜成篇》，胡益民、余国庆点校，黄山书社 2004 年版，第 372 页。

⑦ （民国）《歙县志》卷一《风土》，民国二十六年铅印本。

⑧ （明）何良俊：《四友斋丛说》卷一三《史九》，中华书局 1997 年版，第 112 页。

⑨ （民国）《吴县志》卷五二上《风俗一》，民国二十二年铅印本，另见同治《苏州府志》卷三《风俗》，清光绪九年刊本。

⑩ （清）贺长龄：《皇朝经世文编补》卷二九，盛枫《江北均丁说》，清光绪十二年思补楼重校本。

浙江省会杭州"米珠取于湖，薪桂取于严，本地止以商贾为业"①；(乾隆)《杭州府志》亦载："杭民半多商贾"②；绍兴、金华二郡，"人多壮游在外"，其中山阴、会稽、余姚尤甚。这些在外之人，"儇巧敏捷者，入都为胥办"，"次者，兴贩为贾，故都门西南一隅，三邑人盖栉而比矣。"③经商北京者甚多；龙游，人多"善贾"④，"挟赀以出，守为恒业，即秦晋滇蜀万里视若比舍，俗有'遍地龙游'之谚。"⑤

江西"地产窄而生齿繁，人无积聚，质俭勤苦而多贫，多设智巧，挟技艺，经营四方，至老死不归"⑥。在外出经商的江西人中，尤以抚州居多，王士性说："故作客莫如江右，江右莫如抚州"⑦。抚州人艾南英更说："随阳之雁犹不能至，而吾乡之人都成聚于其所。"⑧

福建濒海，海商众多。如海澄，"农贾参半，走洋如适市"⑨；福清，背山面海，有海舶之利，"其人刚劲尚气，四方杂处，学不遂则弃之，习文法吏事不，则行贾于四方矣，以其财饶他邑"⑩。

广东，"广州望县，人多务贾与时逐"，其商人"北走豫章、吴、浙，西北走长沙、汉口"，驰骋国内市场。"其黠者，南走澳门，至于红毛、日本、琉球、暹罗斛、吕宋，帆踔二洋"⑪，不惧波涛之险，从事海外贸易；东莞，"其俗少农而多贾"，崇贾卑农。因此，大批商人"度岭峤，涉湖

① (明) 王士性:《广志绎》卷四《江南诸省》，吕景琳点校，中华书局 1981 年版，第 69 页。
② (乾隆)《杭州府志》卷五二《风俗》，清乾隆刻本。
③ (明) 王士性:《广志绎》卷四《江南诸省》，吕景琳点校，中华书局 1981 年版，第 69 页。
④ (民国) 余绍宋:(民国)《龙游县志》卷首《叙例》，民国十四年铅印本。
⑤ (民国) 余绍宋:(民国)《龙游县志》卷二《地理考·风俗》，民国十四年铅印本。
⑥ (明) 张瀚:《松窗梦语》卷四《商贾纪》，盛冬铃点校，上海古籍出版社 1986 年版，第 84 页。
⑦ (明) 王士性:《广志绎》卷四《江南诸省》，吕景琳点校，中华书局 1981 年版，第 80 页。
⑧ (明) 艾南英:《天佣子集》卷九，台北艺文印书馆 1980 年版。
⑨ (清) 张燮:《东西洋考》，谢方点校，中华书局 1981 年版，第 15 页。
⑩ (崇祯)《闽书》卷三八《风俗志》，明崇祯刻本。
⑪ (清) 屈大均:《广东新语》卷一四《食语》，中华书局 1985 年版，第 317 页。

湘，浮江淮，走齐鲁间，往往以糖香牟大利，故居人多富"①。足迹遍及大江南北。

在清代的湖南省，经商者亦复不少。如岳阳一带，"十分其民，而工贾居其四"②等等。

上引材料多为学人反复征引，可信度应该已经受到一定程度的检验。但这些材料还很不全面，有不少遗漏。尽管如此，已足以颠覆人们头脑中的自然经济的乡村历史图景。原来，从明清的乡村社会中，竟然走出去了这么多的商人！难怪何良俊在面对嘉靖以来松江地区改业工商的人流时会大为惊异！也难怪林希元会发出"农民盖无几矣"③的慨叹！

2.从商者社会身份复杂，阶层来源广泛。

明清时期不仅经商人数众多，分布地域辽阔，超迈前朝，经商者的社会身份也是非常复杂的，阶层分布极其广泛。这里，除了世代为商的商人继续弄潮商海外，许多具有不同社会身份、地位的人都卷入了商品经济的洪流。

（1）农民。

农民是中国古代社会居民的主体，占总人口的绝大多数。他们世代与土地打交道，从土中刨食。然自明代中叶后，他们中的不少人离开熟悉的田园，放弃传统的生产方式和生活方式，闯入了陌生的商海，经受着商品经济的洗礼。嘉靖时人林希元说："今天下之民从事于商贾、技艺、游手游食者十而五六，农民盖无几也。"④对当时农民经商的情况深感担忧。在苏松地区，去农而为商贾者多。根据何良俊的估计，嘉靖以后，"大抵以

---

① （民国）《东莞县志》卷九《舆地略八·风俗》，民国十年铅印本。

② 《巴陵县志》卷一三《政典志·田赋上》，清光绪十七年岳州府四县本。

③ （明）林希元：《林次崖先生文集》卷二《王政附言疏》，何炳仲校注，厦门大学出版社2014年版，第56页。

④ （明）林希元：《林次崖先生文集》卷二《王政附言疏》，何炳仲校注，厦门大学出版社2014年版，第56页。

十分百姓言之，已六七分去农"，而其中改业工商者"三倍于前"。何良俊和林希元一样，站在农业本位的立场对这种社会变化的结果感到恐慌。他说，如此多的人弃农，"奔走络绎于道路，谁复有种田之人哉！吾恐田卒污莱，民不土著，而地方将有土崩瓦解之势矣，可不为之寒心哉！"[①] 他们的这些忧患反映了中国传统知识分子强烈的经世意识，更使我们获得了农民经商具有相当普遍性的珍贵信息。除此，还有不少这方面的记载。徽州府，"其民率以贾代耕"[②]，"以货殖为恒产"[③]；（康熙）《休宁县志》亦载："天下之民寄命于农，徽民寄命于商。"[④] "东西洞庭之民鲜负农耕，多业商贾。"[⑤] 福建省，从事海外贸易的农民甚多。《天下郡国利病书》载："海滨之民，惟利是视，走死地如鹜，往往至岛外区脱之地。"[⑥] 海澄"饶心计者，视波涛为阡陌，倚帆樯为耒耜。盖富家以财，贫人以驱，输中华之产，驰异域之邦，易其方物，利可十倍。故民乐轻生，鼓枻相续，亦既习惯，谓生涯无逾此耳。"[⑦] 广东，经商者众，"农者以拙业力苦利微，辄弃耒耜而从之"[⑧]，等等。可见，农民离开土地，弃农经商已非个别地区的个别现象。

（2）儒士。

士是中国传统社会的重要阶层，位居四民之首。孔孟赋予士以担负天

---

① （明）何良俊：《四友斋丛说》卷一三《史九》，中华书局1997年版，第112页。

② （明）汪道昆：《太函集》卷一四《谷口篇》，胡益民、余国庆点校，黄山书社2004年版，第297页。

③ （康熙）《徽州府志》卷二《舆地志下·风俗》，清康熙三十八年刻本。

④ （康熙）《休宁县志》卷一《疆域·风俗》，清嘉庆二十年刊本。

⑤ （明末清初）顾炎武：《天下郡国利病书》（一），第5册，《苏下·吴县疆城图说》，上海科学技术出版社2002年版，第325页。

⑥ （明末清初）顾炎武：《天下郡国利病书》（五），第26册，《福建·上南抚台暨巡海公祖请建彭湖城堡置将屯兵永为重镇书》，上海科学技术出版社2002年版，第2156页。

⑦ （乾隆）《海澄县志》卷一五《风土志》，清乾隆二十七年刻本。

⑧ （清）屈大均：《广东新语》卷一四《食语》，中华书局1985年版，第372页。

下安危的使命，"志于道，依于德，游于艺"，穷究经史，完善道德人格，"穷则独善其身，达则兼济天下"。儒学独尊，成为社会主流价值观后，士以天下为己任便成为社会的企盼，也成为士人自身的追求。因此，对经商俗事是不屑为之的。这一社会观念影响至深。至宋，陆游还谆谆告诫子孙"贫则教训童稚以给衣食"，"切不可迫于衣食，为市井小人，戒之。"① 教导子孙不要经商逐利。到明清时期，形势巨变。儒士经商颇为常见，各地皆有。徽州，又名新都，位于皖省长江之南，"以文物著"。汪道昆《太函集》载："其俗不儒则贾，相代若践更。"② 又云："新都三贾一儒……贾为厚利，儒为名高，夫人毕事儒不效，则弛儒而张贾。既则身饷其利矣，及为子孙计，宁弛贾而张儒。一张一弛，迭相为用，不万钟则千驷，犹之转毂相巡，岂其单厚然乎哉，择术审矣。"③ 汪道昆认为，徽州人的职业观是儒贾迭相为用，而儒与贾的比例为 1 : 3。可见，儒士经商者是不少的。晋商是明清时期的又一著名商帮，儒士亦是其重要的社会构成。张正明先生在《晋商兴衰史》一书中，列举了大量儒士经商的史料，并认为，一些山西商人"提出了儒贾相通观"④。方志远先生等在《江右商的社会构成及经营方式》一文中，对江右商帮进行了考察，认为，在江右，弃儒经商者多，儒士是江右商帮的重要构成之一。⑤ 其他地区亦多，如直隶顺德府"士崇儒雅，市多逐末"⑥，等等。总之，在明清时期，儒士经商已成为风气。

---

① （清）沈青峰：（雍正）《陕西通志》卷四五《风俗》，《文渊阁四库全书》第 553 册，台湾商务印书馆 1986 年版，第 575 页。

② （明）汪道昆：《太函集》卷五五《诰赠奉直大夫户部员外郎程公暨赠宜人闵氏合葬墓志铭》，胡益民、余国庆点校，黄山书社 2004 年版，第 1146 页。

③ （明）汪道昆：《太函集》卷五二《海阳处士金仲翁配戴氏合葬墓志铭》，胡益民、余国庆点校，黄山书社 2004 年版，第 1099 页。

④ 张正明：《晋商兴衰史》，山西古籍出版社 1995 年版，第 158 页。

⑤ 方志远、黄瑞卿：《江右商的社会构成及经营方式——明清江西商人研究之一》，《中国经济史研究》1992 年第 1 期。

⑥ （民国）《沙河县志》卷一二《风俗》，民国二十九年铅印本。

与宋人观念已有很大的不同。

（3）官僚士大夫之家。

明清时期，官僚士大夫之家经商的现象颇为令人瞩目。许多史籍皆有较详细的记载。《唐荆川文集》载："新安土硗狭，田蓄少，人庶仰贾而食，即阀阅家不惮为贾。"①《震川先生集》亦云："今新安多大族，而其地在山谷之间，无平原旷野可为耕田。故虽士大夫之家，皆以畜贾游于四方。"② 清人江依濂《橙阳散志》也说："商居四民之末，徽俗殊不然，歙之业鹾于淮南北者，多缙绅巨族。"③ 可见，徽州地区官僚士大夫经商者甚多。其他地区也不少："吴中缙绅士夫多以货殖为急，若京师官店，六郭开行债典，兴贩盐酤，其术倍克于齐民"④；东南沿海，"成弘之际，豪门巨室，间有乘巨舰贸易海外者"⑤。广东，"民之贾什三，而官之贾什七"，"官之贾日多，遍于山海之间，或坐或行，近而广之十郡，远而东西二洋，无不有也"⑥。除了这些较为笼统的记载外，具体的例子也不少。明嘉靖时的内阁首辅徐阶在位期间，"多蓄织妇，岁计所织，与市为贾"⑦；康熙时期，少詹事高士奇，"顺治门外斜街各处房屋，总令心腹出名置买"，科臣"何楷代为收租"；并令其亲家陈元师、伙计陈李芳"开张缎号，寄顿各处贿银，货本约至四十余万"。左都御史王鸿绪于苏、松、淮、扬之地，与高士奇"合伙生理"，资产"不下百余万"⑧。雍正时期，大将军年羹尧指派庄浪典史朱尚文为他经商，将四川所产之楠木等，

---

① （明）唐顺之：《唐荆川文集》卷一五《程少君行状》，四部丛刊景明本。

② （明）归有光：《震川集·震川先生集》卷一三《白庵程翁八十寿序》，四部丛刊景清康熙本。

③ （清）江依濂：《橙阳散志》末卷《歙风俗礼教考》，安徽师范大学出版社 2018 年版。

④ （明）黄省曾：《吴风录》卷一，明隆庆刻本。

⑤ （明）张燮：《东西洋考》卷七《税饷考》，中华书局 1981 年版，第 131 页。

⑥ （清）屈大均：《广东新语》卷九《贪吏》，中华书局 1985 年版，第 304—305 页。

⑦ （明）于慎行：《谷山笔麈》卷四，吕隆琳点校，中华书局 1984 年版，第 39 页。

⑧ （清）昭梿：《啸亭杂录》卷三《郭刘二疏》，中华书局 1980 年版，第 66 页。

"运至湖广、江南、浙江发卖，获利数十万"①。乾隆时期，权臣和珅开当铺 75 座，本银 3000 万两；银号 42 座，本银 4000 万两；古玩铺 13 座，本银 20 万两；② 等等。

除官僚士大夫之家外，明清时期的皇室、贵族乃至太监也卷入了这股经商的浪潮。在明代，正德八年（1513）四月，武宗"诏设开皇店"③；正德九年（1514）九月，"设皇店于通州张家湾"④；楚王"错布市廛，经纪贸易，与市民无异"⑤；司礼监掌印太监王安，"广交游，善贸易，灵济宫西有布铺一处，岁出息若干"⑥。清代的皇帝开设有大批当铺，名曰皇当；除此，还开办"要紧日用铺面"，经营其他生意。⑦ 宗室贵族经商也不乏见。"诸王、贝勒、大臣家人侵占小民生理，所在指称名色，以网市利"⑧。另外，卷入这股经商浪潮的还有士兵、衙役、僧道、奴仆、贱民等⑨，兹不一一细述。

但要加以说明的是，官僚士大夫、皇帝、太监、宗室贵族虽然卷入了商品经济的活动之中，以商逐利，但他们本身不能称之为商人。他们的角色、地位决定了他们不可能长久地、直接地参与到商品交易活动之中。即使有，也只具有偶然性，偶尔为之。一般情况下，官僚士大夫，甚至贵族、太监，多是"畜贾以游四方"，畜养商贾为其经商。从文献记载运用

① （清）萧奭：《永宪录》卷三，朱南铣校，中华书局 2007 年版。

② （清）薛福成：《庸庵笔记》卷三《查抄和珅住宅花园清单》，邓亦兵点校，中共中央党校出版社 1998 年版。

③ （明）徐学聚：《国朝典汇》卷一九《朝端大政》，明天启四年徐与参刻本。

④ （明）涂山：《明政统宗》卷二〇，明万历刻本。

⑤ （明）包汝楫：《南中纪闻》，丛书集成初编本，商务印书馆 1936 年版。

⑥ （明）刘若愚《酌中志》卷九《正监蒙难纪略》，清海山仙馆丛书本。

⑦ 刘秋根：《中国典当制度史》，上海古籍出版社 1995 年版，第 293 页。

⑧ 《钦定皇朝文献通考》卷三二《市籴考一》，《文渊阁四库全书》第 632 册，台北商务印书馆 1986 年版，第 669 页。

⑨ 封越健：《清代前期商人的社会构成分析》，《中国经济史研究》2000 年第 2 期。

的这个"畜"字看，这类商人的地位应该不高。为皇帝经商更有专人，如清代的内务府商人。这些来自官僚士大夫之家、皇室的商人，虽然背景特殊，但不可否认，是明清商人构成中的一部分。

二、明清商人群体与此前历史上的中国商人群体的差异

明清商人作为一个社会群体，是明清时期特殊历史条件的产物。不可避免地会与此前中国历史上的商人群体有所不同。明显的差异主要有三。

1. 构成商人群体的基本单元不同。

在中国历史上，自商至宋、至元、至明中叶，商人不论有多会经营，如范蠡、白圭，称陶朱、猗顿，为后世商人尊为治生家鼻祖，也不论得到过何等的荣宠，如吕不韦做到秦国丞相的高位，邹凤炽蒙唐玄宗召见，并惊问财产究竟几何，但他们都是以单独的个体活跃在广阔的历史舞台，发挥着历史的影响。但至明中叶以后的明清时期，地域商帮如雨后春笋般涌现，商人在中国历史上首次实现了以地缘和血缘为纽带的整合。根据目前学术界的研究，一般认为，在这一时期，较大的商帮有十个，即：山西商帮、徽州商帮、陕西商帮、山东商帮、江右商帮、洞庭商帮、宁波商帮、龙游商帮、福建商帮、广东商帮。其地理分布遍及大江南北，黄河上下。这些商帮形成的时间前后不一。根据张海鹏、张海瀛《中国十大商帮》一书的研究，"晋帮商人在明代前期开中法和商屯实行的过程中崛起于国内商界，活动于北方边镇，这仅是它的开端。晋帮正式形成在明代中期。"① "陕西商帮是依赖盐业，借助于明朝政府的开中法形成和发展起来

---

① 张海鹏、张海瀛：《中国十大商帮》，黄山书社1993年版，第4页。

的。"①"宁波商帮崛起于明末清初"②。山东，到明中叶经商者逐渐增多③，其"富商巨贾家累万金，而地止数十亩"④。"广东商帮是在嘉靖中叶以后逐步形成起来的。而首先形成的是海商，与之相应而形成的是牙商和国内长途贩运批发商"⑤。福建商帮以海商为主体，兴起于明代中叶的正德、嘉靖时期⑥。洞庭商，"作为一个地域商人集团，大概也已于嘉靖、万历年间初步形成。"⑦"明代江右商帮的兴起，正是江西流民运动的产物"，形成于明中叶⑧。龙游商帮萌发于南宋，鼎盛于明中叶⑨。徽商形成于明代的成化、弘治年间⑩。这些商帮兴起的时间虽有前后之别，但大都皆在明中叶以后。具体地说，是在成化、弘治到嘉靖、万历时期。它们的出现，使中国商业史呈现出奇异的景观。实际上，明清时期的商帮远比 10 个要多。这 10 个只不过是其中最著名的罢了。地域商帮成为明清商人群体的基本单元！离开了地域商帮，明清商人群体还是什么样子，无法想象。

2. 明清商人有了自己的组织，并通过这个组织进行自我管理和自我救助。这个组织就是商人会馆。

明清商人会馆数量较多，仅在《明清以来北京工商会馆资料选编》《明清苏州工商业碑刻集》《上海碑刻资料选辑》《明清佛山碑刻文献经济资料》中，就有不少记载。明清时期的商人会馆可分为三种不同的类型：第一种

---

① 张海鹏、张海瀛：《中国十大商帮》，黄山书社 1993 年版，第 59 页。
② 张海鹏、张海瀛：《中国十大商帮》，黄山书社 1993 年版，第 107 页。
③ 张海鹏、张海瀛：《中国十大商帮》，黄山书社 1993 年版，第 181 页。
④ （明末清初）顾炎武：《天下郡国利病书》（三），第 15 册，《山东上·均徭论》，上海科学技术出版社 2002 年版，第 1182 页。
⑤ 张海鹏、张海瀛：《中国十大商帮》，黄山书社 1993 年版，第 215 页。
⑥ 张海鹏、张海瀛：《中国十大商帮》，黄山书社 1993 年版，第 295 页。
⑦ 张海鹏、张海瀛：《中国十大商帮》，黄山书社 1993 年版，第 329 页。
⑧ 张海鹏、张海瀛：《中国十大商帮》，黄山书社 1993 年版，第 367 页。
⑨ 张海鹏、张海瀛：《中国十大商帮》，黄山书社 1993 年版，第 426 页。
⑩ 张海鹏、张海瀛：《中国十大商帮》，黄山书社 1993 年版，第 449 页。

类型是地域性多行业商人会馆。地域性多行业商人会馆即是同一地域在某地经商的各业商人修建的会馆。这类会馆在明清商人会馆中所占的比例较大，数量较多。北京、苏州、上海等地都有。如北京的临汾东馆：建于明代，"乡人之贸迁于畿甸者，率会于是焉。"① 是山西临汾贸易于京师的各行商人的祀神、宴会、议事之所。山右会馆：为贸易燕京的临汾、襄陵商人于明末出资兴建。② 临襄会馆：为临汾、襄陵两邑在京"业油盐粮行者"修建。修建时间稍后于山右会馆。③。晋翼会馆：建于通县，康熙末年筹划，乾隆四年（1739）落成。④ 黄皮胡同仙城会馆：由在京师经营绢帛、珠贝、珊瑚、荔枝等商品的广州商人于康熙五十一年（1712）购买房屋而建，"为乡人有事，祸祀燕集之所"⑤。

苏州的潮州会馆：由明代广东潮州众商在南京创建。清初迁建苏州北濠。⑥ 梅园公所：为贸易于苏州的徽州商人在明朝所建。⑦ 虽名称与会馆不同，实则功能一样。江鲁公所：由兖州、徐州、淮安、扬州、苏州五府经营腌腊制品、鱼蛋、咸货等商品的商人始建于乾隆年间。⑧ 济宁会馆：

---

① 《重修临汾东馆记》（乾隆三十二年），载李华：《明清以来北京工商会馆碑刻选编》，文物出版社 1980 年版，第 86 页。

② 吕作燮：《明清时期的会馆并非工商行会》，《中国史研究》1982 年第 2 期。

③ 《重修临襄会馆碑》（光绪十四年），载李华：《明清以来北京工商会馆碑刻选编》，文物出版社 1980 年版，第 24 页。

④ 《三圣会碑记》（咸丰元年），载李华：《明清以来北京工商会馆碑刻选编》，文物出版社 1980 年版，第 39 页。

⑤ 《创建黄皮胡同仙城会馆记》（康熙五十四年），载李华：《明清以来北京工商会馆碑刻选编》，文物出版社 1980 年版，第 15 页。

⑥ 《潮州会馆碑记》（乾隆四十九年），载苏州博物馆等：《明清苏州工商业碑刻集》，江苏人民出版社 1981 年版，第 340 页。

⑦ 《昭文县为梅园公所卜建存仁堂给示勒石碑》（嘉庆七年），载苏州博物馆等：《明清苏州工商业碑刻集》，江苏人民出版社 1981 年版，第 349 页。

⑧ 《吴县为江鲁公所遵照旧章按货提厘给示遵守碑》（光绪元年），载苏州博物馆等：《明清苏州工商业碑刻集》，江苏人民出版社 1981 年版，第 289 页。

位于吴江县盛泽镇，山东济宁商人共建。① 金华会馆：由浙江金华、兰溪、东阳等邑商人"佥谋建馆"，乾隆十七年（1752）落成。② 全晋会馆：由经商苏州的山西商人于乾隆四十二年（1777）修建。③ 东齐会馆：为山东登州、青州、潍县、诸城、胶州众商共建，时间应在乾隆四十二年以前。④ 徽宁会馆：嘉庆十四年（1809），由徽州府属六县、宁国府旌德县的七邑商众共建于吴江县盛泽镇。⑤

上海的浙绍公所：乾隆初年，由贸易上海的绍兴商人所建，"一则以敦乡谊，一则以辑同帮"⑥。徽宁思恭堂：本在上海大南门外，为宣城、歙县商人身死上海而又无力归葬者"暂殡"之用。嘉庆年间，捐资扩建。设"听事丙舍，以便办公"⑦。名曰堂，实为宣歙商人之会馆。建汀会馆：道光年间，建宁、汀洲两郡商人"各就所业抽厘"而建⑧。泉漳会馆：福建龙溪、同安、海澄三邑商人于乾隆年间修建。《兴修泉漳会馆碑》载："会馆者，集邑人而公所也"⑨。潮州八邑会馆：嘉庆年间，潮阳、海阳、澄海、

① 《吴江盛泽镇济宁会馆置田建庙碑》（康熙六十一年），载苏州博物馆等：《明清苏州工商业碑刻集》，江苏人民出版社 1981 年版，第 326 页。

② 《金华会馆碑记》（乾隆十七年），载苏州博物馆等：《明清苏州工商业碑刻集》，江苏人民出版社 1981 年版，第 330 页。

③ 《全晋会馆众商捐厘碑》（乾隆四十二年），载苏州博物馆等：《明清苏州工商业碑刻集》，江苏人民出版社 1981 年版，第 335 页。

④ 《重修东齐会馆碑记》（乾隆四十二年），载苏州博物馆等：《明清苏州工商业碑刻集》，江苏人民出版社 1981 年版，第 337—339 页。

⑤ 《徽宁会馆碑记》（道光十二年），载苏州博物馆等：《明清苏州工商业碑刻集》，江苏人民出版社 1981 年版，第 356 页。

⑥ 《浙绍公所肇兴中秋会碑》（道光二十九年），载上海博物馆等：《上海碑刻资料选辑》，上海人民出版社 1980 年版，第 210 页。

⑦ 《上海徽宁思恭堂缘起碑》，载上海博物馆等：《上海碑刻资料选辑》，上海人民出版社 1980 年版，第 232 页。

⑧ 《创修建汀会馆始末碑》，载上海博物馆等：《上海碑刻资料选辑》，上海人民出版社 1980 年版，第 276 页。

⑨ 《兴修泉漳会馆碑》，载上海博物馆等：《上海碑刻资料选辑》，上海人民出版社 1980 年版，第 235 页。

饶平、揭阳、普宁、丰顺、惠来八邑商人共同集资修建。① 江西会馆：道光二十一年（1841），江西商贾捐资购基起造。②

　　第二种类型是地域性行业会馆。地域性行业会馆，是同一地域在某地从事同一种行业经营的商人组建的会馆。如北京的晋翼布商会馆：在北京布港东面蒋家胡同，雍正十年（1732）冬，由在京经营布匹的翼城布商购房而建。③ 山西颜料行会馆：前身为平遥会馆，建于明代。康熙十七年（1678）重修，乾隆六年（1741）添造戏台罩棚，嘉庆二十四年（1819）再次重加修葺。④ 延邵纸商会馆：乾隆四年（1739），福建延、邵二郡纸商合建，"殿炳日星，廊绚虹燃"⑤，金碧辉煌。河东会馆：又名河东烟行会馆。雍正五年（1727），由在京经营烟业的山西诸商所建。⑥ 正乙祠：又名银号会馆。康熙六年（1667），贾于京师从事金融业的浙江人创建。⑦ 盂县会馆：嘉庆二年（1797），在京经营毡氇的盂县商人修建。⑧

　　苏州的汀州会馆：康熙五十七年（1718），由上杭六串纸帮集资

①　《创建潮惠会馆碑》，载上海博物馆等：《上海碑刻资料选辑》，上海人民出版社1980年版，第325页。

②　《上海县为江西会馆房产立案告示碑》（咸丰九年），载上海博物馆等：《上海碑刻资料选辑》，上海人民出版社1980年版，第344页。

③　《创建晋翼会馆碑记》（雍正十三年），载李华：《明清以来北京工商会馆碑刻资料选编》，文物出版社1980年版，第29页。

④　《颜料行会馆碑记》（道光十八年），载李华：《明清以来北京工商会馆碑刻资料选编》，文物出版社1980年版，第7页。

⑤　《延邵纸商会馆碑文》（道光十六年），载李华：《明清以来北京工商会馆碑刻资料选编》，文物出版社1980年版，第98页。

⑥　《重修河东会馆碑记》（嘉庆七年），载李华：《明清以来北京工商会馆碑刻资料选编》，文物出版社1980年版，第69页。

⑦　《重修正乙祠整饬义园记》（同治四年），载李华：《明清以来北京工商会馆碑刻资料选编》，文物出版社1980年版，第14页。

⑧　《新置盂县毡氇之字号公局碑记》（嘉庆二年），载李华：《明清以来北京工商会馆碑刻资料选编》，文物出版社1980年版，第89页。

创建①。钱江会馆：乾隆三十七年(1772)，在苏州做丝绸生意的杭州绸商，建于"阊关东北桃花坞"。② 武林杭线会馆：创自乾隆初年，"悉皆砖砌，制造精工"。③ 东越会馆：道光二年（1822），由在长、元、吴三邑从事烛业经营的浙绍商铺共建。④ 上海的商船会馆：康熙五十四年（1715），由上海经营水路运输业的商人创建。⑤

第三种类型是行业会馆。行业会馆，即是经商某地的同业商人建立的会馆。地域观念不再是联结的纽带，业缘才是其黏合剂。这类会馆数量很少。如绦行公所：嘉庆二十三年（1818），北京绦作同行建。⑥ 靛行会馆：乾隆十五年（1750），北京经营蓝靛诸商建。⑦ 药行公馆：嘉庆二十二年（1817），京师贸易药材者建立。⑧ 七襄公所：道光二十七年（1847），由吴中绸缎同业商人购置，"以为同业议事分局"⑨。上海药皇庙：始建何时不详。嘉庆初年，同业踊跃捐资扩建，为上海药行商人议事、

---

① 《重建汀州会馆碑记》(宣统二年)，载苏州博物馆等：《明清苏州工商业碑刻集》，江苏人民出版社 1981 年版，第 269 页。

② 《吴县永禁官占钱江会馆碑》(乾隆四十一年)，载苏州博物馆等：《明清苏州工商业碑刻集》，江苏人民出版社 1981 年版，第 21—22 页。

③ 《兴复武林杭线会馆碑记》(光绪二十三年)，载苏州博物馆等：《明清苏州工商业碑刻集》，江苏人民出版社 1981 年版，第 221—222 页。

④ 《烛业东越会馆议定各店捐输碑》(道光六年)，载苏州博物馆等：《明清苏州工商业碑刻集》，江苏人民出版社 1981 年版，第 267 页。

⑤ 《重修商船会馆碑》，载上海博物馆等：《上海碑刻资料选辑》，上海人民出版社 1980 年版，第 196—197 页。

⑥ 《绦行公所碑》(嘉庆二十三年)，载李华：《明清以来北京工商会馆资料选编》，文物出版社 1980 年版，第 129 页。

⑦ 《新建靛行会馆碑记》(道光十五年)，载李华：《明清以来北京工商会馆碑刻选编》，文物出版社 1980 年版，第 94 页。

⑧ 《重建药行公馆碑记》(嘉庆二十二年)，载李华：《明清以来北京工商会馆碑刻选编》，文物出版社 1980 年版，第 92 页。

⑨ 《七襄公所碑记》(道光二十七年)，载李华：《明清苏州工商业碑刻集》，江苏人民出版社 1981 年版，第 28 页。

祀神之所。① 佛山参药会馆：乾隆年间，由佛山豆豉巷 27 家出售参药的商人修建。②

明清时期的商人会馆与唐宋时期的行、行会完全不同。唐宋的行或行会，是统治者为了管理的方便，把经营同一商品的商人集中在一个地方，如米行、水果行等。行头由官府指定，是贯彻政府意志的工具。明清商人会馆（公所）则不一样，它是由同乡同行商人出资共建，集娱乐、祀神、议事于一体。会馆的日常管理者会董，由推举产生，运行经费根据商人经营额按一定比例"提厘"筹集。明清商人会馆（公所）是商人自己的组织，它是商人情感的慰藉场，力量的来源地，困难的救济院，利益的保护所。

明清时期，在市场的驱动下，大批人弃农、弃儒经商，不惮万里跋涉，离乡背井。身处异地的陌生环境，面对与出生地区迥异的方言、风俗习惯，漂泊人生顿生一种孤苦凄凉的心境。人地生疏，再加上文化的隔膜，使他们倍感孤寂！他们内心渴求归属于某个群体，成为群体中的一员；他们渴望了解、渴望心灵的交流。而由于地区间文化差异的存在，使他们很难在经商所在地领略到文化心理上的亲切感。这就迫使家乡观念极浓的中国明清时代的商人在同乡中去寻找心灵的慰藉。不少商人会馆皆为此而建。浙江绍兴商人贸迁沪渎，上海市井的喧闹繁华，丰厚的商业利润，并未赶走其思乡愁绪，不时生出无限惆怅："纵乐土之可适，嗟旅魄之何依！""谁悲失路，同怀恻隐之心；尽是他乡，咸发矜怜之意。"寄籍他方，异样的文化氛围，使其失去精神的依托，他们的内心是极其苦闷的。为了从这种糟糕的情绪中解脱出来，从同乡商人的交往中获取文化的认同，无疑是最佳，也是最现实的方式。于是，他们"积铢累寸"，艰难

---

① 《上海药业重修药皇庙碑》，载上海博物馆等：《上海碑刻资料选辑》，上海人民出版社 1980 年版，第 257—258 页。

② 《重修参药会馆碑记》，载广东省社会科学院等：《明清佛山碑刻文献经济资料》，广东人民出版社 1987 年版。

地筹集资金，修建了永锡堂，作为绍兴商人聚会、宴饮的场所①。金华地处浙东，号称小邹鲁。但地瘠人稠，"选服贾者，居三之一"，而贸易于苏州者尤多。江苏与浙江虽同处大江以南，两省毗邻，但地分吴越，风俗习惯、方言有很大差异，久居异地，寂寞难当，"未免异乡风土之思"。"故久羁者，每喜乡庋止；聿来者，惟望同里为归，亦情所不能已也。"乾隆年间，共同集资，聚材鸠工，修建金华会馆②。山西临汾、襄陵两邑之人走南闯北，客游四方，而贸迁京师者多于他方。同乡天涯聚会，"籍同里井"，情感、心理有诸多共同之处。"握手言欢，诚足乐也"。但聚会无有定所，会晤恒稀，文化心理上的需要无法满足。于是，他们攒资积财，于康熙五十三年（1714），建立起了临襄会馆③。浙东"山深土瘠"，其民不愿"自窘其中"，于是，不惮山川跋涉，"商贾江湖"。到京师贸易者很多。"京师正阳左右列肆而居，强半吾乡之人居多焉"。但没有同乡集会之所，饮食燕乐之地，致使"有岁时，有伏腊，少者、壮者、老者怅怅然失所依附"，孤苦伶仃。只有在对家庭温馨的回忆，享受天伦之乐的企盼中，黯然神伤。他们需要情感的抚慰，需要从群体中得到温暖。康熙年间，他们在共同心理需求的驱使下，各出所有，量力资助，购地建屋，乃成正乙祠"以敦洽比，通情愫"④。

明清商人会馆中供奉有不少神灵，定期祭祀。资料显示，对关羽的崇奉在明清商人中非常盛行，各地的商人会馆中，几乎都立有关公的神

---

① 《浙绍永锡堂乐输碑》，载上海博物馆等：《上海碑刻资料选辑》，上海人民出版社1980年版，第216页。

② 《金华会馆碑纪》（乾隆十七年），载苏州博物馆等：《明清苏州工商业碑刻集》，江苏人民出版社1981年版，第330页。

③ 《修建临襄会馆碑记》（康熙五十七年），载李华：《明清以业北京工商会馆碑刻选编》，文物出版社1980年版，第24页。

④ 《正乙祠碑记》（康熙五十一年），载李华：《明清以业北京工商会馆资料选编》，文物出版社1980年版，第10页。

像。北京晋翼布行会馆旧有神殿三间，"中间，关夫子像"①；苏州钱江会馆"外供关帝"②；苏州东越会馆，"供奉关圣大帝。逢诞恭祝，春秋设筵，朔望香供"③；苏州金华会馆"内供关帝圣像，春秋祭祀"④。天后能保佑航海人平安，"操舟者，率奉天妃"。特别是在闽、广商人中被奉为神明。北京、福建延邵纸商会馆，为奉祀天后修建⑤；苏州潮州会馆敬祀天后圣母⑥；上海商船会馆崇奉天后圣母。⑦另外，如上海潮州八邑会馆、上海泉漳会馆、上海建汀会馆均供奉天后。其他如金龙四大王、财神、火德真君、大曹福主、观音大士、老子、神农、朱熹等，在明清商人会馆中皆有奉祀。明清商人是多神信奉者。一般来说，在明清商人会馆中，同时供奉着多个神灵的牌位。如晋翼会馆设有火德真君、关圣大帝神位，又设有增福财神神位。⑧潮州会馆"敬祀灵佑关圣帝君、天后圣母、观音大士。已复买东西旁屋，别祀昌黎夫子"⑨等等。商人崇拜异己力量、人格化的神，有其社会的根源。明清商人活动于中国传统社会向近代转型

---

① 《重修晋翼会馆碑记》（光绪八年），载李华：《明清以来北京工商会馆碑刻选编》，文物出版社1980年版，第30页。

② 《吴县永禁官占钱江会馆碑》（乾隆四十一年），载苏州博物馆等：《明清苏州工商业碑刻集》，江苏人民出版社1981年版，第21—22页。

③ 《烛业东越会馆议定各店捐输碑》（道光六年），载苏州博物馆等：《明清苏州工商业碑刻集》，江苏人民出版社1981年版，第267页。

④ 《重修金华会馆碑》（道光十六年），载苏州博物馆等：《明清苏州工商业碑刻集》，江苏人民出版社1981年版，第359页。

⑤ 《延邵纸商会馆碑文》（道光十五年），载李华：《明清以来北京工商会馆碑刻选编》，文物出版社1980年版，第96页。

⑥ 《潮州会馆碑记》（乾隆四十九年），载苏州博物馆等：《明清苏州工商业碑刻集》，江苏人民出版社1981年版，第340页。

⑦ 《重修商船会馆碑》，载上海博物馆等：《上海碑刻资料选辑》，上海人民出版社1980年版，第196—197页。

⑧ 《新建布行公所碑记》（道光十七年），载李华：《明清以来北京工商会馆碑刻选编》，文物出版社1980年版，第38页。

⑨ 《潮州会馆碑记》（乾隆四十九年），载苏州博物馆等：《明清苏州工商业碑刻集》，江苏人民出版社1981年版，第340页。

的明清时期。这一时期，虽然产生了一些科学的鸿篇巨著，如李时珍的《本草纲目》，宋应星的《天工开物》，西学在明末也开始传入中国，引入一些西方的自然科学知识，但科学技术尚处在古典的形态，它还不能为人类揭开自然的神秘面纱。风雨雷电，翻涌奔腾的浩瀚河海，都使他们战栗、恐惧！他们既不能理解产生这些奇怪的自然现象的原因，更无力驾驭。在神秘莫测的自然面前，他们是无能为力的，只有求助超自然力量的佑助，以保人身的平安。社会现象也是纷繁复杂，难以预料的。随时都有被社会异己力量吞噬的危险，说不准，什么时候灾祸降临，使其财毁人亡。他们对自然、社会充满了恐惧，他们需要神灵的呵护和安慰，从人类创造出来的神灵那里去吸取战胜自然、社会困扰的勇气和信心！他们坚信其供奉会换来神灵的佑助，神灵会与他们同在！这是那一时期商人们纵横商场的精神力量的源泉！

避免内部竞争，协调同乡、同行的商业利益，是明清商人会馆的重要功能。苏州烛业东越会馆"为同业公定时价，毋许私加私扣。如遇不公正等事，邀集董司诣会馆整理，议立条规，藉以约束"①。七襄公所"非徒为友朋会合燕闲歇息计也"，是在苏州经营绸缎商人的"同业议事分局"②。江西会馆是贸易上海的江西商人的"集议之所"③，规定商品价格、质量，防止同乡、同行商人恶性竞争。

商人会馆的救助主要表现在辟义园、置墓地，暂时安葬客死异乡的同乡、同行商人。正乙祠，在康熙四十九年（1710）创建之初，即购地60余亩，建土地祠义园。雍正年间，又于土地祠旁建二郎庙、回香亭。二郎

① 《烛业东越会馆议定各店捐输碑》（道光六年），载苏州博物馆等：《明清苏州工商业碑刻集》，江苏人民出版社1981年版，第267页。

② 《七襄公所碑记》（道光二十七年），载苏州博物馆等：《明清苏州工商业碑刻集》，江苏人民出版社1981年版，第28页。

③ 《上海县为江西会馆房产立案告示碑》，载上海博物馆等：《上海碑刻资料选辑》，上海人民出版社1980年版，第344页。

庙广百亩，回香亭广 40 亩。道光年间，又增地 70 亩，建葛家庙。这些土地皆用于收葬不幸客死北京的浙江银号商人。① 鄞县会馆，相传为明时在京"操药材业"的鄞县商人集资建造，用以停放在京死亡的鄞县商人的灵柩，并春秋祭祀。馆之后置有土地数十亩，"设为冢园"，凡年久未归葬者，即于园之中择地葬之。② 河东会馆，嘉庆六年（1801），"复置义田六亩"，安葬死于京师的同乡商人，使其灵魂得以安息。③。浙绍公所，于道光八年（1828），在沪上置买"旷地一方"，掩埋无力归葬的浙绍商人，"谓之浙绍义冢"④。

面对外部势力的侵扰，会馆与之相抗，针锋相对。如乾隆五十五年（1790），因"外牙索诈滋扰，诬控成讼"，京师靛行会馆公议："派人充当靛行经纪四名，凡有自置自用之靛，每车仅取用银数钱，聊充输纳国课应卯"⑤，采用自己选派经纪人的办法，抵制牙人的盘剥。

上面所引材料说明，明清商人与以前的中国商人确实有了很大的不同，具有鲜明的组织化特征。

3. 商人的地域构成。

明清商人从地域分布来看，主要分布在南方。以中国十大商帮为例。北方只有 3 个商帮：山西商人、陕西商人、山东商人。南方则有 7 个：徽州商人、江西商人、洞庭商人、宁波商人、龙游商人、福建商人、

---

① 《重修正乙祠整饬义园记》（同治四年），载李华：《明清以来北京工商会馆碑刻选编》，文物出版社 1980 年版，第 11 页。

② 《鄞县会馆碑文》（道光十五年），载李华：《明清以来北京工商会馆碑刻选编》，文物出版社 1980 年版，第 96 页。

③ 《重修河东会馆碑记》（嘉庆二十二年），载李华：《明清以来北京工商会馆碑刻选编》，文物出版社 1980 年版，第 77 页。

④ 《浙绍公所捐置义地姓氏碑》，载上海博物馆等：《上海碑刻资料选辑》，上海人民出版社 1980 年版，第 211 页。

⑤ 《新建靛行会馆碑记》（道光十五年），载李华：《明清以来北京工商会馆碑刻选编》，文物出版社 1980 年版，第 94 页。

广东商人。且濒临沿海的商帮 4 个：广东商人、福建商人、宁波商人、山东商人，占到了十大著名商帮的 1/3 强。如果从大河流域的角度看，也饶有兴味：黄河流域 3 个，长江流域 5 个，珠江流域 1 个，闽江流域 1 个。

明代以前的中国商人因资料总体较为分散，很难勾勒出大多数朝代商人地域分布的详细情况。所幸的是，司马迁在《史记·货殖列传》中，对春秋战国商人的资料进行了很好的整理和较为完整的书写。兹以之为例。《货殖列传》中，记载的著名的工商业者有 19 人。其中，任氏、无盐氏、栗氏、杜氏、田啬、田兰，这 6 个为关中人；白圭、师史，洛阳人；子贡，卫国人；乌氏倮，秦（今甘肃平凉西北）人；寡妇清，巴人；卓氏，赵人；程郑，山东（崤山、函谷关以东）人；孔氏，魏人；邴氏，曹（今山东定陶）人；刁闲，齐人；猗顿，河东人；郭纵，邯郸人。只有范蠡是越国大夫，但其经商地点也选在了当时的天下之中的定陶。商人的这一分布与其时的经济重心在北方、在黄河流域有关。唐以后虽经济重心向南方倾斜，但没有翔实史料，至少是现在还没有找到翔实史料清楚地证明，商人的地域分布格局发生了明显的变化。因此，可以做出一个基本的估计：在明代以前，北方商人仍要多于南方。商人南北分布异势，只是到了明以后才出现的情况。

三、明清商人的发展阶段

把明清商人放在中国古代历史的长河中，固然自有其不同于其他阶段的特点，但是，在明清历史的特殊环境中成长的商人也有其成长的过程，根据其自身的变化可分为如下几个阶段。

1. 明清商人群体的形成期：成化、弘治至明末清初

明清商人作为一群体，其形成经历了一个较长的过程。这一过程始于明成化、弘治年间，终于明末清初。笔者之所以如此划分，主要的根据是，在这一时期内，主要的商帮皆相继诞生。如上所述，经学者们的研究，徽商形成于明成化、弘治之时。这是一个在明清时期影响很大的商帮，出现最早，它的出现标志着明清商人群体开始形成。其后，各商帮渐次而兴：福建商帮形成于明正德、嘉靖年间；广东商帮形成于嘉靖中叶以后；洞庭商帮也于嘉靖、万历年间初步形成；山西商帮、陕西商帮、江右商帮、龙游商帮，研究者虽未明言形成的具体时间，但皆肯定在明代中期。关于明代历史的分期，一般认为，洪武至宣德（1368—1435）为前期，英宗至万历二十四年（1436—1596）为中期，万历二十四年至崇祯十七年（1596—1644）为后期。因此，可以肯定，这些商帮的形成当不晚于万历二十四年（1596）。其形成的最早时间亦当不早于成化、弘治。如山西商人、陕西商人的兴起确与明初实行的开中制密切相关，但在弘治以前，主要是作为"边商"活动于北方边镇市场。弘治五年（1492）叶淇盐法改革后，才由"边商"转化为"内商"，并逐步走向全国[①]；龙游人大批外出经商始于隆庆至万历中叶。史载，隆庆时"民庶饶，喜商贾"[②]；万历时，"龙丘之民，往往糊口于四方，诵读之外，农贾相半。"[③]由于经商者增多，社会财富较前大大增加，以致到万历中叶习俗趋奢："邑中室庐往称朴素，万历中叶渐以雕琢相尚。"[④]江西人大批外出经商亦应始自嘉靖。如前引张瀚《松窗梦语》卷四所记，即为明证。张瀚，嘉靖十四年（1535）中进士，宦游各地，并于万历元年（1573）官至吏部尚书。其记载应是可靠的。山

---

① 张海鹏、张海瀛：《中国十大商帮》，黄山书社 1993 年版，第 4—6、61 页。

② （万历）《龙游县志》卷九《艺文・建龙游城记》，民国十二年排印本。

③ （万历）《龙游县志》卷五《风俗》，民国十二年排印本。

④ （清）卢灿修、余恂纂：（康熙）《龙游县志》卷八《风俗志》，清康熙二十年刻本。

东商人虽在明代经济力量有限，但山东外出经商之风甚浓。如海丰县，早在成化、弘治年间，即有"种盐淮北者，有市货辽阳者、贸易苏杭者，其诸开张市肆及百工伎巧，皆盛极一时"[①]；益都县，嘉靖年间，"农桑之外，逐逐商贾"，"生齿滋繁，本实变而逐末多也"[②]；万历年间，东昌府"逐末多衣冠之族"[③]，等等。且经商芜湖的山东商人还建立了山东会馆。[④]这些说明，山东商帮至迟已于明末形成。宁波商帮崛起于明末清初，时间稍晚，它的出现标志着明清商人群体的正式形成。

2. 明清商人群体的发展期：从康熙中叶至嘉道时期

明清鼎革之际，战争连绵，社会生产遭到极大的破坏，商人群体亦不可避免地遭受挫折和打击，但这一群体并未沉沦，而是表现出巨大的历史韧性，并随着清朝国内政治的稳定，版图的扩大，经济的恢复而继续发展。如晋商在明中后期，经营规模不断扩大，已发展成为拥有巨额资本的地域性商业团体。[⑤]至清又有新的发展：活动范围更加广阔。在明代，山西商人"北至宁夏、宣化、张家口，东北至北京、辽东，东南至吴越，西南至四川，西至西宁、嘉峪关"[⑥]。进入清代，东北的北部、内外蒙古、新疆也成为晋商云集之地[⑦]。资本雄厚。仅介休、祁县、太谷、榆次等县拥有三四十万至七八百万资产者即有 14 家。[⑧]宁波商帮在康熙二十三年

---

① （康熙）《海丰县志》卷三《风土》，转引自张忠民：《前近代中国社会的商人资本与社会再生产》，上海社会科学院出版社 1996 年版，第 188 页。

② （嘉靖）《青州府志》卷六《风俗》，明嘉靖刻本。

③ （嘉庆）《东昌府志》卷三《五行》，清嘉庆十三年刻本。

④ （民国）《芜湖县志》卷一三《会馆》，民国八年石印本。

⑤ 张海鹏、张海瀛：《中国十大商帮》，黄山书社 1993 年版，第 15 页。

⑥ 张海鹏、张海瀛：《中国十大商帮》，黄山书社 1993 年版，第 37 页。

⑦ 张海鹏、张海瀛：《中国十大商帮》，黄山书社 1993 年版，第 37 页。

⑧ （清）徐珂：《清稗类钞》第 5 册《农商类·山西多富商》，中华书局 1984 年版，第 2307 页。

(1684) 开放海禁后，进入迅速发展的时期，实力大为增强：大批海商出海贸易，远至日本及南洋诸岛，且往返于沿海各港口城市，从事埠际贩运贸易，将广东、福建的糖货、海产，运往天津、营口等地发卖，把关东、直隶等地出产的豆、麦、杂粮及北方特产运到上海、宁波，其势力还扩展到长江沿岸重镇[①]。山东商人活动范围很广。沈阳商贾众多，"以帮分者，有直隶、山东、山西、吉林各帮；以行分者，有钱行、粮栈、丝房、皮货、山货五行"[②]，山东帮占有重要地位。兴京"以直鲁人为多"，辉南县"民籍齐鲁为多"[③]。其他如北京、天津、上海、南京、苏州、汉口、开封等地都是山东商人活动的重要地区，各地皆建有会馆。[④] 福建海商虽经明末清初的社会动荡，势力大大削弱，逐渐丧失了南洋各地贸易的主动权。但从 18 世纪始，台湾与福建的海路贸易却几乎为福建海商所垄断。[⑤] 徽商的发展表现在许多方面，但资本的雄厚更令人瞩目。在明代的徽州商人中，有藏镪至百万者，拥有二三十万赀财的只能算是中等商人[⑥]。至乾隆时期，经营盐业于扬州的山西、徽州歙县富商"百数十户，蓄赀以七八千万计"[⑦]。除上述外，其他商帮也保持着发展的态势，不一一详述。

3. 明清商人群体的衰落期：嘉道至清末民初

开始形成于明中叶的明清商人群体，经过近 4 个世纪的发展，至清嘉庆以后，除宁波商、洞庭商等适应新的形势，及时调整经营方向，影响继

---

① 张海鹏、张海瀛：《中国十大商帮》，黄山书社 1993 年版，第 112—116 页。

② 张海鹏、张海瀛：《中国十大商帮》，黄山书社 1993 年版，第 181 页。

③ （民国）《辉南县志》卷三《礼俗》，民国十六年刊本。

④ 张海鹏、张海瀛：《中国十大商帮》，黄山书社 1993 年版，第 182 页。

⑤ 张海鹏、张海瀛：《中国十大商帮》，黄山书社 1993 年版，第 287 页。

⑥ （明）谢肇淛：《五杂俎》卷四《地部二》，上海书店出版社 2009 年版，第 74 页。

⑦ （清）汪喜荀：《从政录》卷二《姚司马德政图叙》，转引自赵华富：《徽州宗族研究》，安徽大学出版社 2004 年版，第 504 页。

续扩大外，其他商帮皆逐渐衰落。根据张海鹏、张海瀛等学者的研究：福建海商在嘉庆以后走向衰败[1]；徽商"道光以后则逐渐趋于衰落"[2]；龙游商帮"衰落于光绪以后，为宁绍商所取代"[3]；江右商在鸦片战争后，"也最终走向衰落"[4]；陕西商人在四川的经济势力19世纪中叶以后走向衰落[5]，在扬州经营盐业的陕西商人也在太平军失败之后彻底衰落[6]；"山西商人衰败迹象通过票号反映出来，是从光绪年间开始的。"辛亥革命后，票号纷纷倒闭，其他商业也随之一同销声匿迹，山西商帮最后消失[7]。延续近500年的明清商人群体随着各商帮的相继衰落而趋于解体。

---

① 张海鹏、张海瀛：《中国十大商帮》，黄山书社1993年版，第290页。
② 张海鹏、张海瀛：《中国十大商帮》，黄山书社1993年版，第495页。
③ 张海鹏、张海瀛：《中国十大商帮》，黄山书社1993年版，第426页。
④ 张海鹏、张海瀛：《中国十大商帮》，黄山书社1993年版，第418页。
⑤ 张海鹏、张海瀛：《中国十大商帮》，黄山书社1993年版，第78页。
⑥ 张海鹏、张海瀛：《中国十大商帮》，黄山书社1993年版，第71页。
⑦ 张海鹏、张海瀛：《中国十大商帮》，黄山书社1993年版，第48—54页。

第三章　明清商人队伍壮大的社会背景考察

　　明清商人是一支浩大的队伍，遍布大江南北，穿梭于江河湖海，往来于大漠绿洲，行走于山地高原，运筹于首善之区、通都大邑……神州大地商流汹涌激荡，书写了气势不凡的明清商业历史画卷！

　　自给自足的自然经济具有较强的封闭性。置身于这种经济体系中的人，缺乏走出去的自身动力和外部环境。因此，要有那么多的人外出经商，基本上是不可能的。那么，明清时期的什么变动碰触到了人们的敏感神经，让他们勇敢地走出田园、书斋……导致了明清商人队伍的空前发展和日益壮大？这已是一个老问题了，至少已不是一个新鲜的话题。在20世纪八九十年代以来的相关论著中，都会偶有涉及，似乎难以绕过。特别是在明清商帮的研究中，凡论及商帮兴起的原因，都会或多或少地谈到。但总的说来，系统性稍嫌不足。本章拟在消化吸收已有研究成果的基础上，略抒拙见。

一、早期市场经济的逐步形成

　　姜守鹏先生在《明清北方市场研究》一书中提出："封建社会存在着

市场经济",但"还处于市场经济发展中的初级阶段,或早期阶段,因此我们不妨称其为初级阶段的市场经济或早期市场经济"。① 并且,简要论述了中国封建社会中市场经济的特点。提出这一原创观点的时间是1996年。但姜守鹏先生并未将"明清时期的早期市场经济"作为中心问题进行充分的论述。时隔25年后,万明在《全球视野下的明朝覆没——基于白银货币化的分析》一文中指出:"明代白银从民间市场崛起,是市场/社会与国家博弈胜出的产物,代表早期市场经济的萌芽。"② 认为,在14世纪末,中国的早期市场经济已经萌芽。这是又一个明史研究的新见解,更是对姜守鹏先生观点的细化。因为姜守鹏先生在提出"明清早期市场经济"时,并未说明明清早期市场经济开始形成或出现于何时。但万文的重心在全球视野下的明朝覆没,因而对她提出的14世纪末开始的中国早期市场经济萌芽的观点,并没有展开论述,也留下了些许遗憾! 但不论怎么说,姜、万两位学者的学术见解在进一步加深对明清经济社会的认识方面是具有启发意义的。那么,明清时期是否存在早期市场经济呢? 为什么说明清时期已经出现早期市场经济呢?

早期市场经济是市场经济的早期阶段。因此,要弄清早期市场经济,先要明确市场经济的含义。市场经济有多种类型,学者们的观点虽不完全一致,但市场经济是要具备一些基本要素和特征的。

第一,市场经济是由市场组成的,必须具有比较完整的市场体系。这个体系既包括商品市场,也包括生产要素市场。那么,明清时期有没有比较完整的市场体系呢? 龙登高先生在《中国传统市场发展史》一书中,把中国传统市场划分为4个阶段,即中国传统市场的初兴:公元前5世纪—公元1世纪(战国秦汉时期);中国传统市场的曲折发展:3—9世纪(魏

① 姜守鹏:《明清北方市场研究》,东北师范大学出版社1996年版,第2、8—13页。
② 万明:《全球视野下的明朝覆没——基于白银货币化的分析》,《河北学刊》2021年第5期。

晋南北朝隋唐时期）；中国传统市场的再度兴盛：10—14 世纪（五代两宋金元时期）；中国传统市场的成熟：14—19 世纪（明清时期）。认为，到明清时期，中国传统市场已臻成熟。① 吴承明先生对明代和清代的国内商品市场进行了专门研究，把宋以来至明清时期的国内商品市场划分为地方小市场、城市市场、区域市场、全国性市场 4 个层级，认为明清时期的国内商品市场较前有所扩大。② 姜守鹏先生通过对明清社会经济结构和市场的研究，认为，"明清时期的基本生产结构是小农业和家庭手工业相结合，自给性生产和商品性生产相结合的小农经济。""随着这种小农经济商品性生产程度的不断提高和民营手工业的日益发展"，"城乡商品市场越来越扩大，并且形成了一个由农村市场、市镇市场和区域性市场组成的市场网络。"农村市场发展、城市市场繁荣、区域性市场增多，全国性市场出现。③ 对明清时期的生产要素市场，姜守鹏先生也进行了精深的研究，并专门探讨了北方地区的生产要素市场，认为："封建社会晚期的生产要素市场主要包括生产资料市场、劳动力市场和金融市场。明清时期，北方地区生产资料市场进一步发展，劳动力市场已经出现，金融市场刚刚萌芽。"④ 这些学者是著名的经济史学专家，他们的研究已经证实，明清时期不仅有市场，而且形成了包括商品市场、要素市场在内的、比较完整的市场体系。

第二，市场配置资源是市场经济的重要特征，市场在资源配置中起着基础性作用。市场配置资源的情况在明清时期有没有出现呢？笔者认为，这时是已经出现了的，并且体现在许多方面：

小农经济市场化趋势明显。小农业与家庭手工业相结合的小农经济仍

① 　龙登高：《中国传统市场发展史》，人民出版社 1997 年版。
② 　吴承明：《中国的现代化：市场与社会》，生活·读书·新知三联书店 2001 年版，第 112 页—116 页。
③ 　姜守鹏：《明清社会经济结构》，东北师范大学出版社 1992 年版，第 217—218 页。
④ 　姜守鹏：《明清北方市场研究》，东北师范大学出版社 1996 年版，第 184 页。

然是明清时期基本的生产结构，或者说，小农经济是明清时期生产结构的核心。但这一时期的小农经济与此前已有很大的不同，即市场化趋势明显，小农与市场的联系日趋密切。他们根据市场的需要调整农业生产结构，以获利的多寡确定经营的方式和品种，农商兼具，农商一体。这方面的例子不少。广州望县，人"多衣食荔枝、龙眼"，不仅"矶围堤岸"皆种荔枝、龙眼，"或有弃稻田以种者"。每亩田可种荔枝20余株，龙眼40余株。荔枝、龙眼成熟季节，"若丘阜堆积"，大批"估人"前往购买，形成颇具规模的荔枝、龙眼产业。并且产业链不断向下延伸，制作装载荔枝、龙眼栲箱者，装运打包者，"各数百家"。除此，还有不少的"舟子车夫"皆以运送荔枝、龙眼为生①。南海、番禺等县也多种龙眼、荔枝，"龙眼叶绿，荔枝叶黑，蔽亏百里，无一杂树参其中，地土所宜，争以为业，称曰龙荔之民。"②福建泉州的气候适宜甘蔗的生长，"为稻利薄，蔗利厚"，遂大面积种植，"磨以煮糖"，泛海销售。受厚利的吸引，"往往有改稻田种蔗者"，以此"稻米益乏"，"仰给浙直海贩"③。在福建，烟草的种植面积比甘蔗还要大，"闽地二千余里"，烟草"耗地十之六七"④，粳稻菽麦种植寥寥！更加剧了粮食的紧张，不得不仰食江浙、台湾等地⑤。实际上，明中叶后，江浙的粮食也不能自给，多来自湖广。福建经济作物的广泛种植拉动了长江流域的粮食市场。湖州之民"以蚕为田"，⑥"凡蚕一斤，用叶一百六十斤"。桑叶除自栽桑树解决外，多从市场获取，"预租

---

① （清）屈大均：《广东新语》卷二五《木语·荔枝》，中华书局1985年版，第624页。

② （清）屈大均：《广东新语》卷二五《木语·荔枝》，中华书局1985年版，第626页。

③ （明）陈懋仁：《泉南杂志》卷上，《四库全书存目丛书》第247册，齐鲁书社1996年版，第842页。

④ （清）梁章钜：《退庵随笔》卷八《政事三》，江苏广陵古籍刻印社1997年版，第204页。

⑤ （清）郭起元：《闽省务本节用疏》，载贺长龄：《清经世文编》卷三六《户政十一·农政上·》，清光绪十二年思补楼重校本。

⑥ 《湖州府部艺文二》，《古今图书集成》第974卷，巴蜀书社1987年版，第14册，第16447页。

别姓之桑"。"蚕佳者，用二十日辛苦，收丝可售银一两余。"养蚕好处多多，既可"为绵为线"，出售换银，蚕粪还可以肥田，"皆资民家切用"。①郫县所产烟草"特佳"，质量上乘，"业者最夥"，种烟所得利润"过稻麦三倍"。②河坦、山谷广为种植，与五谷争地。在小农家庭的收入结构中，非农收入的比例显著提高。青浦盘龙镇，"俗务纺织"，"织者率日一匹"，"东乡日用所需都从此出"。③松江遍地皆种棉花，"农家赖其利，与稻、麦等"④。无锡乡民"食于田者，惟冬三月"，非农收入占到了全年家庭收入的四分之三。"春月，则阖户纺织，以布易米而食"。五月，开始忙于农事。"及秋，稍有雨泽，则机杼声又遍村落，抱布贸米以食矣。"⑤小农离开了市场、不走商品化经营的新路，就无法保证再生产的顺利进行。笔者还想举一个例子。那就是李诩《戒庵老人漫笔》中记载的谈参。谈参，在家排行第三，常熟人。其地"居湖乡，田多洼芜，乡之民逃农而渔，田之弃费辟者以万计"。常熟为湖乡，田多而低洼而荒芜，乡民转而弃农，从事渔业，撂荒土地数以万计。谈参"有心算"，头脑灵活，压低地价收购，雇佣贫民，对土地进行改造，把最低洼的地方开挖成池，池的四周筑堤以蓄水。凿池百余养鱼，池上架梁修猪圈养猪，猪粪喂鱼，堤上种植果树。与耕田种粮的效益相比，高出六倍。⑥谈参的投资方向完全是受市场的牵引，他养的鱼、生产的水果是为了出售，农场的生产者也是从市场雇佣而来。市场在农业资源的配置中发挥了重要的作用。还有的家庭手工业者从

---

①　（明）朱国桢：《涌幢小品》卷二《蚕报》，上海古籍出版社 2012 年版，第 39 页。

②　（嘉庆）《四川通志》卷七五《食货》，清嘉庆二十一年木刻本。

③　（明）金惟鳌：《盘龙镇志·风俗》，载谢国桢辑：《明代社会经济史料选编》，福建人民出版社 2004 年版，下册，第 9 页。

④　（清）褚华：《木棉谱》，《续修四库全书》第 977 册，上海古籍出版社 2002 年版，第 121 页。

⑤　（清）黄卬：《锡金识小录》卷一《备参上·力作之利》，台北成文出版社 1983 年版。

⑥　（明）李诩：《戒庵老人漫笔》卷四《谈参传》，中华书局 1982 年版，第 153 页。

农业中脱离出来，成为专业的手工业者，有的专门从事丝织品生产，有的生产棉织品，如江南地区的某些专业市镇就是主要由他们组成的。

明清时期的官营手工业的人力资源也逐步采取市场配置的方式。自明成化年间始，轮班工匠即可纳银代役，南匠每名每月，出银 9 钱，北匠出银 6 钱。出银后，即可免于赴京。不愿纳银者，仍旧当班如故。弘治时，明政府把南匠的代役银，也减为 6 钱①。嘉靖时期，明朝廷废除工匠轮班制，一律改为交纳"班匠银"，每名工匠每年征银 4 钱 5 分，轮班制废除，政府雇人充役，但仍保留工匠的匠籍。② 匠籍的废除要到清朝方才实现。康熙三十七年（1698），废除匠籍制度，匠班银摊入地亩征收，最先在浙江平湖实行③。其后，在各省逐步实行，特别是雍正年间实行摊丁入亩后，这一办法得到加速推行。明代官营手工业所需部分生产资料也采取"召商置买"的方式，④ 通过市场配置。

第三，市场经济是法制经济，法制性是市场经济的一般特征。明清时期也不乏管理市场的法规。明朝颁布了不少规范市场秩序的法律条文，对之进行梳理，可归纳为如下 7 个方面：

严格货币管理，禁止假币扰乱市场。货币是衡量商品价值的尺度，也是商品交换的媒介。元末，货币混乱，民间以物物相贸易。洪武元年（1368），令户部铸"洪武通宝"钱，与历代铜钱及前铸"大中通宝"钱相兼行使，执行流通手段的职能。洪武八年（1375），又令发行纸币，印造"大明宝钞"，与铜钱通行使用⑤。都是明洪武时期的法定货币。对制造假币及明知是假而使用者严厉惩罚。《大明律》规定："凡私铸铜钱者，绞；匠人同罪；为从及知情买使者各减一等。""凡伪造宝钞，不分首从及窝主，

① （明）申时行等：《明会典》卷一八九《工部九》，中华书局 1988 年版，第 951 页。
② （明）申时行等：《明会典》卷一八九《工部九》，中华书局 1988 年版，第 951 页。
③ （光绪）《平湖县志》卷七《食货中》，清光绪十二年刊本。
④ 《明史》卷八二《食货六》，中华书局 1974 年版，第 1991 页。
⑤ （明）申时行等：《大明会典》卷三一《户部十八·钞法》，明万历内府刻本。

若知情行使者皆斩，财产并入官。"① 私铸铜及伪造宝钞都是死罪。

统一度量衡。度量衡是测量商品数量单位的工具。在保证商品公平交易方面，起着较大的作用。洪武时，实行统一的度量衡制度。斛斗秤尺等度量衡器的标准，由朝廷统一颁布，各级官府依样制造，并在校勘、印烙之后，方许给降民间行使②。"毋容嗜利之徒私自造置，欺诈小民。"③ 为保证这一制度能真正实行，令兵马司每两日校勘一次市场上使用的斛斗秤尺④。凡私造且不符合官颁标准者，与在官降斛斗秤足上作弊的一样处罚，皆杖六十，工匠同罪；其私造度量衡器虽与官颁标准相同，但未经官府校勘、印烙者，笞四十⑤。使奸恶之徒无所措其手足。

统一价格管理。洪武元年（1368），令兵马司指挥兼任市司，负市场管理之责，每两日一次依时估定市场物价。在外各府州县城门兵马司亦一体兼领市司，核定当地市场物价⑥。

加强对牙行的控制。牙行，是商品买卖的中间人。最初出现于秦汉，时称"驵侩"。对促进商品交换有其应有的作用。但也常利用熟悉市场行情的有利地位，朘削商贾。明初，加强了对它的控制。规定，凡城市乡村集市牙行，各码头埠头皆选有家业的人充任，官给印信文簿，随时登记往来客商、船户之籍贯、姓名、路引字号及所带货物数目，每月送官府查考；私充牙人者，杖六十，所得牙钱入官。没有官府的认可，是不能开张牙行的。还规定，牙人评估物价如心存不公，以贱为贵，或以贵为贱，扰乱市场价格，"计所增减之价坐赃论，入己者准窃盗论，免刺"⑦。

---

① （明）申时行等：《大明会典》卷一七〇《刑部十二·诈伪》，明嘉靖刻本。
② （明）申时行等：《大明会典》卷三七《户部二十四·权量》，明万历内府刻本。
③ （明）申时行等：《大明会典》卷二一〇《都察院二·出巡事宜》，明万历内府刻本。
④ （明）申时行等：《大明会典》卷三七《户部二十四·权量》，明万历内府刻本。
⑤ 《大明律集解附例》卷一〇《户律七·私造斛斗秤尺》，明嘉靖刻本。
⑥ （明）申时行等：《大明会典》卷三七《户部二十四·权量》，明万历内府刻本。
⑦ 《大明律集解附例》卷一〇《户律七·市司评物价》，明嘉靖刻本。

禁止和雇和买。和买、和雇名异实同，皆起源于宋元时期，其弊至于官不给价而民仍输物。朱元璋明令禁止，洪武二年（1369）令："凡内外军民官司并不得指以和雇和买扰害于民，如果官司缺用之物，照依时值，对物两平收买。或客商到来中买货物，并仰随即给价，加或减驳价值及不即给价者，以监察御史、按察司体察，或赴上司陈告。"明洪武二十六年（1393）又定，"凡民间市肆买卖，一应货物价值须从州县亲民衙门按月从实申报合于上司，遇有买办军需等项以凭照价收买。"① 官府购买所急用之物，必须根据当时的市场价格，公平买卖，不能拖欠货款，亏损商民。

反对强买强卖，欺行霸市。"凡买卖诸物两不和同及贩鬻之徒通同牙行共为奸计，卖物以贱为贵，买物以贵为贱者，杖八十；若见人有所买卖，在旁高下比价，以相惑乱而取利者，笞四十。"② 买卖商品必须在两相情愿的情况下进行，如有不法之徒强买强卖，或与牙行勾结，操纵物价，都要受到法律的无情制裁。

不许假冒伪劣商品进入市场，对造假贩假者不假宽贷。"凡造器用之物不牢固真实，及绢布之属纰薄短狭而卖者各笞五十，其物入官。"③ 销售产品必须达到一定的质量标准，否则将受到笞四十的处罚，且没收其货物。

清代在这方面也有大致相同的规定，兹不再赘述。这些规定无疑有利于市场稳定和扩大。

第四，市场经济必然存在着竞争。竞争性在明清时期的市场主体中也是存在的。这方面例子甚多。兹举明代小说中一例加以说明。施复，嘉靖年间苏州府吴江县盛泽镇人，浑家喻氏。夫妻两口养蚕织绸为生，家中开

---

① （明）申时行：《大明会典》卷三七《户部二十四·时估》，明万历内府刻本。
② 《大明律集解附例》卷一一《礼律一·把持行市》，明嘉靖刻本。
③ 《大明律集解附例》卷一一《礼律一·器用布绢不如法》，明嘉靖刻本。

张绸机。"那施复一来蚕种拣得好，二来有些时运。凡养的蚕，并无一个绵茧，缫下丝来，细员匀紧，洁净光莹，再没一根粗节不匀的。每筐蚕又比别家分外多缫出许多丝来。照常织下的绸拿上市去，人看时光彩润泽，都增价竞买，比往常每匹平添钱多银子。因有这些顺溜，几年间就增上三四张绸机，家中颇颇饶裕。里中遂庆个号儿，叫做'施润泽'。"①《醒世恒言》卷一八描写的这位施复，是一位小生产者，由于蚕种拣得好，织出来的绸缎光彩润泽，质量上乘，几年的工夫，就小富起来，家中绸机增到三四张。他是靠质量在竞争中取胜的。虽小说家言，现实中也未必有施复这个人，但文学是现实生活的一面镜子，小说所反映的小生产者之间存在的竞争性应是历史的真实。

第五，市场主体的平等性也是市场经济的表征之一。明代经历了一个白银货币化的过程，以万明、黄阿明、邱永志等为代表的几位学者对这一过程及影响进行了深入的研究。万明认为，货币化即市场化，"以成化、弘治为界，白银经历了一个自下而上的市场崛起，到得到官方认可与自上而下合流，主要以赋役折银方式，大规模推向全国的历程。"②至嘉靖时，"朝野率皆用银"，形成了以白银为上币，铜钱为下币的货币体系。清朝继承、沿用这一货币体系而不改。这一货币体系对明清经济社会的影响是很大的，白银货币化推动了赋役货币化：明朝在万历年间，推行了一条鞭法改革，按亩征银；清雍正年间，实行摊丁入亩，或称地丁合一，把丁银摊入地亩中征收。赋役货币化改革使农民对国家、地主的人身依附关系皆有所减轻，自身的主体性地位逐步得以确立，个人成为利益抉择的主体，体现了或部分体现了个人追求自身利益的平等性，有利于市场的发展。明清时期，市场上的大部分商品都是由农民提供的。这就是

---

① （明）冯梦龙：《醒世恒言》卷一八《施润泽滩阙遇友》，华文出版社 2019 年版，第309 页。

② 万明：《全球史视野下的明代白银货币化》，《人民周刊》2020 年第 15 期。

明证。

第六，市场经济具有开放性，这是市场经济发展的本性。明清时期的经济是不是开放的呢？不可回避，明清两朝都实行过"海禁"，其细节为人熟知，不予详述。但明朝有隆庆开海，"除贩夷之律"，即隆庆元年（1567）部分开放海禁，私人海上贸易合法化，推动了海上私人贸易的发展，参与到了经济全球化的历史进程之中，白银大量从外流入。清朝在解决台湾问题后，也全面开放海禁，设置粤海关、闽海关、浙海关、江海关四口通商。虽乾隆时期，变为一口通商，但据有人研究，货物交易量并未减少。且清前期除东南沿海对外开放口岸通商外，在北方还有繁盛的中俄恰克图贸易；在西南的广西边境，还开放了水口关、平而关，中越贸易往来不断。总之，明清时期，特别16世纪以来，中国经济并未与世界经济断绝联系，而是主动地参与其中，并发挥着重要作用。

从上面几个方面的考察看，明清时期的经济已具有市场经济的某些一般特征和基本要素，但还处于初级阶段或早期阶段，如市场配置农业资源的情况，在江南手工业区和闽、广经济作物种植区更普遍些；另如，官营手工业的部分生产资料虽"召商置买"，通过市场配置，但还普遍存在短价、勒掯的现象，以致商贾逃匿；市场体系也只是初步形成；对外贸易管理还有很多不完善的地方。小荷才露尖尖角，明清时期的市场经济只能是早期市场经济。

那么，明清早期市场经济形成于何时呢？笔者将官营手工业人力资源市场配置制度的定型，作为明清时期的早期市场经济开始形成的标志。虽然在成化年间，以银代役制度已经确立，但其定型是在嘉靖年间。因此，认为嘉靖年间是明清早期市场经济开始形成的时间，以后的整个明清时期都处于早期市场经济的形成阶段。早期市场经济的逐步形成，是构成明清商人队伍壮大的社会背景之一。自然经济的封闭性不可能造就出空前壮大的明清商人队伍。

二、通商政策确立

（一）明代的商业政策

学界对明代商业政策的研究，以 20 世纪 80 年代为界，大致可划分为前后两个阶段。20 世纪 80 年代以前，"抑商"说是一种占主流地位的观点，认为明代实行的是抑商政策。20 世纪 80 年代以后，看法趋于多样：有的继续坚持抑商观点[1]；有的则对抑商观点进行反思，重构新论，认为自明中叶始，重商思想断断续续地出现，商业政策由抑商向重商转变[2]；也有的提出通商的观点，但没有全面、系统地展开论述，仅对明太祖朱元璋的通商观念与通商政策进行了初步的探讨[3]。那么，明代商业政策的实态究竟是怎样的呢？笔者首先对明代的商业政策做一探讨。

---

[1] 王兴亚：《明代抑商政策对中国经济发展的影响》，《郑州大学学报（哲社版）》2002 年第 1 期；刘颜东：《抑商还是重商：中国古代商业政策再认识》，《云南社会科学》2004 年第 6 期；王燕玲：《"抑商"思想与明清官僚经商》，《云南社会科学》2005 年第 3 期。另见王大庆：《1980 年以来中国古代重农抑商问题研究综述》，《中国史研究动态》2003 年第 3 期。

[2] 韦庆远：《明中叶从抑商到恤商、惠商的政策转变》，载《明清史续析》，广东人民出版社 2008 年版；王卫平：《明清时期江南地区的重商思潮》，《徐州师范大学学报（哲学社会科学版）》2000 年第 2 期；李祖基：《论闽南地区的重商倾向与海外贸易》，见《第二届闽南文化研讨会论文集》（上），2003 年 9 月；赵世明：《我国明朝中后期重商略论》，《商业研究》2015 年第 5 期；林春虹：《论晚明闽南士商互动及其重商意识》，《福建师大福清分校学报》2016 年第 1 期；徐晓望：《论明清福州城市发展及其重商习俗》，《闽江学院学报》2008 年第 1 期；张玉蕾：《论明代商业政策的转变》，郑州大学 2010 年硕士学位论文；等等。

[3] 张明富：《抑商与通商：明太祖朱元璋的商业政策》，《东北师大学报（哲学社会科学版）》2001 年第 1 期。

1.通商之意贯穿于明代多项经济社会制度

商业是国家重要的经济部门，与国计民生密切相关。据确切可靠的记载，至迟到西周时期，统治者即已有明确的通商意识，并推行通商之政。《尚书·酒诰》载，周公教妹土之民种植黍稷以事父兄，牵车牛远服贾，以养父母："妹土嗣尔股肱，纯其艺黍稷，奔走事厥考厥长。肇牵车牛，远服贾，用孝养厥父母。"① 其时，农商并无畛域！周武王灭商，封姜尚于齐营丘，"至国修政，因其俗，简其礼，通商工之业，便渔盐之利。"② 春秋时期，晋文公"轻关易道，通商宽农"③，卫文公"务材训农，通商惠工"④，皆将通商作为治国理政的重大战略举措。然至战国，经历一大转折，抑商议兴。其后，通商由显而隐而微。"通商"一词几乎在载籍中消失，仅稀见于《南史》《北史》《隋书》等少数典籍。直至宋代，通商意识方始复苏。在《宋史》《续资治通鉴长编》《建炎以来系年要录》等书中，"通商"一词出现的频率陡然增高，仅《宋史》一书，"通商"一词即出现近 50 次。《金史》《元史》等史籍中，也有一些"通商贾"⑤"通商惠工"⑥"力稿通商"⑦ 的记载。在明代，人们的通商意识和通商观念较前更加普遍，"工商众而国贫"这个曾经的社会共识已被碾轧粉碎。但更引起笔者关注的是，这些通商的观念和意识已经呈现出明显的制度化的趋势，贯穿到了明代多项经济社会制度之中。让我们先看看盐法。明代的盐法系

---

① （汉）孔安国传，（唐）孔颖达疏：《尚书正义》卷一四《酒诰第十二》，廖名春、陈明整理，《十三经注疏》，北京大学出版社 2000 年版，第 443 页。

② （汉）司马迁：《史记》卷三二《齐太公世家第二》，中华书局 1963 年版，第 1480 页。

③ 徐元诰：《国语集解·晋语四·文公》，王树民，沈长云点校，中华书局 2002 年版，第 349—350 页。

④ （明）王道焜、赵如源：《左传杜林合注》卷八《闵公》，《文渊阁四库全书》第 171 册，台湾商务印书馆 1986 年版，第 410 页。

⑤ 《金史》卷八一《耶律怀义》，中华书局 1975 年版，第 1826 页。

⑥ 《元史》卷一四七《张柔》，中华书局 1976 年版，第 3473 页。

⑦ 《元史》卷一九三《哈喇布哈》，中华书局 1976 年版，第 4385 页。

继承宋元而来，但也多有变通和创新，凡历三变：一是洪武初至弘治初年的开中制；二是弘治初至万历末年的运司纳银制；三是万历末袁世振改革盐政，推行的纲盐法。从其内容看，不论是开中制、运司纳银制，还是纲盐法，实质上，皆是国家凭借手中掌握的食盐，利用商人趋利的动机和本性，以达到足边裕国的战略目的，其间贯穿了通商的精神。明朝人即阐发有不少这样的认识。陆深，生于成化十三年（1477），卒于嘉靖二十三年（1544），南直隶松江府人，弘治十八年（1505）进士，累官至詹事府詹事。他认为，设立开中制的初衷是通商："祖宗时，设立各处转运、提举等司，佥灶以办税，置仓以收盐，建官以莅政，设法以开中，其要在于通商而已。大抵商益通，则利益厚，此立法之本意也。"①开中制的实行固为保证边军物资供给，但能否达到目的的关键在于通商，通商是开中制成功与否的基础。因而，对侵夺商利的"势要"，陆深持严厉批评的态度："盐课一事，本因海泽自然之利以充边方缓急之储，于国计甚便。然使朝廷壅实惠而不下，商贾畏空名而不来，则蠹亦甚矣。"②认为势要垄断盐利，导致商人因未沾实惠而不愿报中，是侵蚀开中制的蛀虫。通商之意呼之欲出。邹德溥，江西安福人，万历十一年（1583）进士，官至太子洗马。他在《九边屯政考》中说："国初又因计边地寒，近边且耕且守，力最艰，乃通商中盐以维之，令贾人输粟边郡，官给之引，赴盐所领盐转鬻。"③同样道出了明初统治者开中通商的意蕴！萧良乾，泾县人，号拙斋，阳明学派著名代表性人物王畿的门人，仕至陕西布政使。其《盐法议》云："按盐之为制，因天地自然之利以实边足国，其策不可废也。历代无论已，国朝盐法大都

① （明）陆深：《俨山集》卷二七《拟处置盐法事宜状》，载陈子龙、许孚远编：《明经世文编》卷一五五，中华书局1962年版，第1551页。

② （明）陆深：《俨山集》卷27《拟处置盐法事宜状》，载陈子龙、许孚远编：《明经世文编》卷一五五，中华书局1962年版，第1551页。

③ （明）邹德溥：《九边屯政考》，载黄宗羲编：《明文海》卷一二〇，《文渊阁四库全书》第1454册，台湾商务印书馆1986年版，第337页。

以通商、恤灶为本。洪武初，边方召商，纳银八分给盐一引。永乐间，改输粟二。斗五升。是征之官者薄，而贻之商者厚也。"[1] 许国，徽州府歙县人，嘉靖四十四年（1565）进士，历仕嘉、隆、万三朝，累官至礼部尚书，入阁参与机务。他说："国家盐政本以济边，非利其岁课之入。其行之要在恤灶、通商，不专于私贩之禁。……洪武中，边商开中，每引纳银八分，而灶丁煮盐每引给工本钞二贯伍百文，所取于商甚薄，而所给于灶甚厚。取之薄，故商乐于报中；给之厚，故灶勤于煎办，商灶两利而国课常足。"[2] 他们对寓以通商之意的开中制称羡不置，并对开中制的废革充满惋惜之情。也有综论整个明代盐政的，认为开中制以外的明代盐法都以通商为其灵魂。朱廷立，湖广通山县人，嘉靖二年（1523）进士，历任河南道御史、两淮盐政、畿辅学政等官，以礼部侍郎致仕。尝云："当官须识大体，如盐政大体所在，主于足边便民，而中间条理，不过通商、恤灶二者而已。"[3] 顾炎武亦云："大都盐法之本在恤灶、在通商、在慎任人。"[4] 王珍锡，崇祯朝任户部员外郎，也有类似的看法。时两淮盐场积引甚多，累年不销，王珍锡"思厘剔之"，于明崇祯四年（1631）八月上《两淮盐政疏》，其中有曰："盐法无他，不过裕国、通商、恤民三者而已。"[5] 陆深、邹德溥、萧良乾、许国、朱廷立、顾炎武、王珍锡诸君熟悉明代典章制度，虽表述略有差异，但其共识是明确的，即：明代的盐法建立于通商的基础之上，"法不行，则盐不售；盐不售，则商不通；商不通，则课为之亏，而

---

① （明）萧良乾：《拙斋十议·盐法议》，清道光十二年（1832）刻本，第5册，第5页上。

② （明）许国：《许文穆公集》卷四《盐法考》，《四库禁毁书丛刊·集部》，北京出版社2000年版，第40册，第449页。

③ （明）朱廷立：《盐政志》卷八《评论》，北京图书馆出版社1999年版，第20页。

④ （明末清初）顾炎武：《天下郡国利病书》（二），第12册，《扬州·盐法考》，上海科学技术出版社2002年版，第888页。

⑤ 《续文献通考》卷二〇《征榷考》，商务印书馆1936年版，第2972页。

财计匮乏之病必及于国。"①盐法能否顺畅运行，取决于食盐能否销售。而食盐能否销售，则取决于是否通商。如商不通，则盐不售。盐不售，则盐法面临全面崩溃，国家立法的目的就不能达到，也将导致国家发生财政危机。沈鲤，河南归德府人，生于嘉靖十年（1531），嘉靖四十四年（1565）进士，累官至礼部尚书，万历四十三年(1615) 卒。他与陆、邹、萧、许、朱、顾、王持相同见解："商之利，即吾利也"，商利则国利，"商既告困而国家亦由此多事矣。"攘臂而侵之，与割股实腹无异！② 对留难侵渔盐商的官吏予以痛责，表达了对其不理解制度设计深意的无奈。明代的茶法也一样，其制度的设计蕴含了通商的内涵。《四川通志》云："茶者，南方之嘉木。……自唐时回纥入贡，以马易茶，宋元因之……斯卫民与务边两得矣。前明斟酌繁简，陕以西、川以南，置茶马司各一……上以裕国，下以通商，允为经久之良法矣。"③清代方志编撰者对明代茶法的制度构建意图洞若观火。在明代的救荒制度中，也有明确的通商的内容。每当灾荒发生，多将通商作为救荒的重要法宝。万历三十二年（1604），畿辅饥荒，百姓流离，户部上疏要求"发仓平粜"，神宗皇帝对百姓处境"深切悯痛"，不仅同意"发仓平粜"，并命各省及南北直隶"动支解京银两，和买前往接济，通商、开纳，多方招徕，有成绩者，酌量优给"④。将通商与和买、捐纳等并列为救荒之策。天启年间，周起元巡抚吴地，逢江南大水，苏松等地"茫茫巨浸"，田园庐舍淹没，"市间菜蔬、米谷并贵"，饥馑兼作。面对严峻形势，周起元檄行所属道、府官员切实推行"一切救灾

---

① （明）王慎中：《遵岩集》卷八《盐政刻石记》，《文渊阁四库全书》第1274册，台湾商务印书馆1986年版，第157页。

② （明）沈鲤：《亦玉堂稿》卷六《赠黑丹渠判山东盐运序》，《文渊阁四库全书》第1288册，台湾商务印书馆1986年版，第290—291页。

③ （雍正）《四川通志》卷一五上《茶法》，《文渊阁四库全书》第559册，台湾商务印书馆1986年版，第625页。

④ 《明神宗实录》卷四〇二，万历三十二年十一月辛丑，线装书局2005年版，第157页。

之政"，其内容包括"竭诚斋戒、祈祷，并通商，广枲积谷、买米"。通商
是政府救荒的重要内容之一，政府对通商在救荒中的作用有充分的认识：
"通商劝枲，使民间自为流注，不平价、不遏枲，以聚商贾。"[1] 商贾聚，
则米谷多而价格降，灾民得食，社会稳定。通过市场的自组织方式达到救
荒目的，救荒手段部分市场化。文学作品也有反映以通商为救荒之策的。
吕元声，海盐人，万历间太学生，其《武原纪灾诗》有"忽传湖广尖新来，
家户看看改颜色。通商亦是救荒策，昔人有言毋遏枲"[2]。"商籍"这一制
度虽最初仅惠及两淮的山陕盐商，但无疑体现了明代朝廷的通商之意。万
历十三年（1585），朝廷采纳巡盐御史蔡时鼎建议，"许扬州商、灶子弟
于运司应试，提学官一体选取入学"[3]。山陕盐商子弟可在盐商经商省份入
学、参加科举考试，解决了其回原籍参加考试的不便。《清盐法志》也载：
"明万历间，定商灶籍，由运使送考扬郡，商籍额取十四名，灶籍取六名，
其二十名附扬州府学。"[4] 后来，明廷还把这项制度由两淮推行到了两浙、
长芦、山东等盐场[5]，受益面增大。隆庆时期的开海制度更为海商之福音，
是对明初以来厉行 200 年之海禁政策的颠覆，准贩东西二洋，商人出海贸
易合法化。这无疑是通商的。明代的市场管理制度规范市场行为，维护市
场秩序，同样是贯穿了通商之意。因这方面已多有论述，在此不复赘言。
当然，贯穿通商之意的明代经济社会制度也许还不只这些。但限于篇幅，
不再做其他考察。

---

① （明）周起元：《周忠愍奏疏》卷下《普弘仁事疏》，《文渊阁四库全书》第 340 册，台
　　湾商务印书馆 1986 年版，第 294 页。
② （清）沈季友：《檇李诗系》卷一五《武原纪灾诗》，《文渊阁四库全书》第 1475 册，台
　　湾商务印书馆 1986 年版，第 370 页。
③ 《明神宗实录》卷一六四,万历十三年八月甲辰，线装书局 2005 年版，第 183 页。
④ （清）周庆云：《清盐法志》卷一五八《两淮·五十九·学校》，洪宝斋石印本，
　　1928 年。
⑤ 吕小琴：《明代两淮运学倡设中的盐商地位变迁》，《兰州学刊》2015 年第 4 期。

2.通商是明代众多执政者治理国政的重要理念与实践

在明代，通商之意不仅贯穿于多项经济社会制度，而且，还较普遍地落实到了行政的操作层面，众多执政者将通商之意付诸治国理政的实践之中。这方面例子甚多，我们略作梳理。

（1）庙堂决策。在明代政治中枢的庙堂之上，"通商"一词已进入国家治理理论的政治话语体系之中，并较为频繁地使用。在许多重大或一般性的政治、经济、外交、军事问题的讨论和处置中，通商都成为所提解决方案的内容之一，俨然明代国家治理的重要逻辑。为说明这一情况的普遍性和连续性，笔者将依据收集到的这方面的事例，按时间先后顺序展开叙述。洪武十三年（1380）四月，都督濮英"复请督兵略地，开梅里哈之路以通商旅"。太祖赐书表示同意，"略地之请，听尔便宜"。但叮嘱"将以谋为胜"，不能疏忽轻敌。① 不仅不反对略地开路以通商旅，而且表示关心。永乐六年（1408），朱棣命内官赐拔达克山首领敕书、采币，"谕以往来通商之意，皆即奉命"②。正统十四年（1449），英宗"北狩"，郕王奉皇太后之命监国，南京翰林院侍讲学士周叙上奏八事，条陈内修外攘大计，其第八"修庶政"中有言："禁抑权贵中盐以通商贾"。郕王祁钰"嘉纳之"。③ 将禁抑权贵中盐，整顿盐法以通商贾，作为增强边防力量以使明朝渡过政治军事危机的重要举措。正德十年（1515），乾清宫火灾，武宗下令群臣直陈时政。杨廷和在所提消弭灾变的方案中，有"罢皇店之设，以通商贾"的内容，与"接群臣""颐养圣体""经筵日讲"

---

① 《明太祖实录》卷一三一，洪武十三年四月丁亥，线装书局 2005 年版，第 558 页。《明史》卷三三〇《西域二》所载稍异："哈玛尔地近甘肃，元诸王温纳实哩居之。洪武十三年，都督濮英练兵西掠，出师略地，开哈玛尔以通商旅。"以梅里哈作哈玛尔（《明史》，中华书局 1974 年版，第 8567 页）。

② 《明史》卷三三二《八答黑商》，中华书局 1974 年版，第 8613 页。

③ 《明英宗实录》卷一八一，正统十四年九月壬午，线装书局 2005 年版，第 326—327 页。

等举措相并列。① 正德十六年（1521）七月，明世宗即位不久，南京给事中陈江上言三事，第三即为"通商贾"，言通州、张家湾密迩京畿，地当冲要，商贾辐辏，"皇亲贵戚之家列肆其间，尽笼天下货物，令商贾无所牟利，宜亟禁治，使商民乐业。"奏疏呈上，得到户部及世宗皇帝的支持："皇亲贵戚家不得列肆夺民产"，命御史"察不法者以闻"。② 嘉靖九年（1530）五月，户部尚书梁材等上疏力陈钞关应禁、应革事宜，强调"设关榷税，上以裕国课，下以通商民，诚非细务"。主张严禁关吏苛刻多征③。嘉靖四十三年（1564）四月，世宗下旨："禁各门税课额外重征诸弊，以通商货。"④ 隆庆时，给事中郑大经上言"重榷务"，曰："我国家通商裕国，凡财货舟楫会通之所，置关榷税，部臣专敕往督之。盖取商贾之纤微以资国用，重本抑末之意亦行乎其间。年来当事之臣，固有洁己澄源，通商利国者，操柄行私、蔑法干纪者亦往往有之。"⑤ 主张朝廷任命具有清望、有才能者监督榷关收税，利商利国，并行不悖。汪应蛟，万历时人，其巡抚京畿时上疏痛陈：芦沟桥距崇文门只二十余里，门税既已过重，桥税何可复苛？神宗明令禁止重复征收："朝廷税课原为裕国通商德意，岂忍重叠征收，累及小民？"⑥ 万历二十五年（1597）二月，大学士张位、沈一贯奏陈经理朝鲜事宜，建言：开城、平壤"西接鸭绿、旅顺，东援王京、乌岭"，战略地位重要，有虎踞龙蟠之势。据之，进可以

---

① （明）杨廷和：《杨文忠三录》卷一《自劾不职乞赐罢黜以答天谴疏》，《文渊阁四库全书》第 428 册，台湾商务印书馆 1986 年版，第 754 页。

② 《明世宗实录》卷四，正德十六年七月庚申，线装书局 2005 年版，第 413 页。

③ （明）黄训：《名臣经济录》卷二三《户部·梁材"题钞关禁革事宜"》，《文渊阁四库全书》第 443 册，台湾商务印书馆 1986 年版，第 469 页。

④ 《明世宗实录》卷五三三，嘉靖四十三年四月甲午，线装书局 2005 年版，第 84 页。

⑤ （明）郑大经：《酌议任官家以裨国计疏》，载（明）贾三近：《皇明两朝疏钞》卷一五，《续修四库全书》，第 465 册，台湾商务印书馆 1986 年版，第 505—506 页。

⑥ （明）汪应蛟：《抚畿奏疏》卷三《分疆已蒙圣断税额重叠难支疏》，《续修四库全书》，第 480 册，台湾商务印书馆 1986 年版，第 437 页。

战，退可以守。应于此二处"开府立镇"，"练兵屯田，用汉法以教朝鲜之人；通商惠工，开利源以佐军兴之费；选贤用能，立长帅以分署朝鲜八道之士。开平既定，次第取庆尚、忠清、黄海等处，日逼月削，倭可立尽"。"得到神宗皇帝的许可，上然之，令下部议"①。在万历抗倭援朝战争中，张位、沈一贯将"通商惠工"作为对日斗争取得胜利的一项重要战略。万历二十八年（1600）五月，督理山西税粮内臣孙朝参劾巡抚魏允贞、巡按赵文炳"不与同心"，神宗皇帝下旨："朝廷遣官税课，原为不忍加派小民、裕国通商德意，如何内外各官不思同心共济，彼此背戾支吾，职任安在？其清查无碍银两着上紧会查明白，一半留彼军饷、赈济，一半并岁课解进，如有抗违，必罪不宥。"②在调解内外官员的矛盾中，流露出了内心的通商观念。万历三十三年（1605）八月，礼部侍郎冯琦上言："矿使出而天下苦，更甚于兵；税使出而天下苦，更甚于矿。皇上欲通商而彼专欲困商"③。反对矿监税使对商贾的敲诈盘剥，要求撤回矿监税使以期商业流通。天启五年（1625）十月，熹宗以皇子降生，普天同庆，大赦天下，颁布诏书，其中有云："天下税课抽分衙门，原有祖宗旧制。其各路关津隘口，商货经由处所，曾经万历二十七年（1599）等年设立征榷者，近因新旧兵饷诎乏至极，暂议开复，责成廉明经管，务期通商裕国，于民不扰！此处倘有擅立牙行私抽税钱，罔利病民者，抚按官严行查革，参奏重治。"④尽管因军饷极度短缺而承认万历二十七年新增的权关，但要求遴选廉洁、公正的官员经管，务必通商裕国，不得私立牙行抽税，增加商民负担。其他事例尚有，兹不尽录。从这些事例可以看出，自明太祖朱元璋始，明代的绝大多数皇帝和数量不少的朝臣都把通商作为处理内政外交的

---

① 《明神宗实录》卷三〇六，万历二十五年二月乙亥，线装书局 2005 年版，第 300 页。

② 《明神宗实录》卷三四七，万历二十八年五月辛亥，线装书局 2005 年版，第 493 页。

③ （清）谷应泰：《明史纪事本末》卷六五，中华书局 2015 年版，第 1019—1020 页。

④ 《明熹宗实录》卷六四，天启五年十月庚子，线装书局 2005 年版，第 125—126 页。

重要政策和策略，"通商"一词已进入了明代官方的主流话语体系。同时，我们也发现，明代君臣的榷税观在弘治以后亦发生了较大的变化，征税以抑末的观念在慢慢地、静悄悄地发生变化，代之而起，并逐渐占据主导地位的是"榷关之设以通商裕国"的榷税理念。

（2）地方治理。在明代的地方治理中，将通商作为重要治理措施的官员也不在少数。这些官员的身影既出现于明初社会经济的恢复期，也见于承平之世的内地省府州县；既可在北方边疆地区和南方民族地区寻觅到其踪迹，还可见于商旅往来如织的诸处榷关。地方治理的实践与朝堂之上的通商呼声和决策相互辉映，成为明代通商全图的有机构成。为避免史实征引繁复，兹就收集到的在地方推行通商之政的官员及其事迹列表如后（见表3—1）。

表3—1　明代地方官员推行通商之政事例表

姓名	通商事实	出处
胡深	处州龙泉人，"颖异有智略，通经史百家之学"，元末兵乱，集里中子弟自保，朱元璋素知其名望，授左司员外郎，守处州，"兴学造士"，减轻田赋，"盐税什一，请半取之以通商贾，军民皆怀其惠云。"	《明史》卷一三三《胡深传》，中华书局1974年版，第3889—3891页
齐原芳	陕西乾州人，元末兵燹，民皆窜徙，洪武初，为郾城县丞，"缮城邑，修室庐，督农事，通商贾，流民闻风而归者九百户。"	《河南通志》卷五六，《文渊阁四库全书》第536册
蒋宫	江南仪征人，洪武中，官兰阳县丞。时郡邑凋零，民多流亡，遂广为招抚，使流民复业，并弭灾捍患，"通商贩，理冤狱，兴学校，邑用大治。"	《河南通志》卷五五，《文渊阁四库全书》第536册
杨英	洪武中，"以明经领乡荐"，历官刑部主事。永乐中，升福建按察佥事，迁两淮盐运使，"勤以督课，公以通商，惠以恤下。"宣德元年（1426），调河东盐运使，到任后，"以施两淮者施之"	杨荣：《文敏集》卷一三《送杨运使还任河东序》，上海古籍出版社1991年版

续表

姓名	通商事实	出处
曾泉	泰和人，永乐十八年（1420）进士，选庶吉士，后官御史。宣德初，贬谪氾水典史，不以降黜而旷废职守，躬自督民开辟荒土，"收谷麦，伐材木，备营缮，通商贾，完逋责，官有储积，民无科扰"。治理绩效显著，百姓感怀，"死之日，老幼巷哭"。	《明史》卷二八一《曾泉传》，中华书局 1974 年版，第 7206 页
徐正	浙江鄞县人，永乐中，知陈留县，"莅政仁恕，济贫民，招逃移，屯军扰民者严禁之。又置集场以通商货，邑遂富庶，民咸怀之。"	《河南通志》卷五五，《文渊阁四库全书》第 536 册
焦瑾	诸城人，永乐初年，授浚县税课大使，"通商利民"。	过庭训：《本朝分省人物考》卷九七《焦瑾》，明天启刻本
许颙	安阳人，成化间，以太仆寺丞出知南康府，"政令严明，开河道以通商旅，实义仓以务荒歉，修葺文庙，祷雨辄应，士民怀之。"	《江西通志》卷六四，《文渊阁四库全书》第 515 册
章懋	兰溪人，成化二年（1466）进士，选庶吉士，历南京大理评事，迁福建按察佥事，"通商惠工，振穷均赋，部内大治。"	章懋：《枫山集》卷四《传略》，《文渊阁四库全书》第 1254 册
贺勋	湖广湘乡人，成化间，任广西府知府。"时初设流官，勋至，建城垣，修学校，立廨舍，惠农通商，正风俗，弭盗贼"。	鄂尔泰等：（雍正）《云南通志》卷一九，《文渊阁四库全书》第 570 册
张恺	无锡人，成化末进士，任福建盐运使期间，"抑遏强御，务以通商惠民，而持廉守法，不以冗散易节"。嘉靖十七年（1538）五月八日以疾卒。	文征明：《甫田集》卷二七《企斋先生传》，西泠印社 2012 年版
李梦阳	世为开封扶沟人，弘治六年（1493）进士，授户部主事，迁郎中，"尝治关，立通商法，痛格势人"。	毛奇龄：《西河集》卷八一《传九·李梦阳》，《文渊阁四库全书》第 1320 册
汤沐	江阴人，弘治九年（1496）进士，观政户部，寻官浙江崇德知县。弘治十五年（1502），召拜山东道监察御史，"奉敕监临河东盐池，一切禁利，通商惠民，边储以饶"。	周用：《周恭肃公集》卷一三《祭文碑名墓表·明故前通议大夫大理寺卿汤公墓碑》，明嘉靖二十八年刻本

姓名	通商事实	出处
杨一清	南直隶镇江府丹徒人，弘治十五年（1502）冬，兵部尚书刘大夏举荐时任南京太常卿的杨一清为副都御史，督理陕西马政。一清对西北马政多有整顿，"又请相地势，筑城通商，种植榆柳，春夏放牧，秋冬还厩。马既得安，敌来亦可收保。"时孝宗重边防，"所奏辄行"。	《明史》卷九二《志第六十八》，中华书局1974年版，第2272页
王彦奇	云阳人，弘治末，官延安知府，"兴学校，作人才，正风俗，广储蓄，释冤滞，恤孤独，建桥梁，治水患，通商贾，弭盗贼，文章正事名盛一时。"	《陕西通志》卷五二，《文渊阁四库全书》第554册
陈大中	蕲州人，正德三年（1508）进士，初任南京户部主事，寻擢庆远知府。"故事，土官以金银器物为贽，中拒不受，削平蓝贼以通商旅。"	《湖广通志》卷四八，《文渊阁四库全书》第533册
潘鉴	婺源人，亦正德三年（1508）进士，历官南京大理寺评事、福建按察佥事、四川按察使、江西右布政使、都察院右副都御史、工部右侍郎等。"在蜀久，知地理险易，察于民俗之宜，周知夷情之变。凡抚循安辑，通商便民及诘兵控夷之政，大者驿闻，小者按举。"	（明）过庭训：《本朝分省人物考》卷三七《潘鉴》，明天启刻本
喻公	青浦县经元末兵乱，至明，仍田多荒芜，税多逋额。正德中，内江喻公官松江知府，"乃议分设镇治，使通商惠民，垦治田土，以省合郡包赔之苦"。	王圻：（万历）《青浦县志》卷一，明万历刊本
苏士润	晋江人，嘉靖七年（1528）进士，为吉水令，历江西道监察御史等，"按长芦鹾政，行小票法，通商利民，至今著为令。"	过庭训：《本朝分省人物考》卷七一《苏士润》，明天启刻本
史朝宾	福建晋江人，嘉靖二十六年（1547）进士，授刑部主事，后转兵部员外郎。受杨继盛狱牵连，降三级调任泰州通判。仕途坎坷。再迁南京户部员外郎，以丁忧归。服丧期满，补工部郎中，"分署张秋镇，通商惠民"。	《闽中理学渊源考》卷七三《鸿胪史观吾先生朝宾》，《文渊阁四库全书》第460册

姓名	通商事实	出处
黄宸	陕西咸宁人，嘉靖二十六年（1547）进士，授卫辉府推官，升工部主事，"居淮上，会兵变"，"通商偾运，开屯核饷，吏不敢奸，叛军帖服。"	《陕西通志》卷五二，《文渊阁四库全书》第 554 册
吴世泽	连江人，嘉靖二年（1523）进士，擢广西按察使副使，"分饬府江，风裁廉洁，剔吏蠹，端士习，复流移，通商贾"。	《广西通志》卷六七，《文渊阁四库全书》第 567 册；《粤西文载》卷六五
陶守训	平乐人，嘉靖三十一年（1552）举人，性孝友，"守镇远府，抚苗夷，通商旅，建桥梁"，为官清廉，"乞休家居，萧然壁立"。	《广西通志》卷七九，《文渊阁四库全书》第 567 册
康河	武功人，嘉靖二年（1523）进士，历官户部主事、郎中，后出守兖州、广西、赣州，"司储、司税以及典郡，培本抑末，通商裕赋。"	过庭训：《本朝分省人物考》卷一四〇《康河》，明天启刻本
徐鹤	海盐人，登嘉靖二十六年（1547）进士，"恬于进取"，迁南京国子监助教，转工部都水司主事，"监税仪真，通商便民，所立条规，至今为令。"	徐象梅：《两浙名贤录》卷三八《清正·湖广按察司副使徐鸣川鹤》，浙江古籍出版社 2012 年版
宋仪望	永丰滁溪人，生活于嘉万时期，进士，巡按河东盐政，"祛夙蠹，通商贾"。	胡直：《衡庐精舍藏稿·续稿》卷六《大理卿宋华阳先生行状》，《文渊阁四库全书》第 1287 册
袁亮	湖广麻城人，万历三年（1575），以户部员外郎监督淮关榷税，"既莅任，询知淮地节苦水患，商氏友困，因汲汲以惠民通商为务，而群情爱戴，争愿出途，课比往岁转增"。	马麟：《续纂淮关统志》卷八，清乾隆刻、嘉庆光绪间递修本
张伯鲸	江都人，万历四十四年（1616）进士。崇祯初，迁户部主事，"出督延、宁二镇军储，通商惠工，军民便之"。	《江南通志》卷一四四《张伯鲸》，《文渊阁四库全书》第 511 册
周之驯	黄冈人，万历十一年（1583）进士，"以计曹督榷清江浦，约己通商。"	《湖广通志》卷四八，《文渊阁四库全书》第 533 册

姓名	通商事实	出处
王基	青州卫进士，历任大同知府等，累官至户部尚书。万历十六年（1588），巡抚大同，"谨斥堠，明赏罚，练将士，裁冗费，通商贾，严惩强御，奏锢豪宗，四民宁帖，边方晏安。"	《山西通志》卷九四，《文渊阁四库全书》第545册
杨植	阳城人，万历五年（1577）进士，任益都知县六年，擢大理司评事，转兵部主事，"守山海关，通商贾，兵戎关政一新。"	《山西通志》卷一二二，《文渊阁四库全书》第546册
宁化龙	保定新安人，万历五年（1577）进士，历官中书舍人、工部都水司员外郎。十二年（1584），"榷税荆州"，"主在禁奸、节费，通商惠民"，"荆之人士为诗歌以颂之"。	过庭训：《本朝分省人物考》卷五《宁化龙》，明天启刻本
任养心	芮城人，万历二年（1574）进士，由浚县知县擢御史，巡按两淮盐政，条陈通商、恤灶四事。	《山西通志》卷一三一，《文渊阁四库全书》第546册
饶景晖	江西进贤人，万历四十六年（1618），巡抚饶景晖上疏：蜀中自征播之后，兵荒频见，公私交困，理财以解燃眉之急者，莫如钱法。其中有"通商"一条，云："钱法之行，为便于日用之需耳，行商挟重赀游千里外，囊底加千文，俾伛偻不能胜矣，乃勒令行此，必不得之，数也。自后行市贸易，自一两而上，银钱听其自便。"为方便商贾行商贸易，商品交易价格在白银1两的，用银用钱悉听自便。	《四川通志》卷一五下，《文渊阁四库全书》第559册
温纯	陕西三原人，万历时巡抚浙江，会同巡按浙江御史傅好礼上奏七款，其中之一为"复关政"，曰："惟国家设立关税，所以通商裕课，重务也。"要求整顿关务，通商裕课。	温纯：《温恭毅集》卷四《俯竭愚衷敬陈末议以求少裨治理疏》，《文渊阁四库全书》第1288册，第73页
冯应京	盱眙人，万历二十八年（1600），"擢佥宪湖广，备兵武汉"，"一以厚民生，兴教化为务"，"崇贤奖节，息讼弭盗，惩淫斥异，缮城葺祠，除道疏川，利农通商"。	曹于汴：《仰节堂集》卷五《湖广按察司佥事慕冈冯公墓志铭》，《文渊阁四库全书》第1293册

续表

姓名	通商事实	出处
刘一相	山东长山人，万历时进士，历任山西高平令、南京吏科给事中、茂州卫知事等官，平播有功。任陕西按察司副使期间，"清军理屯，简核邮传"，"立法通商，市无折阅"。	倪元璐：《倪文贞集》卷九《陕西按察司副使顷阳刘公墓志铭》，上海古籍出版社1993年版
苏茂相	福建晋江人，万历二十年（1592）进士，授户部主事，后历任江西副使、太仆少卿、金都御史等，累官刑部尚书。巡抚两淮时，以"凤泗为帝乡汤沐，陵寝重区，水旱蝗相继，公下令捕蝗、通商、平籴"。	黄宗羲：《明文海》卷三九一《大司寇苏公传》，中华书局1987年版
秦植	无锡人，天启中，知全椒县，"杜苞苴，除耗羡，薄税通商，调知皖江，惟携一箧而行。"	《江南通志》卷一一八《秦植》，《文渊阁四库全书》第510册
黄嘉简	鄞县人，贡生。崇祯三年（1630），任贵阳府开州知县，"建城垣，课士通商，民甚德之。"	鄂尔泰等：（乾隆）《贵州通志》卷二〇《秩官》，清乾隆六年刻本

上举以通商作为地方施政内容的官员共40例。从朝代分布看，洪武朝3人，永乐朝3人，宣德朝1人，成化朝4人，弘治朝4人，正德朝3人，嘉靖朝8人，万历朝12人，天启1人，崇祯朝1人。除建文、正统、景泰、天顺、隆庆、泰昌6朝外，其余各朝均有，总的趋势是，成化以后渐增，尤以嘉、万二朝为最多，其曲线呈一个倒马鞍形的形状；从地域分布看，除杨英1人暂时不能确定其为何方人氏外，其余皆记载清楚，南直隶8人，北直隶1人，浙江布政使司5人，陕西布政使司4人，江西布政使司3人，山东布政使司3人，河南布政使司2人，湖广布政使司4人，四川布政使司2人，福建布政使司3人，广东布政使司1人，广西布政使司1人，山西布政使司2人。明清十大商帮的诞生地所在的省级行政区划皆有推行通商之政的官员。以上所举当不是以通商作为治政之策的地方官员的全部。我们之所以要不厌其烦地尽量多地列举出这些事例，

目的是想从其在各朝的分布情况了解到明代社会变迁的些许信息，得出一些带有共同性的东西。从统计的结果看，推行通商之政的官员，南方籍 27 人，北方籍 12 人，与明代南方商品经济总体较北方活跃的事实完全相符。

3. 抑商说、重商说简要辨析

通过前两部分的论述可以明了：在明代，通商已不仅仅是一种理念、观念，而是已经制度化，并在较大的时间范围和空间范围内，落实到了国家和地方治理的行政实践之中。可以说，自明初以降，通商政策的内容不断丰富，至迟到万历初年，商人经商已无行业和地区的限制，商人子弟出仕有了制度的支持，明代的通商政策已完全形成。其标志就是商籍制度的确立。明代的通商政策既非平地而生，亦非从天而降，而是有其制度的渊源。考诸史料，传统的抑商政策发生系统性变动始于宋代。在宋代，商人入仕的限制有所松动，凡"有奇才异行"的商人可获得出仕权利[1]，政府亦保护商人利益，减轻关税，"常税名物，令有司件析颁行天下，揭于版，置官署屋壁，俾其遵守。"[2] 盐茶专卖逐渐转向通商，由官府专卖转变为官商并卖。[3] 元代茶法"大率因宋之旧而为之制"[4]。明代通商政策的逐步确立，实是宋元商业政策的继续和发展。

那么，抑商说、重商说是否成立呢？先看看抑商说。抑商之议始于战国，抑商政策全面确立于西汉。其后，各代执行有张有弛。到明代，仍不乏"抑末"之论。仅在《明实录》中就有不少这方面的记载。为保持史料的原生态性，罗列于后。洪武十九年（1386）三月，明太祖谕户部臣曰：

---

[1] （清）徐松：《宋会要辑稿·选举三·贡举杂录一》，中华书局 1957 年版，第 5 册，总第 4263 页。

[2] （元）脱脱等：《宋史》卷一八六《食货下八》，中华书局 1977 年版，第 4541 页。

[3] （元）脱脱等：《宋史》卷一八一《食货下三》，中华书局 1977 年版，第 4413 页。

[4] （元）脱脱等：《元史》卷九四《食货二》，中华书局 1976 年版，第 2393 页。

"善理财者，不病民以利官，必生财以阜民……我国家赋税已有定制，撙节用度，自有余饶，减省徭役，使农不废耕，女不废织，厚本抑末，使游惰皆尽力田亩，则为者疾而食者寡，自然家给人足，积蓄富盛。尔户部政当究心，毋为聚敛以伤国体。"① 宣德六年（1431）三月，宣宗曰："……朕谓为国养民在有实惠上，何必拘于古法！诚能省徭役、薄征敛，重本抑末，亦足养民。"② 宣德八年（1433）正月，再次强调："……先王法制猝难复，后世重农抑末，轻徭薄税，足以致富庶；兴举学校，惇崇孝悌，足以立教化，固不必尽合古制。"③ 景泰四年（1453）三月，监察御史左鼎奏："……诚能痛抑末技，严禁游惰，凡工商僧道之流减汰抑遏，悉驱而归之农。"④ 嘉靖九年（1530）正月，兵部尚书李承勋言："……思小民衣食之孔艰，皆以重本抑末为主……"⑤ 嘉靖九年十一月，瑞昌王府奉国将军拱摇奏："臣闻古圣王之治天下，勤学以基之，务本以先之，敬天以保之，三者而已。……凡有征税，务重本抑末宽农……"⑥ 嘉靖二十一年（1542）六月，世宗手谕都察院曰："……君逸臣劳，务本抑末，失小顾大，先贤言之……"⑦ 可见，在明代，"抑末"之论是确实存在的。那么，"抑末"与"通商"是一种什么样的关系呢？首先，在明代的语境中，"抑末"与"通商"不是非此即彼的对立性的关系，而是可以兼容的。从上面所列《明实录》的材料就可以看出，"抑末"是明代的一项宏观的朝廷经济管理政策，主要是平衡各经济部门的关系，驱使游惰之民归于南亩，保证有足够多的人手从事农业生产，维护传统社会的稳定。而国家理性地对待商业，实行

---

① 《明太祖实录》卷一七七，洪武十九年三月戊午，线装书局 2005 年版，第 133 页。
② 《明宣宗实录》卷七七，宣德六年三月丁丑，线装书局 2005 年版，第 477 页。
③ 《明宣宗实录》卷九八，宣德八年正月癸酉，线装书局 2005 年版，第 586—587 页。
④ 《明英宗实录》卷二二七，废帝郕戾王附录第四十五，线装书局 2005 年版，第 56 页。
⑤ 《明世宗实录》卷一〇九，嘉靖九年正月丙辰，线装书局 2005 年版，第 380 页。
⑥ 《明世宗实录》卷一一九，嘉靖九年十一月丁亥，线装书局 2005 年版，第 444 页。
⑦ 《明世宗实录》卷二六三，嘉靖二十一年六月辛巳，线装书局 2005 年版，第 430 页。

"通商"，则主要是为了足边、裕国、便民，解决朝廷面临的重大难题，具有浓厚的工具理性的色彩。对于这一点，弘治时期的大臣倪岳认识得很深刻。他在《灾异陈言疏》中，狠批工部派往地方的抽分官员以增课为能事，以及其侵克商民和索取银钱的行为，认为："抑末固为政之理，而通商亦富国之术。苟使官司肆为侵克，遂致道路渐成愁怨，伤和召沴，岂王政之所宜哉！"把侵克商民提到了与王政相悖的高度，要求孝宗下旨，命工部亟加整顿，使各处抽分官员务必"奉公守法，律己便人"。否则，客商阻绝，"此岂祖宗设关，通商足国裕民之初意哉！"① 明确了这一点，就不难理解为什么有的皇帝或大臣既主张"抑末"，又提倡"通商"，以及洪武、嘉靖等朝"抑末"与"通商"相并存的现象了！但同时我们也要注意到，在明代，"抑末"已日趋式微，"通商"渐居主导。考诸《明实录》，在其所收录的皇帝谕旨及大臣奏疏中，"抑末"一词出现有 7 次：洪武朝 1 次，宣德朝 2 次，景泰朝 1 次，嘉靖朝 3 次，且皆在嘉靖二十一年（1542）以前。而"通商"一词，在《明实录》出现的次数则要高得多，达 15 次。② 其中，洪武朝 1 次，正统朝 1 次，嘉靖朝 7 次，隆庆朝 1 次，万历朝 3 次，天启朝 2 次。结合"抑末"出现的次数及时间分布，可以看出"抑末""通商"此消彼长的规律：嘉靖朝是一个明显的分水岭，嘉靖朝既是"抑末"

---

① （明）倪岳：《灾异陈言疏》，载黄训：《名臣经济录》卷七《保治》，《文渊阁四库全书》第 433 册，台湾商务印书馆 1986 年版，第 113—114 页。

② 《明太祖实录》卷一三一，洪武十三年四月丁亥；《明英宗实录》卷一八二，正统十四年九月壬午；《明世宗实录》卷四，正德十六年七月庚申；《明世宗实录》卷九六，嘉靖七年十二月庚寅；《明世宗实录》卷一一〇，嘉靖九年二月癸酉；《明世宗实录》卷一二五，嘉靖十年五月辛卯；《明世宗实录》卷四六〇，嘉靖三十七年六月癸未；《明世宗实录》卷五三三，嘉靖四十三年四月甲午；《明世宗实录》卷五三三，嘉靖四十三年六月癸酉；《明穆宗实录》卷四五，隆庆四年五月乙酉；《明神宗实录》卷三〇七，万历二十五年二月乙亥；《明神宗实录》卷三三三，万历二十七四月己未；《明神宗实录》卷三四七，万历二十八年五月辛亥；《明神宗实录》卷四〇三，万历三十二年十一月辛丑；《明熹宗实录》卷四〇，天启三年闰十月癸丑；《明熹宗实录》卷六四，天启五年十月庚子。

出现最多的朝代，也是"通商"出现最多的朝代，反映了这一时代的多元性、复杂性；同时，值得特别注意的是，"通商"一词，在《实录》所载明代的前、中、后期都有出现，且中、后期占绝对多数，而"抑末"则只出现在嘉靖二十一年（1542）以前，以后则无。《明实录》为明代官方所修，代表了官方的话语，"抑末""通商"的出现频率应是反映了明代商业政策的微妙变化。

明代"抑末"的制度化的内容骤减，只剩下了对商人日常生活中服饰的限制，亦应是"抑末"式微的一个表征。在秦汉及其以后，"抑商"成为了一套制度化的体系，内容包括政治、经济等各个方面。但到明代，抑商的制度化的体系已全面坍塌，只有关于服饰的规定作为抑商的幽灵孤零零地残存了下来。明代对商人服饰的限制性规定，见于洪武十四年（1381）和正德元年（1506）。洪武十四年，朱元璋下令："农衣绸、纱、绢、布，商贾止衣绢、布。农家有一人为商贾者，亦不得衣绸、纱。"[1] 正德元年，"禁商贩、仆役、倡优、下贱不许服用貂裘"[2]。正德元年以后，则未见颁定类似新规。且这些规定本身也很脆弱，很快就在明后期越礼逾制的社会浪潮中被全面突破，与"通商"的制度化状况形成鲜明的对比。总之，抑商与通商在明代是在较长时间内并存的，但通商以其适应时代而充满勃勃生机，抑商始终都未成为明代商业政策的主导，应纠正对明代抑商影响估计过高的倾向。

重商之论又如何呢？揆诸明代，特别是明中叶以后，确实有不少重视商业的言论，如海瑞："今之为民者五，曰：士、农、工、商、军。士以明道，军以卫国，农以生九谷，工以利器用，商贾通焉而资于天下。身不居一于此，谓之游惰之民。""纵商贾、佣工、场圃、夫脚嗣往兴来，莫非

---

① 《明史》卷六七《舆服三》，中华书局 1974 年版，第 1649 页。
② 张廷玉等：《明史》卷六七《舆服三》，中华书局 1974 年版，第 1650 页。

王道，亦莫非孔门事业。"① 张居正："商通有无，农力本穑，商不得通有无以利农，则农病；农不得力穑以资商，则商病。故商农之势，常若权衡然。"② 赵南星："士农工商，生人之本业。""农之服田，工之饬材，商贾之牵车牛而四方，其本业然也。"③ 在江南及福建沿海等地，重视商业的习俗也确实存在，不容忽视，如视商贾为第一等生业、弃农经商、弃儒就贾等。政府也的确采取了一些发展商业的措施，如除贩夷之律、对病商政策的调整等。但这些是否就是重商呢？之所以有此一问，是因为一提到重商，我们就会很自然地联想到 16—17 世纪西欧的重商主义。众所周知，西欧 16—17 世纪重商主义经济理论的核心观点有二：第一，金银（货币）是财富的唯一形式，对外贸易是财富的真正源泉，主张在国家的支持下发展对外贸易；第二，国家间的关系属"零和"博弈，一个国家要改善自己的国际地位，必须掠夺别国财富。因此，奉行重商主义的国家都竭力进行海外扩张。而反观明代，其重视商业的言论凸显了商业的重要性，确实是对我国战国以后传统农商理论、四民理论的重大突破，可概括为"士农工商皆本论"，但其表述尚未超出通商一途。无论是海瑞，还是张居正等，都没有使用"重商"一词，倒是对商之通与不通的影响反复申说。一言以蔽之，明代重视商业的言论旨在阐释士农工商各业的共存关系，认为士农工商皆为国家社会发展进步所需，都是本业，不存在本与末的问题，并没有表现出对金银的炽热渴求。同时，也没有表现出急切地要发展对外贸易的愿望。而一些地区重视商业这一习俗的出现则完全是生存环境逼迫的产物，许多商人迈向市场是受生理型动机的驱使所致。在明中后期，国家虽

---

① （明）海瑞：《复欧阳柏庵掌科》，载陈子龙、许孚远：《明经世文编》卷三〇九，中华书局 1962 年版，第 3267 页。

② （明）张居正：《张文忠公全集》卷八《答赠水部周汉浦浚还朝序》，上海古籍出版社 1984 年版，第 99 页。

③ （明）赵南星：《赵忠毅公文集》卷一〇《寿仰西雷翁七十序》，《四库禁毁书丛刊·集部》第 68 册，北京出版社 2000 年版，第 255 页。

有限度地开放了海禁，允许私人进行海上贸易，但并没有海外扩张的企图，更遑论掠夺别国财富。与西欧16—17世纪的重商是有着根本的不同的。总体而言，西欧16—17世纪的重商是目标向外的，具有明显的外向型的特征；而明代的商业思想、政策与习俗，则在主观上多是向内的，打上了鲜明地内向型的印记。因此，言明代重商是不恰当的，易引起历史理解的歧异。且明代，哪怕是在中叶后也确实不存在重商的问题。其所谓的重商，实是通商的构成内容和表征。

总之，长期以来，学术界占主流地位的观点认为，明代实行的是抑商政策，这一政策阻碍了明代经济社会的发展，甚至导致了中国由先进转变为落后。20世纪80年代以后，特别是进入21世纪以来，有不少学者指出，明中叶后，出现了重商思想、习俗，并被朝廷认可，认为明代实行了重商政策。事实上，抑商在明代已成强弩之末，在制度化的层面，仅剩下了日常生活中服饰的限制。重商，若就重视商业而言则可；经济学理论意义上的重商，在明代是不存在的，在中国不可能产生类似西欧的重商主义。而通商之意则贯穿到了明代多项经济社会制度，并落实到了治国理政的实践当中。通商政策对明代社会的影响应予以充分的估计，明代地域商帮的勃兴与通商政策的实施密切相关。

（二）清前期的商业政策（1644—1840）

清朝继明而兴，其商业政策又是怎样的呢？学术界对清前期商业政策的研究始于20世纪30年代。在30—70年代的数十年中，虽有不同的声音，如谷霁光对唐末以降至清初抑商政策变本加厉的观点予以批评[①]；杨联陞认为，清初至中叶，对商人之控制已不甚严，租税负担并非特重，政

[①] 谷霁光：《唐末至清初间抑商问题之商榷》，《文史杂志》1940年第11期。

府颇以恤商自许①；但"抑商论"长期居于主流的地位。20世纪80年代以来，不少学者对这一问题进行了重新思考，但仍存在着不同的认识。其最具有代表性的观点主要有两种：一种是对抑商观点提出了质疑。如郭蕴静认为，清代的商业政策非抑商，而是恤商、扶商，甚至是重商②；邱澎生等认为，清前期政府执行的绝非是一种抑商政策③。另一种则坚持传统的抑商观点。邓亦兵等认为，抑末就是向商人征收商税，征商是抑末、抑商的唯一内容，向商人收税的抑商政策贯穿于清代前期的始终④，等等。那么，清代前期的商业政策究竟是抑商，还是恤商、重商？

1.清前期商业政策的核心是通商

为什么说清前期商业政策的核心是通商？而不是抑商、恤商或重商？有何理论和实证的依据？我们先看看对清前期诸朝实录中"抑末""通商"这两个词汇的使用频率的统计，也许会从中捕捉到一些有用的历史信息。查阅顺、康、雍、乾、嘉、道实录，"抑商"一词没有发现，"抑末"仅出现5次：《世宗实录》1次，《高宗实录》3次，《仁宗实录》1次。而"通商"一词则有着较高的出现频率，在数量上比"抑末"多得多，达48次。其

① 杨联陞：《传统中国政府对城市商人的统制》，载宗先、王业键：《中国经济发展史论集》，台北联经出版事业公司1980年版。

② 郭蕴静：《略论清代商业政策和商业发展》，《史学月刊》1987年第1期；郭蕴静：《谈谈清代的重商政策》，《社会科学辑刊》1990年第2期。

③ 邱澎生：《由苏州经商冲突事件看清代前期的官商关系》，载台湾大学文学院编：《文史哲学报》第43期，1995年12月；另见陈长华：《抑商质疑——兼论中国古代的赋税制度》，《史林》1995年第2期；丁孝智：《中国封建社会抑商政策考辨》，《社会科学战线》1997年第1期；沈大明：《清律对商人的保护与控制》，《上海交通大学（哲学社会科学版）》2005年第5期；黄东海：《国家财政取向下重农抑商传统的法制真相》，《法制与社会发展》2008年第1期。

④ 邓亦兵：《清代前期抑商问题新探》，《首都师范大学学报》2004年第4期；另见沈定平：《强本抑末与资本主义萌芽》，《光明日报》1981年1月6日；萧国亮：《封建社会后期中西专制主义国家商业政策的比较研究》，《北京师院学报》1986年第3期。

中，《世祖实录》2 次 ①，《圣祖实录》4 次 ②，《世宗实录》6 次 ③，《高宗实录》
19 次 ④，《仁宗实录》3 次 ⑤，《宣宗实录》14 次 ⑥。如换算成百分比，"抑末"
在清前期诸帝实录中出现的次数，仅占"抑末""通商"出现总次数的约
9.4%，而"通商"则占到总次数的约 90.6%。也许，动态地比较分析更能
看出清前期商业政策的走向。《世祖实录》"抑末"未出现，"通商"出现
2 次，其比为 0∶2；《圣祖实录》"抑末"未出现，"通商"出现 4 次，其
比为 0∶4；《世宗实录》"抑末"出现 1 次，"通商"出现 6 次，其比为 1∶6；
《高宗实录》"抑末"出现 3 次，"通商"出现 19 次，其比为 3∶19；《仁
宗实录》"抑末"出现 1 次，"通商"出现 3 次，其比为 1∶3；《宣宗实录》
"抑末"未出现，"通商"出现 14 次，其比为 0∶14。这些数据的动态变

① 《清世祖实录》卷三一，顺治四年五月丁丑；卷五四，顺治八年闰二月乙卯，中华书局
2008 年版。
② 《清圣祖实录》卷一四，康熙四年正月己亥；卷一六，康熙四年七月己酉；卷一二九，
康熙二十六年二月壬申；卷一四〇，康熙二十八年闰三月丁未，中华书局 2008 年版。
③ 《清世宗实录》卷一〇，雍正元年八月己酉；卷一六，雍正二年二月丙午；卷三三，雍
正三年六月丙戌；卷一三六，雍正十一年十月甲寅，中华书局 2008 年版。
④ 《清高宗实录》卷六三，乾隆三年二月庚戌；卷六七，乾隆三年四月甲辰；卷七九，乾隆
三年十月甲辰；卷一九五，乾隆八年六月己卯；卷二〇三，乾隆八年十月丙寅；卷三〇五，
乾隆十二年十二月丁丑；卷三五七，乾隆十五年正月癸酉；卷五〇一，乾隆二十年十一
月己亥；卷五五三，乾隆二十二年十二月丁亥；卷五八三，乾隆二十四年三月壬寅；卷
五八八，乾隆二十四年六月戊午；卷六一五，乾隆二十五年六月壬寅；卷七〇四，乾隆
二十九年二月己丑；卷七〇七，乾隆二十九年三月辛未；卷七四五，乾隆三十年九月壬
寅；卷八一四，乾隆三十三年七月戊戌；卷八一六，乾隆三十三年八月丁卯；卷八九七，
乾隆三十六年十一月丙寅；卷一四〇三，乾隆五十七年闰四月丙申，中华书局 2008 年版。
⑤ 《清仁宗实录》卷二九三，嘉庆十九年七月丁巳；卷二九五，嘉庆十九年八月乙亥；卷
二〇九，嘉庆十四年夏四月甲午，中华书局 2008 年版。
⑥ 《清宣宗实录》卷一四九，道光八年十二月癸巳；卷一四九，道光八年十二月癸巳；卷
一九三，道光十一年七月壬申；卷一九六，道光十一年九月辛酉；卷一九七，道光十一
年九月戊寅；卷一九九，道光十一年十月壬寅；卷二〇〇，道光十一年十一月庚申；卷
二〇九，道光十二年四月戊子；卷二一四，道光十二年六月丙申；卷二三〇，道光十三
年正月癸巳；卷二三〇，道光十三年正月癸巳；卷二三二，道光十三年二月己巳；卷
二三三，道光十三年三月丙子；卷二八〇，道光十六年三月己丑，中华书局 2008 年版。

化呈现出一条清晰的曲线：在清代前期的每一朝实录中，"通商"出现的频率都是远远高于"抑末"的，且在顺、康、雍、乾四朝实录中，"通商"出现的次数呈逐朝递增的趋势。嘉、道两朝实录中"通商"出现的次数虽有所回落，但嘉庆朝也高于顺治朝。道光朝则仅次于乾隆朝，且是顺治朝的 7 倍，康熙朝的 3 倍多，雍正朝的 2 倍多，并未跌至谷底。说明清前期商业政策的走向没有发生逆转，而是一直延续的！如考虑清前期诸帝在位时间的长短，还可根据清代实录以年为单位统计出每位皇帝在位期间"抑末""通商"出现的频次："通商"在顺治朝每 9 年出现 1 次，康熙朝 15 年出现 1 次，雍正朝约 2 年出现 1 次，乾隆朝约 3 年出现 1 次，嘉庆朝约 8 年出现 1 次，道光朝约 2 年出现 1 次；"抑末"在顺治朝、康熙朝、道光朝出现频率皆为 0，雍正朝 13 年出现 1 次，乾隆朝 20 年出现 1 次，嘉庆朝 25 年出现 1 次。由此可以看出，"抑末"在顺治、康熙、道光三朝没有出现，而在雍正、乾隆、嘉庆三朝的出现频率也呈明显递减趋势，且递减幅度以 7 的倍数计。"通商"在清前期诸朝的出现频率虽有较大的起伏，但每一朝均远高于"抑末"，雍、乾二朝更高出 6 倍多，接近 7 倍。很明显，在清前期官方的商业话语体系中，"通商"的使用更加频繁，而"抑末"则有逐渐淡出的趋势。

考诸清前期诸帝有关"抑末"的言论，也有不小的发现，与前代相比，其内涵已发生了根本性的变化，不仅全然没有了商人不得衣丝、乘车及仕宦的贬抑商人社会地位和政治地位的政策性规定，而且大多没有什么明确的、具体的措施和内容，只是停留在概念的层面。如雍正帝谕直隶及各省督抚曰："朕惟四民以士为首，农次之，工商其下也。汉有孝悌力田之科，而市井子孙不得仕宦，重农抑末之意庶几近古。"[1] 乾隆帝认为："崇本抑末，乃古帝王治天下之常经。"[2] 作为天下亲民之官的州县官员应忠实履行

---

[1] 《清世宗实录》卷一六，雍正二年二月甲子，中华书局 2008 年版。

[2] 《清高宗实录》卷二六九，乾隆十一年六月辛卯，中华书局 2008 年版。

"勤察民生而务教养"的职责,"有事则在署办理,无事则巡历乡村,所到之处,询民疾苦,课民农桑,宣布教化,崇本抑末"。① 嘉庆帝也认为,"食为民天,崇本抑末,警惰黜奢,为藏富闾阎之计"②。"抑末"的具体内容和措施是什么呢? 语焉不详,徒有"抑末"的空壳而已。虽乾隆帝曾说:"国家设关榷税,定其则例,详其考核,凡以崇本抑末,载诸祭典,著为常经,由来已久。"③ 似乎设关榷税即是抑末的内容,但与他在别处的多次论说是严重对立和自相矛盾的(见后)。也许其矛盾的言论正反映了传统的观念与现实要求必须做出的理性抉择这两者在乾隆帝头脑中的纠结,从另一个侧面昭示了"通商"的时代必然性趋向。

再看看"恤商"的记载。在清前期诸朝实录中,"恤商"一词共出现81次。其中,《世祖实录》1次,18年出现1次;《圣祖实录》5次,12年出现1次;《世宗实录》3次,4.3年出现1次;《高宗实录》53次,1.13年出现1次;《仁宗实录》8次,3.12年出现1次;《宣宗实录》12次,2.5年出现1次。"恤商"出现的频率不仅高于"抑末",也远高于"通商"。这说明清前期诸帝确实是"恤商"的。但"恤商"与"通商"有相一致的地方,其两者间的关系,道光皇帝有清晰的表述:"以恤商为通商"④。意思非常明确,恤商是通商的内容,恤商的目的是为了通商。其实,在清前期诸帝中,表述过同样思想的并不止道光帝一人,顺、康、雍、乾、嘉都视恤商为通商的前提,这从后面所引资料中可以深切地感受到。也就是说,要通商必然恤商,不恤商何以通商!"恤商"是实行"通商"必然采取的举措,"恤商"应包括在"通商"之中。如果按此逻辑,我们将清前期实录中"通商""恤商"出现的次数相加,则两者之和达到129次,而"抑末"仍是5次,

① 《清高宗实录》卷四七,乾隆二年七月癸卯,中华书局2008年版。
② 《清仁宗实录》卷二八七,嘉庆十九年三月癸卯,中华书局2008年版。
③ 《清高宗实录》卷一六四,乾隆七年四月辛卯,中华书局2008年版。
④ 《清宣宗实录》卷四五八,道光二十八年八月甲辰,中华书局2008年版。

所占比例更低，不到总数的 3.5%。《清实录》的撰修系以档案为史料来源，具有较高的可靠性。基于《清实录》的统计数据，应该说是较为准确地反映了清代前期商业政策的实态的。这一数据较为有力地说明，清代前期的商业政策已急遽地转向通商，"抑末"更加式微，"通商"愈益凸显，抑末更多的仅是作为从过往继承下来的观念的残存而已。

支撑上述论点的论据，当然不会仅仅是基于《清实录》得出的这一连串的统计数据，还有大量的材料可以充当直接的证据。清代《实录》《圣训》等文献收录了不少皇帝的谕旨，其中明确表述清前期诸帝通商思想和举措的谕旨，据粗略统计，不下 20 份。顺治朝 1 份，康熙朝 4 份，雍正朝 3 份，乾隆朝 6 份，嘉庆朝 3 份，道光朝 3 份。这些谕旨虽为整治榷关多征、牙行苛索及禁止遏籴、惩治奸商等而发，但阐述的是通商的主旨。因此，我们姑且将其称为"通商谕旨"。为叙述的方便和行文的简明，也为保持史料的原生态性，特制作《清前期诸帝通商谕旨粗略统计表》以示。（见表 3—2）

表 3—2　清前期诸帝通商谕旨粗略统计表

谕旨发布时间	谕旨内容	资料出处
顺治八年闰二月乙卯	谕吏部："榷关之设，国家藉以通商，非以苦商。关税原有定额，差一司官已足。何故滥差多人？忽而三员，忽而二员。每官一出，必市马数十匹，招募书吏数十人。……包揽经纪，任意需索……沿河一带，公然与劫夺无异！商贾恐惧不前，百物腾贵。……朕灼知今日商民之苦，着仍旧每关设官一员，其添设者悉行裁去，以后不得滥差。……尔部谨识朕谕，实心遵守，毋负朕通商爱民之意。"	《清世祖实录》卷五四；《世祖章皇帝圣训》卷五《仁政》
康熙四年正月己亥	谕户部、工部："各省设立关税，原期通商以裕国用。向因钱粮不敷，故定例将抽税溢额者加级纪录，以示鼓励，遂致各差冀邀恩典，因而骚扰地方，困苦商民……嗣后税课，俱照定额征收。缺额者处分，溢额者加级纪录之例永行停止。"	《清圣祖实录》卷一四

续表

谕旨发布时间	谕旨内容	资料出处
康熙四年七月己酉	谕户部、工部："各省钞关之设，原期通商利民，以资国用，非欲其额外多征……近闻各处收税官员希图肥己，任用积蠹地棍通同作弊，巧立名色，另设戥秤，于定额之外，恣意多索。或指称漏税，妄拿过往商民挟诈……或商贾已经报税，不令过关，故意迟延掯勒，遂其贪心乃已。此等弊端甚多……嗣后，凡地方收税官员，俱着……恪遵法纪，务期商贾通便，地方相安。如有前项情弊，在内着科道官，在外着该督抚严察参奏，从重治罪。如该督抚不行参奏，别经首发，即治该督抚以徇纵之罪。尔部即遵谕通行严饬。特谕。"	《清圣祖实录》卷一六
康熙二十六年二月壬申	户部题：浒墅关监督桑额任内，除征收正额外，溢银二万一千二百九十六两零。得旨："设立榷关，原欲稽查奸宄，照额征收，以通商贾。桑额征收额课乃私封便民桥，以致扰害商民，着该衙门严加议处。关差官员理应洁己奉公，照例征收。嗣后，有不肖官员希图肥己，种种强勒，额外横征，致害商民……尔部通行严饬。"	《清圣祖实录》卷一二九；《圣祖仁皇帝圣训》卷二七
康熙二十八年闰三月丁未	谕户部："国家设关榷税，原以通商裕课，利益民生，非务取盈，致滋纷扰。……近闻江、浙、闽、广、四省海关，于大洋兴贩商船遵照则例征取税课，原未累民。但将沿海地方采捕鱼虾及贸易小船概行征税，小民不便。今应作何征收，俾商民均益，着九卿、詹事、科道会同确议以闻。"	《清圣祖实录》卷一四○；《圣祖仁皇帝圣训》卷二七
雍正元年八月己酉	谕各省关差官员："国家之设关税，所以通商，而非以累商，所以便民，而非以病民也。……所闻榷关者，往往寄耳目于胥役，不实验客货之多寡，而止凭胥役之报单，胥役于中，未免高下其手，任意勒索。饱其欲者，虽货多税重，而蒙蔽不报者有之，或以重报轻者小有之；不遂其欲，虽货少税轻，而停滞关口，候至数日，尚不得过。……司其事者，竟若罔闻知乎。又闻放关，或有一日止一次者。江涛险急，河路窄隘，停舟候关，于商民亦甚不便。嗣后榷关者，务须秉公实心查验。过关船只，随到随查。应报税者，纳税即放，不得任胥役作弊，勒索阻滞，以副朕通商便民之意。"	《清世宗实录》卷一○；《世宗宪皇帝圣训》卷五

谕旨发布时间	谕旨内容	资料出处
雍正二年二月丙午	谕各省关差盐差等官："从来关榷盐税之设，所以通商裕国。或用钦差专辖，或令督抚兼理，无非因地制宜，利商便民之至意也。朕前于关盐两差各下谕旨，诰诫谆切。……大抵关差之弊，皆惟知目前小利，恣意侵渔，听信家丁，纵容胥吏……饱溪壑者，则任其漏税，代为朦胧。不遂欲者，则倒箧倾箱，不遗纤细。致商贾畏惧，裹足不前……则困商实所以自困也。盐差之弊，尤合重惩。……加派陋规，弊之在官者更大，若不彻底澄清，势必致商人失业，国帑常亏。……朕深悉关盐扰累之害，垂念商民营逐之苦，特谕尔等经理榷税者，务期奉公守法，遴委得人，知商旅之艰辛，绝箕敛之弊窦。通商即所以理财，足民即所以裕国。如自利自便，罔上行私，责有攸归。"	《清世宗实录》卷一六；《世宗宪皇帝圣训》卷二三
雍正十一年十月甲寅	谕内阁："各省商牙杂税，额设牙帖，俱由藩司衙门颁发，不许州县滥给，所以防增添之弊，不使贻累于商民也。近闻各省牙帖，岁有增添，即如各集场中，有杂货小贩，向来无藉牙行者，今概行给帖，而市井奸牙，遂恃此把持，抽分利息。是集场多一牙户，商民即多一苦累，甚非平价通商之本意。着直省督抚饬令各该藩司，因地制宜，著为定额，报部存案，不许有司任意增添。嗣后，止将额内退帖顶补之处，查明换给。再有新开集场，应设牙行者，酌定名数给发，亦报部存案。庶贸易小民，可永除牙行苛索之弊矣。"	《清世宗实录》卷一三六；《世宗宪皇帝圣训》卷二三
乾隆三年二月庚戌	谕："上年畿辅之地，收成歉薄，目下雨泽又未均沾，以致米价日渐昂贵。朕心忧虑，筹画多端，已屡降谕旨矣。今闻近省商贾米船亦陆续渐至。若贩运日多，则闾阎可无乏食之虞，而商民亦收贸易之利，所当格外加恩，俾其踊跃从事者。着将临清、天津二关米豆之船，免其纳税。至通州、张湾马头等陆处所，旧有米豆杂粮落地税银，亦着免征。俟二麦收成之后，米价平减，再照旧例征收。该督抚及司榷官员，可即出示通行晓谕，俾远近商贾咸知朕免税之恩旨，并严禁不肖官吏暗中需索等弊，以副朕通商惠民之至意。"	《清高宗实录》卷六三

续表

谕旨发布时间	谕旨内容	资料出处
乾隆八年六月己卯	禁衿监充认牙行。谕:“民间贸易，官为设立牙行，以评市价，所以通商便民，彼此均有利益也。是以定例，投认牙行，必系殷实良民，取有结状，始准给帖充应。盖殷实则有产业可抵，良民则无护符可恃。庶几顾惜身家，凛遵法纪，不敢任意侵吞，为商人之害。乃闻各省牙行，多有以衿监认充者，每至侵蚀客本，拖欠货银，或恃情面而曲为迟延，或藉声势而逞其措勒，以致羁旅远商含忍莫诉，甚属可悯。……应将现在牙行，逐一详查，如有衿监充认者，即行追帖，令其歇业，永著为例。”	《清高宗实录》卷一九五
乾隆十五年正月癸酉	谕:“……凡属员管理关务，如其营私舞弊，以致亏缺，自当彻底清厘，严参究处;如其实收实报，本无弊窦，则商旅往来，时赢时绌，亦情理所有。若较上年短少，即为不称委任，将致年增一年，取盈争胜，何所底止。不肖官吏，势必刻剥行旅，以图免咎，岂国家通商惠民本意！……”	《清高宗实录》卷二五七
乾隆二十四年三月壬寅	谕军机大臣等:“向例，粮艘抵津，或遇水浅起剥粮石，需用民船，是以临期酌量将回空货船雇觅，豫备剥运。近闻杨村一带，竟有将路过载货船只封禁者。客商货物，中途搬卸，以致转运维艰，殊非通商便民之道!”“即将来有需剥运，待此等船只抵湾卸货后，再行雇觅，亦未为迟。”	《清高宗实录》卷五八三
乾隆二十四年六月戊午	谕:“前经降旨采办豫东两省麦石，运京减粜。比来市价日平，颇著成效。但思懋迁有无，亦须商贩流通，民间更得源源接济。近闻该二省地方有司，因欲豫备官办，而于往来商贾，不免意存节制，殊非挹彼注兹之义。着该抚等即饬谕所属，留心体察，遇有商贩到豫东采运，务令加意照看，勿任胥役阻遏，俾通商裕民，两有裨益。”	《清高宗实录》卷五八八

续表

谕旨发布时间	谕旨内容	资料出处
乾隆五十七年闰四月丙申	谕军机大臣等："据刘秉恬奏筹办截漕一折内称，直隶大名府前此运回截漕米五万余石，均系雇觅民船由漳河运往，计日内可以放空回转。此项空船，正欲回去觅载，不如即将此项船只截留应雇，而军船用以起拨，于粮运自更有益等语。本年漕船抵通，比往年已属较早，又当遇闰之年，即抵通稍迟数日，亦于回空无误，且漕米抵通，亦不过闲贮仓廒，并非现待关支者可比。若因起拨漕米，竟将民船展转截留应雇，以致往来商旅，不能贩运流通，于民食大有关系。现在直隶地方，雨泽稍少，麦收较歉，粮价恐不免昂贵，正需各处商贩源源接济。……今刘秉恬所奏，是但知赶运漕米，而于通商便民之计，竟未筹及，所谓止知其一，而未知其二也。"	《清高宗实录》卷一四〇三
嘉庆十四年四月甲午	谕："……设关榷税，原以裕国通商，总宜宽严得中，庶不致烦苛滋扰。设司事者任令人役等有意从严，则必肆意搜求，遇有行旅过客，倾箱倒箧，无所不至，在商贾长途跋涉，方期及早就舍息肩，何堪受此苦累！…着该管税务大臣加意约束人役，凡一应货物均照定例征税。……将此通谕知之。"	《清仁宗实录》卷二〇九
嘉庆十九年七月丁巳	谕："关市之设，所以通商便民，成法极为详备。近日该管官奉行不实，日渐废弛，各关口应立之税课木榜，并详单小本，均不竖立刊刻。商买不知税例多寡，任听家人吏役额外抑派，多收少报，亏课病商，丛滋弊窦。至各牙行，亦不按年清查，率多顶冒朋充，甚或假托官差，多方苛索，俱应随时查禁。着通管理税务衙门及直省地方官申明例禁，实力奉行，勿任奸胥市侩勾串欺蒙，以除积蠹。"	《清仁宗实录》卷二九三
嘉庆十九年八月乙亥	谕内阁："今据该给事中奏，该省庐州六安毗连之双河镇、三河镇一带，有吕姓米商修盖仓房，沿河七十余里，盘踞多年，每岁积谷百余万石，贱买贵卖，仓名有二十八丰号数。其余分户囤积者，尚复不少等语。从来通商所以便民，若当市粮昂贵之时，贫民需食孔殷，岂可任令奸商居奇牟利！着胡克家即委员查明该商囤积粮石数目，官为平定价值，开仓出粜，俾谷石流通，穷黎得资接济。如该商等抗违隐匿，即将粮石入官平粜，仍治以应得之罪。"	《清仁宗实录》卷二九五

谕旨发布时间	谕旨内容	资料出处
道光十三年正月癸巳	谕军机大臣等："有人陈奏，浒墅关为商船要道，近年关监督以督理织造为名，常驻府城，并不亲临关口……而每日过税，该监督专委家丁办理，名曰总办。该家丁指使签手差役讹诈商船，其所得钱文，名曰标礼。每货物百担，完正税十二两，除加饭食火耗及一应使费，共银五两八钱。尚勒索标礼制钱十三千四百四十余文，与正税相等，致有一关两税之目。标礼之外，又有查船谢仪，自数千文至数千不等。稍不遵意，将货物践踏，再加重罚。甚至将商人拘押关亭，锁住船只，习为故常。该委员惟知联络家丁，取好上官，不敢查问。……以致商民裹足，关税亏短等语。国家设立关隘，所以稽察非常，通商裕课。该关监督自宜常川到关，若如所奏常驻府城，仅委家丁总办。……尚复成何事体！着陶澍、林则徐明查暗访，如有前项弊端，立即严参，永远革除，以裕课项而恤商旅。……嗣后并着随时稽查，傥豫堃仍蹈近年积习，惟知养尊处优，着该督等参奏。……将此谕令知之。"	《清宣宗实录》卷二三〇
道光十三年正月癸巳	又谕："朕近闻年来浒墅关监督，以督理织造为名，常驻府城。每日过税，专委家丁，名曰总办，无弊不作，商民裹足，关税亏短。国家设官分职，各有攸司。该关监督有裕课通商之责，自宜常川到关。若养尊处优，专委家丁办理，以致百弊丛生，亦安用此监督为耶！着传谕豫堃，嗣后务须常川到关，有弊即惩，毋许沾染近年习气。傥仍前安居简出，被人参奏，或经朕别有访闻，惟该监督是问。将此传谕知之。"	《清宣宗实录》卷二三〇
道光十六年三月己丑	谕军机大臣等："有人奏，风闻安徽凤阳关包揽客商纳税之人，名曰钞户。……钞户勾通监督家丁书役，无论何项货物，并不按照税例分别科则，一概丈量，任意高下。既不令商人亲填税簿，并不给发印单。……印簿既不亲填，税单又不给发，征多报少，无可稽查。书差钞户，包庇分肥，互相固结。年复一年，必至亏赔益巨等语。各关税课，定例綦严，原以裕课通商，若如所奏种种弊端，以致商旅裹足，税课短绌，必应严行查禁。着色卜星额密委干员，将所措之钞户严密查拿。如有不法之处，即行究办。并饬令该关照例悬挂木榜，商人自行投税，亲填税簿，给与收税印单收执。如有钞户包纳，书役不给印单等弊，立即严拿究办……"	《清宣宗实录》卷二八〇

99

　　表3—2所列的20份"通商谕旨"，依据其具体的内容，大致可以划分为5种类型。一是规范榷关征税，明令禁止榷关官员及家人、书役刁难勒索商人，额外多征。同时，也对榷关官员的渎职、玩忽职守，提出严厉的警告。二是不得滥发牙帖，以免牙行鱼龙混杂，奸牙坑害商人；更不准生员充认牙户，因其可凭借功名、声望和在地方的关系网，拖欠商人货款，垄断市场。凡有生员充认牙行者，立即追还牙帖，一律歇业，并永行严禁。三是禁止遏籴，消除在粮食贸易上的地方保护主义，鼓励粮食跨省流通，对贩往因受灾而粮价昂贵地区的粮食免征关税。四是不能在运河上拦截过往载货商船以剥运漕粮，以免客商货物转运不便。五是严禁奸商囤积粮食，贱买贵卖，居奇射利。这些谕旨虽内容不一，针对的对象也不同，措辞的严厉程度更有差别，但表现出的通商的意志和决心是坚定的，可以说篇篇都明白无误地宣示了通商的精神。如顺治朝的"通商爱民"，康熙朝的"通商裕国""通商利民以资国用""通商裕课"，雍正朝的"通商便民""通商裕国"，乾隆朝的"通商惠民""通商裕民"，嘉庆朝的"通商裕国""通商便民"，道光朝的"通商裕课"。实际上，清前期诸帝阐释其通商的谕旨并不止表3—2所列的20份，数量肯定比这要多。为节省篇幅，免于冗长，未尽赘引。但这已足以说明清前期诸帝都奉行的是通商的政策，"通商裕国""通商利民""通商爱民"等是其共同的为政理念和治国的重要战略举措，通商政策已成为清前期朝廷治理体系的重要组成部分。

　　除清代《实录》、《圣训》所载之外，记载清代典章制度的政书，如《钦定大清会典》《皇朝文献通考》《皇朝通志》，更明载清代实行通商政策。《钦定大清会典》卷一九载，清代荒政制度由12个部分构成，通商居第七，"七曰：通商。年不顺成，令邻境毋遏籴以通有无，商旅贩米谷赴市者，关无几诇，市毋减价，俾闻风辏集。东南夷国岛屿，大者地多产谷，濒海诸省舷客出洋贸易者，令其归舶载米，为减税以招徕之，岁丰谷贱则复其旧。"① 灾荒年成，以税收的杠杆，鼓励粮食流通，接济灾区，平抑粮价，并许沿海商贾出洋贩米以归，将通商作为救荒的一项重要制度。如果说，《钦定大清会典》所说的"通商"，尚是指的救荒措施的话，那么，《皇朝文献通考》《皇朝通志》中的"通商"则是指的清朝的一项经济制度。乾隆十二年（1747）奉敕撰修的《皇朝文献通考·凡例》说："《续文献通考》内'市籴考'因宋元，犹沿市易司、平准库之遗，是以仍依旧目编列。今则通商惠工，至周至悉，并无所谓均输、和买、和籴之事，自合删去旧目，悉依昭代实政按年谨书，较若画一。"② 乾隆三十二年（1767）奉敕撰修的《皇朝通志》中有云："臣等谨按我朝市易之政，近自直省都会，远及外藩重洋，靡不各有定制，永昭法守。逮自西陲底定，归附益广，度地开廛，因中设市，其通商惠工，柔远能迩之规，实足为百代之良法。"③ 这两部书都认为清朝实行的是通商的政策。从其文字表述看，自然不无为"昭代"歌功颂德之处，但两书皆为当朝人奉敕所修，撰修者对清代的制度应是"烂熟于胸"的，纵有差池，也不会"离题"太远，更不会也无必要去捏造出一个"通商"来。我们有理由相信，这一"通商"的记载是两书的撰修者"悉依昭代实政"而"谨书"的。

制度的生命力在于执行。那么，清前期的通商政策在具体的施政中是否得到了执行呢？这方面的材料，我们收集到了一些。从收集到的材料看，在清前期官员的施政中，通商政策是得到了实行的。如冯镈，字笙如，永丰人，顺治十二年（1655）进士，先授黎城令，寻擢户部主政，"性

---

① （清）允祹等：《钦定大清会典》卷一九《户部·蠲恤》，《文渊阁四库全书》第 619 册，台湾商务印书馆 1986 年版，第 164 页。

② 《皇朝文献通考·凡例》，《文渊阁四库全书》第 632 册，台湾商务印书馆 1986 年版，第 5 页。

③ 《钦定皇朝通志》卷九三《食货略十三·市易》，《文渊阁四库全书》第 645 册，台湾商务印书馆 1986 年版，第 318 页。

介直，不受请托，出榷芜关，通商裕课"①。纪国相，辽东开原卫人，贡生，顺治元年（1644），任辉县令，"当流寇破残之后，百姓凋瘵，邑境荒凉，公修治城隍，招抚流散，劝开垦，垦给耕具，通商贾，设学校，与民更始"②。周士章，上元人，顺治十三年（1656），以举人知石楼县。石楼地处万山之中，土地尤为贫瘠，且历战乱之后，民生凋敝。士章莅任，条列利弊，"平徭弭盗，通商劝农，居之期年民始苏。"③ 信州府铅山县，为江浙、闽海货物入赣的必经之地。县北有大义桥，始建于唐，而宋而明，屡修屡坏。至清，顺治十四年（1657），复其旧。康熙十三年（1674）再毁。康熙十七年（1678），曹鼎望来守信州；康熙十八年（1679），潘璧为铅山令。郡守、邑令"以政尚养民，而养民之政莫急于通商"，重修大义桥："是此桥之重建也，为通商也，为养民也"④。雍正四年（1726）七月二十日，镇海将军何天培奏："除贩米出洋永不开禁外，其内地产米之省，行文地方官务使通商便民，禁民间私自结党，倡众遏籴，立以创惩之法，永为定例。"⑤雍正五年（1727）二月二十六日，河南南阳总兵官杨鹏奏："臣属之归德府鹿邑县地方，与江南亳州接壤，东西大路延袤 120 余里，系山陕通商要路。其间并无塘汛，行旅来往无以防卫。臣即饬令各该营酌定远近添设汛防之处。臣因便道面商抚臣，令该有司修造兵舍墩台，庶昼夜防护有藉而道路自可无虞矣。"⑥ 监督淮安关税务庆元奏："蒙皇上天恩，命管理淮安关务，加衔久任，两次陛辞，蒙宠赐上珍，兼赏盘费，圣恩稠

---

① （光绪）《江西通志》卷一五九《列传二十六》，清光绪七年刻本。

② （民国）《开原县志》卷一二《人物》，民国二十年铅印本。

③ （乾隆）《汾州府志》卷一一《宦迹下》，清乾隆三十六年刻本。

④ （光绪）《江西通志》卷八〇《建置略五》，清光绪七年刻本。

⑤ 《世宗宪皇帝朱批谕旨》卷二〇，《文渊阁四库全书》第 417 册，台湾商务印书馆 1986 年版，第 290 页。

⑥ 《世宗宪皇帝朱批谕旨》卷一〇五，《文渊阁四库全书》第 420 册，台湾商务印书馆 1986 年版，第 18 页。

叠，万难图报，惟有洁己奉公，通商裕课，庶几少副皇上任使至意。"①乾隆十年（1745）三月，署湖广总督鄂弥达疏称："镇筸向无通商水道，请将镇城溪河一百二十余里，开凿深通，工费在辰关税项下动支。"②乾隆十六年（1751）七月，户部议覆闽浙总督喀尔吉善奏浙省通商事宜一折：浙省被灾，凡商民远赴楚省汉口及苏州等处购运米谷，官给印票，免征米税；商贩自备赀本，远赴各省转运，"自当权其子母，不至亏折，毋得照平粜官米之价，以致畏阻不前"，"听其酌照市价，公平粜卖"；地方乏食，商人愿急公照市价减粜惠民者，制定议叙章程，加恩议叙，以俾踊跃贩运③。乾隆十九年（1754）十一月，两广总督杨应琚奏："粤西兴安县陡河，俗名北陡，为转运楚米，流通商货之要津，久未修浚，坝身坍损，河流渐致浅涸，舟楫难通；临桂县陡河，俗名南陡，下达柳庆，溉田运铅，亦关紧要。近日陡坝倾颓，且有陡门相离太远，并需酌添闸坝之处，均请动项兴修。"④ 等等。例子甚多，不胜枚举。

总之，在清代的前期，通商政策是贯穿始终的，且"通商"一词为清人自己所使用。虽其中包含有不少"恤商"的内容，但它只是通商政策的一个部分而已。故用"通商"表述清前期的商业政策较为适宜。

2.清代前期通商政策的内容和特点

历史具有传承性，犹如"清承明制"，清朝继承了历代中原王朝的统治制度和统治经验一样，清朝在入关之初的顺治朝就确立了通商政策，自然非其"独创"，而应是对前代历史遗产的发扬与光大。清踵明后，清前期通商政策的完全确立，实是因历史发展成果的累积而成。清前期通商政

---

① 《世宗宪皇帝朱批谕旨》卷一四一，《文渊阁四库全书》第 422 册，台湾商务印书馆 1986 年版，第 373 页。

② 《清高宗实录》卷二三七，乾隆十年三月庚寅，中华书局 2008 年版。

③ 《清高宗实录》卷三九五，乾隆十六年七月癸巳，中华书局 2008 年版。

④ 《清高宗实录》卷四七七，乾隆十九年十一月甲辰，中华书局 2008 年版。

策的具体内容较多，总括起来，可分为三个大的方面。因前面已多有涉及，故简略言之。第一个大的方面是除关市之弊，即消除商品流通、商业人员往来的人为障碍，保证市场公平交易。这里面又可分为两个层面：首先是除榷关之弊，整顿榷关关务，严禁刁难商贾、勒掯多征。只要手续齐备、照实纳税，即予放行。不仅商人前往直省各地如此，商人前往边疆民族地区及少数民族商人来内地贸易也是如此，在所不禁。如湖南商民与苗族族贸易，至迟在雍正时即得到许可。商民前往苗族地区贸易，须预先报明地方官，所置何物，运往何处，地方官给与印照，印照注明商人姓名，同行人数，塘汛验照放行，商人不得夹带违禁物品。如官吏、兵役借端需索，一并查究①。内地商民与蒙古贸易，由来已久。商人领有照票，即可前往库伦、塔密尔、乌里雅苏台等集场贸易，途经喀尔喀各旗，"随便交易"②。蒙古人进口贸易不仅允许，而且手续较内地商民出口更为简便。乾隆七年（1742）五月规定，"贸易蒙古人等赶马驼牛羊前来抵换需用货物，若仍令至该管扎萨克处领取用印照票，不无繁苦"，管关官弁只需"查询旗色姓名人数"，便"档记放行"。③青海与内地贸易，康雍之际，先定于每年二月、八月贸易两次，交易地点在那拉萨拉，后改为四季交易。雍正三年（1725），经岳钟琪奏请，贸易地点增加河州、松潘及西宁口外的丹噶尔寺三处④。到青海贸易的商人由西宁驻扎大臣给以蒙古、汉字印照，"填写名数"，守边官兵严加稽查，验照放行。并饬众扎萨克等与商人公平交易，商人"事竣即令入口"⑤。其次是整顿市场秩序，交易公平。如消除市场壁垒，鼓励粮食跨省流通，例禁遏籴；禁止滥发牙帖，惩治奸牙；禁止势豪及家人依势欺凌商民，短价强买。如顺治二年（1645）四月，福

① 《清世宗实录》卷四八三，雍正七年七月丁卯，中华书局 2008 年版。
② 《清高宗实录》卷六〇一，乾隆二十四年十一月丙子，中华书局 2008 年版。
③ 《清高宗实录》卷一六六，乾隆七年五月壬戌，中华书局 2008 年版。
④ 《清世宗实录》卷三一，雍正三年四月丙申，中华书局 2008 年版。
⑤ 《清高宗实录》卷六三三，乾隆二十六年三月壬戌，中华书局 2008 年版。

临谕户部："近闻满洲市买民物，短少价值，强逼多买，殊失公平交易之道。"令户部传谕百姓，"如遇此等妄行之人"，即拿送户部，治以重罪①。顺治十七年（1660）六月，复下旨："势豪、满洲大臣霸占行市，恣行垄断，占据店房，迎截各省来京商人，亏价勒买"，"殊为可恶，着严察议奏。"②第二个大的方面是通商贩之路，即进行商业交通基础设施建设，确保商人货物运输的畅通。如凿通、疏浚河道，修建桥梁、道路，设立塘汛，保护商旅路途安全。除此之外，在长江上游设置救生船也为清前期通商的重要举措。长江上游水流湍急，险滩无数，商船时有倾覆。乾隆元年（1736）十一月谕："江路风涛之险，最为不测。闻楚省宜昌以上，川省夔州以下，凡滩水险汛之处，蒙皇考谕令设救生船，每年多所救济，商民感激。但朕闻川水发源岷山，至眉州彭山县江口而始大。自江口至夔州府巫山县，计程二千余里。其中有名险滩，不可悉数。于滩水险恶之处，照夔州府以下例，设立救生船只，以防商民意外之虞。其所需经费准于正项内报销，务令该地方实力奉行，毋得草率塞责。"③雍正时期，在宜昌至夔州长江河段的滩水险急之处，设立了救生船，对商人的生命财产多有救护。乾隆令在夔州以上，至彭山县江口，长达二千余里的长江河段的各个险滩皆置救生船，经费从正项钱粮中开支。第三个大的方面三是达仕宦之途，即打开商人从政的大门。商人参加科举考试不仅已没有任何制度性障碍，且设立有商籍，"商人子弟准附于行商省分"④，可在行商之地附学，就地参加科举考试。此项制度，虽为盐商而设，但毕竟为行商外省的盐商子弟提供了科考入仕的便利；政府对商人捐输亦持鼓励态度，商人急公好义，于赈济、河工、军需等地方公务捐输银米，地方官即造册"咨送吏部"，

① 《清世祖实录》卷一五，顺治二年四月癸亥，中华书局 2008 年版。
② 《清世祖实录》卷一三七，顺治十七年六月壬子，中华书局 2008 年版。
③ 《清高宗实录》卷三○，乾隆元年十一月丙申，中华书局 2008 年版。
④ （清）吴荣光：《吾学录初编》卷二《政术门·户籍》，清道光十二年吴氏筠清馆刻本。

"照例"议叙官职①，凭借赀财进入仕途。据何炳棣先生的研究，自顺治元年（1644）至嘉庆七年（1802）间，在扬州盐商中即有180位盐商家庭成员通过捐输得到了官职②。

清代前期的通商政策亦具有鲜明的特点。首先，清前期的通商政策具有浓厚的民本色彩，重民、保民是其通商政策的思想基础。民本思想发端于西周，成熟于春秋、战国。先秦儒家思想家对民众在国家政治生活中的地位和作用进行了系统的理论阐述，"民惟邦本，本固邦宁"是其核心的政治理念。以后的历代开明君主莫不以其为国家长治久安的治国方略。清前期诸帝主动接受汉文化，且造诣颇高，继承了中原王朝这一统治的智慧，将通商视为对民本的重要表达。与春秋时期的"通商惠工""通商宽农"相比，春秋时期的卫国、晋国着重强调的是通商与工业、农业的相互依存关系及其对工业、农业发展的促进作用，通商是为了增强国力，或求生存，或图霸权；清前期诸帝则在强调通商裕国的同时，更加凸显通商便民、爱民、利民。据前引资料可知，在清前期6帝中，顺治强调通商裕国、爱民，康熙强调通商利民以资国用、通商裕课利益民生，雍正强调便民、裕国，乾隆强调通商惠民、便民、裕民，嘉庆强调通商便民、裕国，道光强调通商裕课。表面上看，清前期诸帝的通商政策强调重点不一，顺治、康熙、雍正、嘉庆时期，爱民、便民、利民与裕国并重；乾隆以惠民、便民、裕民为鹜；嘉庆注重裕课。但究其实质，裕课、裕国与爱民、利民、便民是相通的。正如雍正皇帝所说："通商即所以理财，足民即所以裕国。"在中国传统政治文化的治理理念中，民足与国裕是一致的，"民足，君孰与不足！"征商过度，商民裹足，岂能裕课、裕国！这一通商

---

① 《清世祖实录》卷一〇三，顺治十三年八月丁亥；《清高宗实录》一二五七，乾隆五十一年六月辛丑；卷二二九三，乾隆五十二年十一月壬辰，中华书局2008年版。

② ［美］何炳棣：《扬州盐商：十八世纪中国商业资本的研究》，巫仁恕译，《中国社会经济史研究》1999年第2期。

的理念不仅体现在对内地商业的支持方面，也在体现于对民族贸易的发展之中，将发展民族贸易作为改善边疆少数民族生存状态的有效手段。乾隆二十六年（1761）三月，都统多尔济奏称：“今准夷荡平，回部向化，请令内地商人各随所愿，裹带茶叶、布匹等项，前往青海贸易，使柴达木等远处贫困蒙古得以牲只售换，于边疆生计，大有裨益。”经军机大臣议覆，乾隆同意实行①。令内地商人赴青海贸易的出发点，是为了缓解柴达木等青海偏远地区贫困蒙古的生计问题。对北部蒙古地区贸易政策的制定也贯穿了这样的目的。道光三年（1823）三月，谕：“凡粮、烟、茶、布为蒙古养命之源，一经断绝，益形坐困，自系实在情形。着准其发给商民部票，与蒙古公平交易，毋得重利盘剥。”②回众习于商贩，不谙牧养。在乾隆君臣关于回众经商地点的讨论中，贯彻了通商便民的思想。乾隆认为绰克托等所奏，喀什噶尔等回众，不许往哈萨克地方贸易，“尚合机宜”，“若将各处贸易，尽行停止”，则于其生计有碍。回众可仍前往霍罕、安集延等处交易，令“将如何不致滋事，并公私有益之处，酌议具奏”③。开海贸易也是出于对民生的考虑。康熙二十三年（1684）九月，谕：“向令开海贸易，谓于闽、粤边海民生有益，若此二省民用充阜，财货流通，各省俱有裨益。且出海贸易，非贫民所能，富商大贾懋迁有无，薄征其税，不致累民，可充闽粤兵饷，以免腹里省分转输协济之劳；腹里省分钱粮有余，小民又获安养，故令开海贸易。”④

　　第二，中外通商总体上是等待外“夷”来中国交易，限制国内商民赴域外经商和长期居住。在海上贸易方面，康熙五十六年（1717）定例，“入洋贸易人民，三年之内准其回籍。其五十六年以后私去者，不得徇纵入

①　《清高宗实录》卷六三三，乾隆二十六年三月壬戌，中华书局 2008 年版。
②　《清宣宗实录》卷五〇，道光三年三月乙亥，中华书局 2008 年版。
③　《清高宗实录》卷七八〇，乾隆三十二年三月戊辰，中华书局 2008 年版。
④　《清圣祖实录》卷一一六，康熙二十三年九月甲子，中华书局 2008 年版。

口"。雍正时规定，"其从前逗留外洋之人，不准回籍"①。乾隆七年(1742)规定，"商船往诸番者，以三年为限，如逾期始归，即将舵水人等，不许再行出洋"②。至乾隆十九年(1754) 九月，因大学士傅恒等奏请，方有所松动，"凡出洋贸易之人，无论年分远近，概准回籍，仍令于沿海地方出示晓谕，令其不必迟疑观望"③。但不鼓励出洋之意甚明。在陆路贸易方面也有严格的规定，禁止商民越境到俄国、哈萨克、布鲁特、安集延交易。嘉庆二年（1797）闰六月，仁宗谕军机大臣等："西北两路将军大臣官兵所在之处，向不禁民交易，然内地之民，与外夷交易，皆系外夷来至内地置买，并无内地民人越境任意前往之例。即如恰克图与俄罗斯交易，伊犁等处与哈萨克、布鲁特等交易，喀什噶尔、叶尔羌等与安集延等回夷交易……若不禁止，愚民惟利是图，久之，恰克图商民直赴俄罗斯，伊犁等处商民直赴哈萨克、布鲁特、安集延等处，倘滋生事端，尤属非是。着通行饬交西北两路各城办事之将军大臣等，留心查察，嗣后总俟该夷来内地，方准交易"，不得"任意越卡妄为。著永远为例"。④ 和近代西欧一些国家鼓励商人向海外拓展，寻找商品市场和原料产地迥别，束缚了商人力量的进一步壮大和对近代观念的吸纳，阻碍了商人自身的近代化，这就为大多数商帮在近代的衰落埋下了伏笔。当然，也就间接地影响了中国历史的进程。这也是我们认为清前期的商业政策不能称为"重商"的原因。

另外，清朝还将对外通商作为施恩外夷、怀柔远人的一种外交战略，也视为向对方施压、使其屈服的一种战术手段，不看重和追求国家的经济利益，等等。这方面的论述已多，此处不赘。

综观明清两朝的商业政策，明洪武元年(1368) 至万历十三年(1585)，

---

① 《清世宗实录》卷五八，雍正五年六月丁未，中华书局 2008 年版。
② 《清高宗实录》卷一七六，乾隆七年十月庚寅，中华书局 2008 年版。
③ 《清高宗实录》卷四七二，乾隆十九年九月丙戌，中华书局 2008 年版。
④ 《清仁宗实录》卷一九，嘉庆二年闰六月癸丑，中华书局 2008 年版。

抑商与通商并存，以万历十三年（1585）商籍制度的出台为标志，通商政策正式确立。清前期的通商政策实由继承明朝而来，是清承明制的一项重要内容。虽传统的抑商制度的惯性还在发生作用，但毕竟出现制度性变革，其影响是不容低估的。如果说，早期市场经济的逐步形成是明清商人队伍空前壮大的经济背景，那么，通商政策的确立就是明清商人队伍壮大的制度环境。

三、人地矛盾尖锐、赋役繁重及社会意识变化

1. 人地矛盾尖锐

明初，官方在籍人口为5900多万，随着人口的增长，至明中叶官方人口统计数字反而下降了。这说明官方统计人数与实际是不相符合的。近年来，有学者对此问题作了一些研究。葛剑雄、曹树基认为，明初人口至少有7300万，到16世纪末，增加到2.05亿[1]。田培栋认为，明初有人口7000万左右，至嘉靖、隆庆时，人口已达1.2亿多[2]。他们虽对中国16、17世纪人口数的估计不一，但都承认人口大幅度增长的事实。而耕地面积却没有增长，这就使人均耕地面积下降。当然，由于各地区人口增长的幅度不一样，因此，不同地区人地矛盾就会出现差异。有的地方非常尖锐，有的地方则相对缓和。在人口对土地压力较大的地区，农业无法给人们提供维持基本生存需要的生活资料，以致人们不得不放弃传统的谋生方式，另谋出路。徽州、山西、江西、福建等地大量人口外出经商的直接原因，都是人口多，土地少，粮食不能自给所致。这在方志、文集中有大量

---

① 　葛剑雄、曹树基：《对明代人口总数的新估计》，《中国史研究》1995年第1期。
② 　田培栋：《明代人口变动的考察》，《首都师范大学学报》1996年第6期。

记载，且前面引述已多，此处从略。

2. 赋役繁重

朱元璋建国前，民田的赋税是十分取一。明建国后，为恢复和发展农业生产，对田赋率进行了调整，规定："凡官田亩税五升三合五勺，民田减二升，重租田八升五合五勺，没官田一斗二升。"[1] 姜守鹏先生在根据明代的亩产量计算后认为，"官田田赋约占其产量的百分之三点二，民田约占百分之二点零二，重租田占百分之五点一八，没官田占百分之七点二七。不难看出，就是田赋率最高的没官田，也较之建国前的田赋率要低，而民田几乎是五十取一。"[2] 而在实际征收中，并不完全如此。如苏、松、嘉、湖的官田按私租起科，亩输一石；"浙西官、民田视他方倍蓰，亩税有二三石者。"[3] 江浙赋税很重。至明中叶后，随着统治阶级奢侈腐化的加深，以及军费等开支的剧增，财政状况日益吃紧。为缓解燃眉之急，田赋加派大兴。正德九年（1514），为兴建乾清宫，下令"加天下赋一百万"[4]。嘉靖二十九年（1550），俺答汗率兵进逼北京城下，明廷增兵设戍，军饷大增。户部尚书孙应奎建议增南畿、浙江、福建等省"多额外提编，江南至四十万。提编者，加派之名也"[5]。倭寇被廓清后，"提编"仍然照旧征收。隆庆、万历以后，田赋加派愈来愈多，辽饷、剿饷接踵而至。田赋之外，繁重的徭役更令百姓苦不堪言。"凡役民，自里甲正办外，如粮长、解户、马船头、馆夫、祗候、弓兵、皂隶、门禁、厨斗为常役。后又有斫薪、拾柴、修河、修仓、运料、接递、站铺、闸浅夫之类，因事编佥，岁有增益。"在征收过程中，地方官吏又常上下其手，"所佥非

---

① 《明史》卷七八《食货二》，中华书局 1974 年版，第 1896 页。
② 姜守鹏：《明清社会经济结构》，东北师范大学出版社 1992 年版，第 163 页。
③ 《明史》卷七八《食货二》，中华书局 1974 年版，第 1896 页。
④ 《明史》卷一六《武宗本纪》，中华书局 1974 年版，第 207 页。
⑤ 《明史》卷七八《食货二》，中华书局 1974 年版，第 1902 页。

富民，中人之产辄为之倾"①。繁重的赋役使人们不堪负担，故视田地如陷阱，"富者缩资而趋末"②。何良俊也指出，嘉靖以来，"赋税日增，徭役日重，民命不堪，遂皆迁业"，"去农而改业为工商者，三倍于前矣"。③赋役征银后，又有火耗，官吏上下其手，随意性很大，且清代还有名目众多的陋规，农民负担依然不轻。

3．社会意识的变化

中国自古以农业立国，秦汉以来历代政权皆奉行对商人打击、限制的政策，轻商、贱商已成为一种普遍的社会意识。明中叶以后至清，这种情况逐渐发生了变化。反映这种变化的材料被广泛引用。

王阳明虽然对许衡（1209—1281）"学者以治生为首务"的观点持批评态度，"以为误人"，但并不完全反对"学者治生"，只是不能以为首务。天下的首务应该是讲学。不过，王阳明认为，讲学与治生并不绝对矛盾，二者的关系是可以调和的："虽治生亦是讲学中事"，"果能于此处调停得心体无累，虽终日作买卖，不害其为圣为贤。何妨于学？学何贰于治生？"④虽然并未深论如何才能将讲学与治生调停得"心体无累"的细节，但为学者治生的合理性提供了理论和伦理上的依据。正因为王守仁不反对治生，所以才能给商人作墓表，并在给一位商人所作的墓表中阐明他的士农工商观："古者四民异业而同道，其尽心焉，一也。士以修治，农以具养，工以利器，商以通货，各就其资之所近，力之所及者而业焉，以求尽其心，其归要在有益于生人之道，则一而已。士农以其尽心于修治具养者，而利器通货犹其士与农也。工商以其尽心于利器通货者，而修治具养

---

① 《明史》卷七八《食货二》，中华书局 1974 年版，第 1905—1906 页。
② 《明世宗实录》卷五四五，嘉靖四十四年四月丙戌，线装书局 2005 年版，第 121 页。
③ （明）何良俊：《四友斋丛说》卷一三《史九》，中华书局 1997 年版，第 112 页。
④ 《传习录拾遗》第十四条。吴震：《阳明后学研究》，上海人民出版社 2003 年版，第 428 页。

犹其工与农也。故曰：四民异业而同道。"① 士农工商只要各尽心所业，皆有益于社会人生，并无高低贵贱的分别。对商人及所从事职业的社会价值充分肯定。

李贽则明确地指出："且商贾亦何可鄙之有？挟数万之资，经风涛之险，受辱于关吏，忍垢于市易，辛勤万状，所扶者重，所得者末。"② 面对贱商的传统大声疾呼，为商人的处境大鸣不平。他极力为成功的商人辩护，认为商人发财致富完全是天意，是上天保佑的结果："天与以致富之才，又藉以致富之势，畀以强忍之力，赋以趋时之识，如陶朱、猗顿辈，程郑、卓王孙辈，亦天与之以富厚之资也。是亦天也，非人也。若非天之所与，则一邑之内，谁是不欲求富资者，而独此一两人也耶。"③ 这和表现资本主义精神的加尔文教只有在现实中发财致富、事业成功者才是上帝选民的教旨，意蕴相同。

陈确（1604—1677）也以许衡"学者以治生为本"为母题，讨论了读书与治生的关系，他说：世俗的所谓"读书"，不叫读书，而是"务博""苟求荣利"；世俗的所谓"治生"，"非治生也"，也不是"治生"，因为他们"知有己，不知有人"，未悉修、齐、治、平之道，忘却了对家国天下的责任。读书、治生应统一于学人一身，此二者皆为"学人之本事"。"不能读书、不能治生者，必不可谓之学；而但能读书、但能治生者，亦必不可谓之学。唯真志于学者，则必能读书，必能治生。天下岂有白丁圣贤、败子圣贤哉！岂有学为圣贤之人而父母妻子之弗能养，而待养于人者哉！"④ 此言痛快淋漓，犀利尖锐！真正的为学之人是真正既能读书，又能治生的人！不能读书，不能治生的人，当然不能称为治学之人；只

---

① 《王阳明全集》卷二五《节庵方公墓表》，上海古籍出版社 2011 年版，第 1036 页。
② （明）李贽：《焚书》卷二《又与焦弱侯》，岳麓书社 1990 年版，第 48 页。
③ （明）李贽：《李温陵集》卷一八《道古录》卷上，明刻本。
④ （清）陈确：《陈确集·文集》卷五，中华书局 1979 年版。

能读书，或只能治生的人，也不能称为治学之人。真正"志于学"的人，必定既能读书，又能治生！独立的经济能力是真志于学的保障和基础！家之不能养，岂可谓之为学乎？因而，对学者来说，"治生尤切于读书"，只是治生也应"以学为本"，不能忘记"以天下为己任"的使命和社会责任。

黄宗羲彻底否定工商为末的传统观点，认为工商与农业一样皆是本业，应受到官府、社会的同等重视。"今夫通都之市肆，十室而九，有为佛而货者，有为巫而货者，有为优倡而货者，有为奇技淫巧而货者，皆不切于民用，一概痛绝之，亦庶几乎救弊之一端也。此古圣王崇本抑末之道。世儒不察，以工商为末，妄议抑之。夫工固圣王之所欲来，商又使其愿出于途者，盖皆本也。"[1] 黄宗羲认为，圣王先贤所抑之末，是不切于民用的"为佛而货""为巫而货""为优倡而货""为奇技淫巧而货"，而有益于民生日用的工商是圣王"所欲来"的，世儒误解圣王之意图，妄抑工商，错误之极。

唐甄（1630—1704）顺治时曾为山西长子县令，后政治失意，生活潦倒，卖田经商。他说："苟非仕而得禄，及公卿敬礼而周之，其下耕贾而得之，则财无可求之道。求之，必为小人之为矣。我之以贾为生者，人以为辱其身，而不知所以不辱其身也。"[2] 认为，做生意与仕而得禄、春耕秋获一样，是得财之正道，并不有损人格。

王夫之（1619—1692）虽对商贾颇有微词，但对商人的社会功能也有积极评价的一面。他说："商贾负贩之不可缺也，民非是，无以通有无而赡生理，虽过徼民利，而民亦待命焉。"[3] 看到了商贾促进商品流通的作

---

① （明末清初）黄宗羲：《明夷待访录·财计三》，段志强注，中华书局2011年版，第161页。

② （清）唐甄：《潜书·养重》，中华书局1955年版，第91页。

③ （清）王夫之：《宋论》卷二《太宗》，商务印书馆1936年版，第39页。

用，对民命所赖的大贾大加赞颂。"卒有旱涝，长吏请蠲赈，卒不得报，稍需岁月，道殣相望。而怀百钱，挟空券，要豪右之门，则晨户叩而夕炊举矣。故大贾富民者，国之司命也。"① 小农经济极度脆弱，无力抵御天灾人祸的袭击，旱涝灾害常将其推到死亡的边缘，大贾提供的借贷，则可帮助其渡过难关，对社会的稳定确有贡献。王夫之对大贾的这种作用予以充分肯定，并将其提到"国之司命"的高度。

王源是颜李学派的重要人物，他反对传统的轻商观点。认为："本宜重，末亦不可轻。假令天下有农而无商，尚可以为国乎？"② 商业是国民经济的重要组成部分，不可或缺。因而，从事商业的人不应为士大夫所不齿，应提高商人的社会地位，使之跻身缙绅行列。他说："夫商贾不得齿于士大夫，所从来远矣。使其可附于缙绅也。"③ 要求改变士大夫由来已久的贱商观念。

沈垚（1798—1840），生活于嘉庆、道光时期。他认为，宋元明以后，"天下之势偏重在商，凡豪杰有智略之人多出焉。其业则商贾也，其人则豪杰也。"④ 商贾中群英荟萃。因此，"睦姻任恤"的社会责任，难见于士大夫，"而转见于商贾"⑤，士大夫道德沉沦了。这无异是对商人道德人格的礼赞。

还有的从农商关系的角度，论述了商业的重要性。汪道昆说："厉商则厉农，商利而农亦利矣"，提出了农商"交相重"的观点⑥。张居正认为："商贾有无，农力本穑。商不得有无以利农，则农病；农不得力本穑以

---

① （清）王夫之：《黄书·大正第六》，王伯群校点，古籍出版社 1956 年版，第 28 页。
② （清）李塨《平书订》卷一一《财用第七下》，中华书局 1985 年版，第 83 页。
③ （清）李塨：《平书订》卷一一《财用第七下》，中华书局 1985 年版，第 82 页。
④ （清）沈垚《落帆楼文集》卷二四《费席山先生七十双寿序》，民国吴兴丛书本。
⑤ （清）沈垚《落帆楼文集》卷二四《费席山先生七十双寿序》，民国吴兴丛书本。
⑥ （明）汪道昆：《太函集》卷六五《虞部陈使君榷政碑》，胡益民、余国庆点校，黄山书社 2004 年版，第 1353 页。

资商，则商病。故商农之势常若权衡然。"① 朱国桢也说："农商为国根本，民之命脉也。"② 相类似的看法还有不少，在此不再罗列。

在上面我们揭示的明清商人队伍壮大的社会背景中，早期市场经济的逐步形成是明清商人队伍壮大的市场基础，通商政策的确立是明清商人队伍壮大的制度保障，社会意识的变化是明清商人队伍壮大的文化支撑，人地矛盾尖锐、赋税繁重是明清商人队伍壮大的现实动力。

---

① （明）张居正：《张文忠公全集》卷八《答赠水部周汉浦浚还朝序》，上海古籍出版社 1984 年版。

② （明）朱国桢：《涌幢小品》卷二《蚕报》，上海古籍出版社 2012 年版，第 39 页。

第四章　明清商人为商之道的
继承、转化与创新

　　道的含义非常丰富，在这里主要是指方法、思想。为商之道，即是指商业经营的方式和思想。因此，对于明清商人的为商之道，我们也可以理解为明清商人的商业经营方式和商业经营管理思想。关于明清商人的商业经营方式和经营管理思想已有不少人做过探索，虽不甚系统，但在《中国十大商帮》《徽商研究》《晋商兴衰史》等论著中皆有论及。本章不就某一商帮的经营方式和经营管理思想展开论述，而是从明清商人整体的视域研讨明清商人为商之道的继承、转化与创新。

　　明清商人的商业经营方式可分为独立经营方式、合伙经营方式、股份制经营方式3种；明清商人的商业经营管理思想可归纳为9个方面：勤劳节俭，诚信无欺，缘义取利，用贤任能，洞悉行情、捕捉商机，保证质量、信誉至上，不较小利、薄利多销，注重广告宣传，重视公共关系。那么，哪些是从前代继承而来？哪些是对传统资源的转化？又有哪些是明清商人的创新呢？

一、明清商人对前代商人为商之道的继承

（一）商业经营方式的继承

独立经营方式，就是商业资金由经商者个人筹措，经营管理也由资金筹措的个人负责。资金的筹措可以是家人凑集，可以是向同宗、富室等借贷。总之，资金是自有的，经营活动自主安排，经营行为自主决策，经营盈亏自我负责，与他人无涉。以这种方式营商的明清商人广泛存在。张集鉴，山西洪洞县人。在其未中进士以前，士商兼之，一边苦志读书，一边经营商务。其家"商务数十处以一人经营，简牒酬应无暇晷，然修之志勿懈，必课余措置之，即山川跋涉、星夜旅驿间，未尝旷厥功。"①潘次公，六岁丧母，事后母孝，深得父亲欢心。长大后，从父命跟随叔父贸易蜀地。次公擅长商业谋略，然叔父并非良贾，不行其意。因此，要求分开独立经营，叔父不许。后其父亲亦经商至蜀，遂游说父亲："良贾急趋利而善逐时，非转毂四方不可，乃今走蜀道数千里，胡为坐困一隅？"父亲为其所动，表示同意，乃"解父橐中装"，出三峡，"贾荆扬吴楚"，家致不赀②。潘次公独立经营，资金由其父供给。郑圃公，其家早先殷实，其妻吴氏嫁到郑家时，正值家道中落。吴氏贤淑，"躬克俭素"，节衣缩食，"尝脱簪珥以益资斧"，变卖嫁妆首饰为夫筹集经商的本金，郑圃公得以"贾游荆岳间"③，家亦日益饶余。郑圃公经商的资本，由妻子吴氏提供，

---

① （光绪）《洪洞县志》卷一一，《稀见方志丛》，国家图书馆出版社 2014 年版，第 579 页。

② （明）汪道昆：《太函集》卷一四《潘次公夫妇九十寿序》，胡益民、余国庆点校，黄山书社 2004 年版，第 298—300 页。

③ （明）周汝登：《东越证学录》卷八《郑母吴太孺人八十寿序》，《四库全书存目丛书》第 185 册，齐鲁书社 1997 年版，第 574—575 页。

等等。借贷同宗、富室的记载也不少，在此不赘。这应是最早的、最古老的商业经营方式，与商人的起源相伴而生。载籍所见，商周时期的商人多是独立经营的；司马迁《史记》中的名篇《货殖列传》所记载的商人也多是独立经营的，如子贡、范蠡、卓王孙、程郑、寡妇清等。汉以后更不乏其人，如唐玄宗召见的邹凤炽等。明清商人的独立经营方式应是承继传统而来。

承继传统而来的经营方式还包括合伙制。合伙制即是两个或两个以上的人共同营商，共负盈亏。合伙制经营方式又可分为两种形式：一种是共同出资、共同经营；另一种形式是一方出资，其他方以劳动、技能与之合伙，即出力，有时甚至是主要负责或完全负责商务。合伙制经营方式在明清商人中也比较常见。许光禄，明徽州人。"贾武林，与同事者约一岁而更，岁属君，息辄十倍。君谋新其室，同事者曰：'土木费不赀，赀可立尽耳！'谋析资以困之，有二弟亦以为言，君诺。既析四年，贾愈赢，谋者骇曰：'是夫天所相也，人力其如何！'"①许光禄经营盐业于杭州，最先也是与人合资经营。引文中的"同事者"即是其经商的伙伴。合伙人轮流做"执行董事"，负责商务决策，每人一年。光禄具有经营之才，他当值之年，获利 10 倍。遂欲大兴土木，改造房屋，合伙人怕光禄挪用资金，耗尽资本，影响商业营运，故要求"析赀"，撤走合伙资金，终结共同营商。可见，合伙制经营方式是自由的组合，合则留，不合则去。程琐，明弘治、嘉靖间休宁人。"既冠，从缙绅学士受诗"。但没有过多久，不幸的事便发生了。经商的父亲"客死淮海"，"故资尽贷他人"，仅剩下驴一头、"货钱千"。程琐不得不搁下手中的经书，"结举宗贤豪者，得十人，俱各持三百缗为合从，号曰'正义'。时诸程鼎盛，诸少年务奢溢相高。长公与十人者盟，务负俗攻苦。久之，业骎骎起，十人者皆致不

① （明）李维桢：《大泌山房集》卷六九《许光禄家传》，《四库全书存目丛书》第152册，齐鲁书社1997年版，第180页。

货。"① 程琐父亲丧亡，所遗菲薄，没有足够的资金"下海"，不得不采取合伙运营的方式。程琐充分地运用血缘宗族的纽带，联合同宗"贤豪"10人合伙，合作团队不小，且有名号"正义"，是一名副其实的"正义商务集团"。可惜记载简略，内部运行机制、利润如何分配等皆语焉不详。贾有库，山西右玉县人。乾隆十二年（1747），与本县人"王厚、郭尧各三人共出银"，做"三义号"绸缎杂货铺②。乾隆十八年（1753），孝义县人武积贮"亦出本入伙"，合伙人由 3 人增加到 4 人。三义号绸缎杂货铺运营所需的商业资本由合伙人共同筹集，业务共管。后因王厚、郭尧相继病逝，这家店铺才由贾有库做掌柜。他们合伙营商，掌柜是怎样产生的，怎样处理和合伙人的关系等问题未见记载。但无疑以上几个合伙的例子是共同出资，共同经营，我们姑且称之为资本与资本合伙型。另一种形式则可称为资本与人力合伙型。这种形式在晋商中比较普遍。明人沈思孝《晋录》说："平阳、泽、潞，豪商大贾甲天下，非数十万不称富"。这些豪商大贾的经营方式多为"一人出本，众伙共而商之"的形式，即富家出资为营运的本金，无本金但有经营才能的人出力，两相合伙，优势互补。一个富商同时可以和若干出力者合伙。出资者一般不参与商业管理，出力者也颇具职业操守，"虽不誓而无私藏"③。东家与掌柜相互信任，精诚合作。但也有掌柜私造假账，侵吞商业本金和利息，从而导致东、柜交恶，诉讼不断的。如清代在河南内潢县经商的晋商，经营方式多样，"有合伙经营者，有借人本银经营者，有在店出力而不出本银者，亦分得利息。"按照现代商业经营方式划分，实际上，就前面所述，就两种经营方式，借人本银经营是独立经营，在店出力而不出本银是合伙制经营方

---

① 《休宁率东程氏家谱·明故礼官松溪程长公墓表》，载张海鹏、王廷元：《明清徽商资料选编》，第 460 条，黄山书社 1985 年版，第 160—161 页。

② 刘建生、燕红忠、石涛：《晋商信用制度及其变迁研究》，山西出版集团·山西经济出版社 2008 年版，第 235 页。

③ （明）沈思孝：《晋录》，清学海类编本。

式的一种，即资本与人力合伙型，出力经营者也参与利润的分配。在后一种经营方式中，常出现出力经营的人不老实的情况，坑害东家，进出账目造假，中饱私囊，"资本日亏，遂至歇业"，东、柜反目，"交相控告"，"辗转纠缠，终无了日"①。那么，这种合伙制经营方式是何时出现的？有人说，至明代才出现。刘秋根、黄登峰则认为，合伙制经营方式在西周时期，就已出现，形成于春秋时期，魏晋隋唐就比较常见了。② 由此看来，合伙制经营方式也系继承而来。但普遍化应该在明代及其以后，因为这与商品经济发展的程度有关。

（二）经营思想的继承

在明清商人的经营思想中，由继承而来的也不少。如吃苦耐劳、加速资金流转、注重商品质量、预测市场、薄利多销等。这些思想在司马迁《史记·货殖列传》中，有系统、全面的梳理，较准确地反映了春秋战国时期商人的商业智慧和思想。春秋战国时期，文化创造活跃，百家争鸣，探讨商业运行规律、总结经营智慧的陶朱猗顿之学，也异峰突起，深深地影响了后世商人的经营行为。主要内容如下：

1.预测市场，抓住时机

在春秋战国商人中，范蠡是极负盛名的。范蠡，字少伯，楚宛之三户（今河南南阳）人，生卒年不可考。曾辅佐越王勾践，用计然之策治国，十年生聚，十年教训，民富而国强，终雪会稽之耻，使越国称霸中原。然后，功成身退，变易姓名，游于江湖，用计然之策经商，"十九年之中三

---

① 《河北采风录》卷四《河内县水道图说》，转引自刘文智：《试论清代前期的山西帮商人》，《天津社会科学》1987 年第 3 期。

② 刘秋根、黄登峰：《中国古代合伙制的起源及初步发展——由战国至隋唐五代》，《河北大学学报（哲社版）》2007 年第 3 期。

致千金"，成为巨富。他依据计然的理论，认为经商必须掌握天时的变动，根据自然变化的规律，洞悉物质资源的丰厚与匮乏，适时购销。"知斗则修备，时用则知物，二者形则万货之情可得而观已。故岁在金，穰；水，毁；木，饥；火，旱。""六岁穰，六岁旱，十二岁一大饥。"① 这种循环论是范蠡预测市场的基础。了解了自然变化的规律，就可预知市场何种商品有余，何种商品不足，并及时购进市场上将匮乏的商品，待价而沽。所以，他主张"旱则资舟，水则资车"②。白圭，魏文侯时人，他也是一个农业经济循环论者。他指出："太阴在卯，穰；明岁衰恶。至午，旱；明岁美。至酉，穰；明岁衰恶。至子，大旱；明岁美，有水。至卯，积著率岁倍。"③ 即是说，太阴在卯时是大丰年，其后两年衰恶。到第四年为旱年，再后两年小丰收。到第七个年头是大丰收，而后有两年衰恶，到第十年太阴在子大旱，继续又是两年小丰收，最后回到卯年又是大丰收。他主张，经商应"乐观时变"，在掌握农业经济循环规律的基础上进行。基于农业经济循环规律的市场预测一旦做出，就应"趋时若猛兽鸷鸟之发"，抓住时机，"人弃我取，人取我与。夫岁熟取谷，予之丝漆；蚕出取帛絮，予之食。"④ 运用市场规律获取最大利润。

2.薄利多销

薄利多销，是春秋战国时期许多商人共同遵循的经商原则。范蠡说："以物相贸易，腐败而食之货勿留，无敢居贵。"⑤ 商品贸易不要追求过高的利润，有了适应的利润就应及时抛售。对那些易腐烂，不能较长时间

---

① 《史记》卷一二九《货殖列传》，中华书局 1963 年版，第 3256 页。
② 《史记》卷一二九《货殖列传》，中华书局 1963 年版，第 3256 页。
③ 《史记》卷一二九《货殖列传》，中华书局 1963 年版，第 3259 页。
④ 《史记》卷一二九《货殖列传》，中华书局 1963 年版，第 3259 页。
⑤ 《史记》卷一二九《货殖列传》，中华书局 1963 年版，第 3259 页。

储存的商品更是如此。白圭则说："欲长钱，取下谷"①，要想利润增长快，就经营"下谷"。"下谷"进价低廉，为一般老百姓所需要，虽利薄，但市场广阔，也一样能赚钱。

3. 保证商品质量

顾客购买商品，实际上是购买商品的使用价值。如商品质量有问题，性能不好，不能满足顾客的需要，这种商品肯定不会有顾客问津。这一点范蠡有相当深刻的认识。他说："积著之理，务完物。"②经商的目的是为了增加财富，但不能以假货骗人，经营的商品一定要有上好的质量，也只有如此，才容易出手。

4. 加速资金周转

财富只有在一刻不停地流通中，才能实现增值。老是积压在手中，不是生财之道。这是再简单明了不过的道理了。范蠡深通此道，他主张"无息币"，资金不能停息不动，要加速流转。"贵出如粪土，贱取如珠玉，财币欲其行如流水。"③在价格贵的时候，大批销售；物价贱时，大量买进，商品和货币要像流水那样一毫也不停息。如这样做了，就能达到获取利润的目的。

5. 任贤使能

经营商业，发展到了一定的规模，单凭经营者个人，就会心有余而力不足了。这里就涉及了用人的问题。使用什么样的人，关系到事业的成败。范蠡主张"能择人而任时"④。"任时"，就是根据天时变动，预测商情。

---

① 《史记》卷一二九《货殖列传》，中华书局 1963 年版，第 3259 页。
② 《史记》卷一二九《货殖列传》，中华书局 1963 年版，第 3256 页。
③ 《史记》卷一二九《货殖列传》，中华书局 1963 年版，第 3256 页。
④ 《史记》卷一二九《货殖列传》，中华书局 1963 年版，第 3257 页。

也有静观市场行情变化之意。前已详述。"择人",就是在商业管理中,挑选贤能的人委以重任,担负某一方面或某几方面的管理工作。白圭,名丹,战国时期洛阳人,曾做官魏国。说:"吾治生产,犹伊尹、吕尚之谋,孙吴用兵,商鞅行法是也。是故其智不足与权变,勇不足以决断,仁不能以取予,强不能有所守,虽欲学吾术,终不告之矣。"①强调为商者必须具备智、仁、勇三种素质。可见,在商业人才的使用方面,白圭也是主张任贤使能的。

6. 勤俭

劳动,是一切财富之源。勤劳、节俭则会加速财富增长。白圭生于战国时代,明晓此中道理。他治生"能薄饮食,忍嗜欲,节衣服,与用事僮仆同苦乐"②。

《史记·货殖列传》中所记著名大商人如范蠡、白圭等人,以及其他商业理论家既然为明清商人所崇奉,他们的经营管理思想也为明清商人所继承,在经商实践中广泛使用,成为明清商人致富的又一法宝。这方面的例子并不少见,光是在明清徽商中就有许多。黄莹,字符洁,"少读书,通大义,观太史公《货殖列传》,至计然之言:'知斗则修备,时用则知物,二者形则万货之情可得而观矣。故论其有余不足,则知贵贱,贵上极则反贱,贱下极则反贵,贵出如粪土,贱取如珠玉。'又见猗顿以盐起,与王者埒富,大悟若旨,不效世用一切徂诈术,惟静观盈缩大较,揣摩低昂,恒若执左契,诚一所致,业饶声起。"③黄莹对经商之道的领悟,是通过阅读《货殖列传》获得的。其中所载商人及商业理论家如猗顿、计

---

① 《史记》卷一二九《货殖列传》,中华书局 1963 年版,第 3259 页。

② 《史记》卷一二九《货殖列传》,中华书局 1963 年版,第 3259 页。

③ 歙县《竦塘黄氏宗谱》卷五《黄公鉴集》,载张海鹏、王廷元:《明清徽商资料选编》,第 329 条,黄山书社 1985 年版,第 113 页。

然等的经营思想，对他的经商原则的确立起了关键的作用。徽商中还有许多商人的经营艺术，也来自于对春秋战国商人的效法、模仿。郑朝霁，字伯望，“事贸迁，驰心猗顿，托迹计然，东涉淮泗，西历郢鄢，审势趋会，顺时卑昂，务完母息，操赢过当”①。程善敏，字公叔，“弃儒就贾，承祖父之遗业，客廛于春谷（今属安徽省芜湖市南陵县）之清江，行白圭治生之术，忍嗜欲，节衣服，与用事僮仆同甘苦，克俭克勤，弃取异尚，未几而家温食厚，享有素封之乐。”②程致和，“幼读异书，不欲沾沾习博士艺，卜居春谷，行白圭治生之学，以美恶占岁，以弃取伺人。能薄饮食，忍嗜欲，节衣服，与用事僮仆同苦乐。趋时观变若猛兽鸷鸟之发，以生以息，几廿年而业振”③。汪君实，遵父命放弃儒业，“挟计然之策，游方城（今属河南省南阳市）汉水间，观时居积，生殖渐丰。”④黄应宣，“师计然之策，商隐江湖，能任人趋时，入什一之利以自给。生平不设机智，仰利巧以罔利”⑤。章绪毓，早岁丧父，与母亲相依为命，甫弱冠，即“师端木，法计然，贸易徽浙，持筹屡中，不十数年遂起其家”⑥。程胜恩，字恒之，家世业农，值荒年，家计维艰，遂“效白圭治生之学，弃农就商，往来荆襄吴越间，勤昧旦，忍嗜欲，趋时观变，人弃我取，与僮仆同苦乐，以生

① 歙县《郑氏宗谱·明故晴轩郑君墓志铭》，载张海鹏、王廷元：《明清徽商资料选编》，第660条，黄山书社1985年版，第221页。

② 歙县《褒嘉里程氏世谱·歙西功叔程君传》，载张海鹏、王廷元：《明清徽商资料选编》，第301条，黄山书社1985年版，第104页。

③ 歙县《褒嘉里程氏世谱·寿文》，载张海鹏、王廷元：《明清徽商资料选编》，第297条，黄山书社1985年版，第102页。

④ 《休宁西门汪氏宗谱》卷六《隐君君实七秩寿序》，载张海鹏、王廷元：《明清徽商资料选编》，第289条，黄山书社1985年版，第100页。

⑤ 歙县《竦塘黄氏宗谱》卷五，载张海鹏、王廷元：《明清徽商资料选编》，第913条，黄山书社1985年版，第286页。

⑥ 绩溪《西关章氏族谱》，载张海鹏、王廷元：《明清徽商资料选编》，第303条，黄山书社1985年版，第104页。

以息，不十年而家成业就，享有素封之乐"①。黄存芳，字汝贵，16 岁时，跟随父亲经商历阳（今安徽和县），"甫弱冠，即能与时俯仰，握计然之划，数年遂累千金。"②方道容，字公和，"挟货游吴越，操计然之划，审盈缩低昂，不屑屑锥刀间，人称良贾。"③等等。

　　大量的引证材料都说明，明清商人所奉行的勤俭、预测市场、运用市场规律的经商原则，都是明清商人汲取春秋战国时期商人经商智慧的结果。

二、明清商人对儒家思想观念的转化

　　明清商人的为商之道，除继承春秋战国商人的经营管理思想外，还包括对儒家思想观念的转化。明清商人在商业经营中所遵循的诚信原则、缘义取利的原则都是在儒家文化的浸润下形成的，是儒学伦理规范的转化。

　　诚、信是儒学重要的道德规范、社会交往的基本准则，被视为一种良好的德性。曾子对之大力提倡，他叫人时常反省自己的道德行为："为人谋而不忠乎？与朋友交而不信乎？"④忠，即尽己之谓，也就是诚的意思。《中庸》更将"诚"本体化："诚者，天之道也；诚之者，人之道也。"认为

---

① 歙县《褒嘉里程氏世谱·歙邑恒之程公传赞》，载张海鹏、王廷元：《明清徽商资料选编》，第 952 条，黄山书社 1985 年版，第 301 页。
② 歙县《竦塘黄氏宗谱》卷五《东庄黄公存芳行状》，载张海鹏、王廷元：《明清徽商资料选编》，第 327 条，黄山书社 1985 年版，第 112 页。
③ 《方氏会宗统谱》卷一九《松崖方公行状》，载张海鹏、王廷元：《明清徽商资料选编》，第 1419 条，黄山书社 1985 年版，第 467 页。
④ （宋）陈祥道：《论语全解》卷一《学而第一》，《文渊阁四库全书》第 196 册，台湾商务印书馆 1986 年版，第 66 页。

"诚"是天的属性，而把"人之道"则规定为对"诚"的追求。董仲舒把孔孟反复阐释、提倡的伦理道德教条化，提炼为"三纲""五常"。在仁、义、礼、智、信五常中，信虽位居末端，但也将它规定为人们重要的行为规范。到宋明理学家那里，"诚"被进一步本体化。理学的奠基者周敦颐说："诚者，圣人之本。言太极，大哉乾元，万物资始，诚之源也。阴阳五行，乾道变化，各正性命，诚斯立焉。"①就是说，圣人必须具备的这种品质"诚"，在宇宙演化过程开始的时候，就开始了；在事物生成长大以后，就确立了。"诚"与天地伴生。理学的集大成者朱熹对这段话的解释是："此言本领之本。圣人所以圣者，诚而已。"②周敦颐还说："圣，诚而已矣。诚，五常之本，百行之原也。"③诚，为仁、义、礼、智、信五常的根本，孝、悌、忠、顺等行为规范的本源。以后，从明至清，思想巨匠辈出，诚、信的观念一直是恪守不渝，且倡导有加。

力主克制私欲，鼓励人们追求道德理想也是贯穿儒学的主线。孔子反对人们"放于利而行"，以利害义，主张将人们对物质利益的追求纳入义的规范："富与贵，是人之所欲也；不以其道得之，不处也。贫与贱，是人之所恶也；不以其道得之，不去也。"④孟子主张"求放心"，要人们找回失去的道德性，"有仁义而已，何必曰利"，"上下交征利而国危矣"。⑤董仲舒提倡"正其谊而不谋其利，明其道而不计其功"。理学是以儒家人伦道德为主体，融合释道思想而形成，主张无欲。

周敦颐说："圣可学乎？曰：可。曰：有要乎？曰：有。请问焉，曰：

---

① （宋）黎靖德编：《朱子语类》卷九四《周子之书·通书》，《文渊阁四库全书》第702册，台湾商务印书馆1986年版，第21页。

② （宋）黎靖德编：《朱子语类》卷九四《周子之书·通书》，《文渊阁四库全书》第702册，台湾商务印书馆1986年版，第21页。

③ （明末清初）黄宗羲：《宋元学案》卷一一《濂溪学案上》，清道光刻本。

④ 《论语·里仁》，程昌明译注，山西古籍出版社1999年版，第33页。

⑤ 《孟子·梁惠王章句上》，吉林文史出版社2007年版，第1页。

一为要。一者，无欲也。"① 朱熹集理学之大成，要求"革尽人欲，复尽天理"②，存天理，灭人欲。但我们不能因此而把理学家理解为禁欲主义者，他们的学说与禁欲主义还是有区别的。如朱熹说："天理，只是仁义礼智之总名，仁义礼智便是天理之件数。"③ 天理是仁义礼智等封建道德的概括，仁义礼智是天理的具体内涵。他所说的"人欲"不是指人的一切物质欲望，相反，他主张人类合理欲望的满足："饮食者，天理也。"④ 人欲是指因为嗜欲所迷而产生的私心邪念。"人欲者，此心之疾疢，循之则其心私而且邪。"⑤ 在原则上，朱熹与孔子的义利观是没有大的差别的，都强调按伦理道德规范行事，反对有害于义的物质利益的获取。心学的建立者王阳明，虽其思维路径与理学不同，但其哲学旨归与朱熹别无二致。即使是"异端之尤"的李贽也未否定人们对道德理想的追求，认为仁义之心与生俱来，是人固有的良知良能："仁义之心，根于天性，不可壅遏"⑥，"德性之来，莫知其始，是吾心之故物也。"⑦ 可见，追求道德人格的完善，在儒学发展史上确实一以贯之。

儒学的这些思想通过政治、法律、教育的多重强化，内化为我国封建社会人们普遍的心理结构，也给了明清商人以深远的影响。在我们对明清商人经营之道的考察中，处处可见这种影响的痕迹。

首先，诚、信的伦理准则被移植到经济领域，为明清商人所恪守，他

---

① （明末清初）黄宗羲：《宋元学案》卷一一《濂溪学案上》，清道光刻本。

② （宋）黎靖德编：《朱子语类》卷一三《学七》，《文渊阁四库全书》第 700 册，台湾商务印书馆 1986 年版，第 199 页。

③ （明末清初）黄宗羲：《宋元学案》卷四八《晦翁学案》，清道光刻本。

④ （宋）黎靖德编：《朱子语类》卷一三《学七》，《文渊阁四库全书》第 700 册，台湾商务印书馆 1986 年版，第 199 页。

⑤ （明）胡广：《性理大全书》卷六五《君道》，《文渊阁四库全书》第 711 册，台湾商务印书馆 1986 年版，第 420 页。

⑥ （明）李贽：《李温陵集》卷一八《道古录》，明刻本。

⑦ （明）李贽：《李温陵集》卷一八《道古录》，明刻本。

们中的许多人因此而富甲一方。如：程其贤，16 岁开始服贾，往来于闽越荆豫之间，"诚信自矢，不罔利，而业日振"①；郑石陵习贾"独任诚信，矜己诺"，获得顾客的敬重，"竞绾毂归之，利乃更赢"②；江长遂经营盐业于宛陵，"待人接物，诚实不欺，以此致资累万"③；朱文炽"鬻茶珠江，逾市期，交易文契，炽必书'陈茶'两字，以示不欺"④；赵紞贾西宁，"尝收木棉数万斤，鬻于市，仆潜轻其衡，紞侦觉，折衡逐仆"⑤；崔呈德"荷担卖油，口不二价"⑥；刘邦进牵车服贾自给，童稚无欺⑦；范永斗贸易辽东，久著信义⑧；张居士为贾，"不二价，不欺人，有误增其值以易而去者，立追还之至再"⑨；梁俊伟设机房于佛山，"诚实著闻，商业遂振"⑩；陈龙光壮年就商，"诚意相感，人乐与交"⑪；瞿连壁弱冠经营布业于苏州，"性行诚实"，以德服人，生意兴浓，远胜同行⑫；钱某以卖药为业，"谨愿

---

① 《岩镇志草》，载张海鹏、王廷元：《明清徽商资料选编》，第 298 条，黄山书社 1985 年版，第 103 页。

② 歙县《双桥郑氏墓地图志·明故处士石陵郑君暨配洪孺人墓志铭》，载张海鹏、王廷元：《明清徽商资料选编》，第 655 条，黄山书社 1985 年版，第 220 页。

③ 歙县《济阳江氏族谱》卷九《清布政司理问长遂公、按察司经历长遇公合传》，载张海鹏、王廷元：《明清徽商资料选编》，第 896 条，黄山书社 1985 年版，第 281 页。

④ 葛韵芬、江峰青：(民国)《(重修)婺源县志》卷四一《人物十一·义行七》，民国十四年刻本。

⑤ 徐昭俭、杨兆泰：(民国)《新绛县志》卷五《孝义传》，民国十八年铅印本。

⑥ (清)李焕扬修、张于铸：(光绪)《直隶州志》卷一二《隐逸》，清光绪五年刻本。

⑦ 孙奂仑、韩坰：(光绪)《洪洞县志》卷九《人物》，民国六年铅印本。

⑧ (清)王谋文：(乾隆)《介休县志》卷九《人物》，清乾隆三十五年刻本。

⑨ (明)温纯：《温恭毅集》卷八《寿张居士六十序》，《文渊阁四库全书》第 1288 册，台湾商务印书馆 1986 年版，第 588 页。

⑩ 《佛山忠义乡志》卷一四《人物六》，载广东省社会科学院等：《明清佛山碑刻文献经济资料》，广东人民出版社 1987 年版，第 325 页。

⑪ 《金鱼堂陈氏族谱》卷八，载广东省社会科学院等：《明清佛山碑刻文献经济资料》，广东人民出版社 1987 年版，第 358 页。

⑫ (清)卢文弨：《抱经堂文集》卷三〇《朝议大夫学南瞿公家传》，《清代诗文集汇编》第 342 册，上海古籍出版社 2010 年版，第 567 页。

性成，市价不二，里人重之"①　郭节卖酒为业，"平生不欺人，或遣童婢沽，必问汝能饮酒否，量酌之，曰：'毋盗瓶中酒，受主翁笞也。'或倾跌破瓶击，辄家取瓶更注酒，使持以归，由是远近称长者。"②　等等。

儒家的义利观也被明清商人运用于商业实践，用以指导他们的经商行为。在这方面，明清时期的方志、文集乃至笔记，给我们提供的例证也是大量的。让我们先看看徽商舒遵刚对义、利关系的辩证论述。

舒遵刚，字济柔，号遂斋，清道光黟县人。14岁开始经商，实践的磨炼造就了他娴熟的技巧和丰富的商业知识："精榷算，善权衡。"他在谈到他的经营之道时，说："圣人言，生财有大道，以义为利，不以利为利。国且如此，况身家乎！"只有符合道德的商业行为，才能带来长远的商业利润。又说："钱，泉也，如流泉然，有源斯有流，今之以狡诈求生财者自塞其流也。今之吝惜而不肯用财者，与夫奢侈而滥于用财者，皆自竭其流也。人但知奢侈之过，而不知吝惜之为过，皆不明于源流之说也。圣人言，以义为利，又言见义不为无勇，则因义而用财，岂徒不竭其流而已，抑且有以裕其源，即所谓大道也。"③　舒遵刚指出，管理商业应该像治国一样，以义为利，不能以利为利。因为违背道义以狡诈求生财，是自己堵塞自己的财源。相反，以义为利，因义而用财，就会在社会上，在人们的心目中，树立起良好的商业形象，顾客也就不招而自至了。因此，不但不会竭流，而且还开掘了丰沛的财源活水。舒遵刚从理论上论证了在经商中以义为利的必要性。

这一时期的商人中，在对义、利关系的辩证思考方面，也许只有很少的人才能达到舒遵刚这样的理论高度。但在经商中对义奉行不渝，义、

① （清）余金：《熙朝新语》卷一五，顾静标校，上海世纪出版股份有限公司2009年版，第228页。

② 《虞初新志·卖酒者传》，载石昌渝：《中国古代小说总目·文言卷》，山西教育出版社2004年版，第283页。

③ 《黟县三志》卷一五之四《艺文·人物类·舒君遵刚传》，清同治九年刊本。

利冲突时舍利而取义的事例，则是常见的。如：汪坦，"出游吴楚，虽托游于货利之场，然非义弗取"①；倪起蛰，继承父志，习懋迁营生，"以义为利，家产自此丰"②；江羲龄，服贾养亲，"尝贸易芜湖，有误投多金者，却弗受"③；方三应，曾经商建昌，于旅店拾数百金，多方打听失主。留待月余，无果。数年后，三应前往抚州，在船上遇一贩鸡的人，"众诟其不洁，其人曰：'嘻，我故有金，某年在建昌遗之，以至此也。'三应询得其实，举还之，不告姓名"④；许尚质，"客吴邸也，获床下遗金百镒，亟踪迹前所舍客归之"⑤；许明大，"挟资游吴楚燕赵间，民之衣食不给者，咸称贷于公，公每以义为先。洎岁凶，逋者争鬻子女以报，公止之曰：'吾岂以利而割人之至爱耶？'悉取券焚之，示不复取"⑥；王福奴，"善生殖，商游吴浙，士大夫深加敬爱。有蔡姓者，欠逋欲鬻女以偿，公闻，持券还之，曰：'毋因是以致离天性之爱耶！'"⑦这些商人在经商活动中，真诚地践履着义的准则，肩负着伦理责任和实现经济目标的双重任务。

由上可见，儒家思想对经济发展并不完全是一种阻碍的作用。相反，在现代经济的发展中，它是一种可资利用的文化资源。

儒家思想观念是怎样转化为明清商人的为商之道的呢？明清商人为什么会选择儒家思想进行创造性转化呢？这与明清商人的"贾而好儒"有关。

---

① 《汪氏统宗谱》卷一六八，载张海鹏、王廷元：《明清徽商资料选编》，第 1356 条，黄山书社 1985 年版，第 445 页。

② 《祁门倪氏族谱》卷下，载张海鹏、王廷元：《明清徽商资料选编》，第 548 条，黄山书社 1985 年版，第 186 页。

③ （清）江登云、江绍莲：《橙阳散志》卷三《人物》，安徽师范大学出版社 2018 年版。

④ 石国柱修，许承尧纂：（民国）《歙县志》卷九《人物·义行》，民国二十六年铅印本。

⑤ 歙县《许氏世谱·朴翁传》，载张海鹏、王廷元：《明清徽商资料选编》，第 265 条，黄山书社 1985 年版，第 89 页。

⑥ 《新安歙北许氏东支世谱》卷八《竹庵公行实》，载张海鹏、王廷元：《明清徽商资料选编》第 466 条，黄山书社 1985 年版，第 164 页。

⑦ 歙县《津富王氏宗谱》卷一，载张海鹏、王廷元：《明清徽商资料选编》，第 465 条，黄山书社 1985 年版，第 163 页。

张海鹏、唐力行二先生认为，徽商或"先儒后贾"，或"先贾后儒"，或"亦贾亦儒"，从而形成了"贾而好儒"的特色。其表现主要有四：第一，多延师课子，令子弟"业儒"；第二，"雅好诗书"，好学不倦；第三，老而归儒；第四，重视和资助文教。① 稽诸史实，有关这方面的材料确实俯拾即是。徽商"好儒"是毋庸置疑的。其实，好儒者并非只有徽商，其他商帮也有不少好儒者。如江浙地区是明清时期的经济中心地带，经济繁荣，人文荟萃。在公认的当时全国较大的十个商帮中，这块肥沃的土地就孕育成熟了三个，即洞庭商、龙游商、宁波商，三分天下有其一。可见，这一地区的商人在数量上是极为可观的。根据文献记载，在这些商人中，"好儒"者不在少数，且他们"张儒"的方式也与徽商相同。

他们经商致富后，首先做的事情便是延聘名师或身自督课子弟，希望子弟学有所成，取得功名。金璋，苏州府人，代父为小贾，生子名金朗，七岁即能"诵书占对"，聪慧过人。金璋对儿子抱有较高的希望，曰："吾安忍复弃儿贾也"，"乃使从师肆经术"。② 此"复弃"二字既表达了对父亲让其从贾的不满，也表明了令子"业儒"的强烈愿望。张钰，长洲人，"盖世世隐于贾，至钰而始慕为儒"。长子元卿"秀颖善属文"，张钰喜不自胜，曰："勉哉！吾贾赖尔而脱！"元卿有才，凭自己的努力补为博士弟子，钰益怜爱之，"不欲令仆仆郡邑，为入赀进补太学生"③。送入国子监读书。张钰望子成龙之心跃然纸上。这方面的资料还有很多。如：

高校，无锡人，"少以警颖称"，在其"能属文"之时，遵父命弃儒从商，然对"儒"的热爱仍潜藏心底。见其孙云从"英颖"，即"置之家塾，

---

① 张海鹏、唐力行：《论徽商"贾而好儒"的特色》，《中国史研究》1984 年第 4 期。
② （明）王世贞：《弇州山人续稿》卷九三《金君夫妇合葬志铭》，上海古籍出版社 1993 年版。
③ （明）王世贞《弇州山人续稿》卷一〇九《仙居簿累赠兵部都给事中子心张公暨配周太孺人合葬志铭》，上海古籍出版社 1993 年版。

延名师诲之"。并谓："吾不敢望儿富贵，得不堕吾兄书脉足矣。"①

史汝器，长洲人，"生而俊美，父抚爱之"，长即令"负笈远外从师"，"为公车业"。后父亲病死，遂"奔走廛市中，与佣贩为伍"。长子"属文有器业"，"日命师诲之"，且对儿子谆谆教导："汝父负若祖，汝当不负若父！"② 殷切期望儿子实现自己未竟的夙愿。其子果不负所望，后考中进士。

袁臣器，吴人，"家既单竭"，经商昌大其家。"所居阛阓，列肆栉比，角逐纷哄惟其常"，而臣器"独文雅自将，虽在廛井而不忘占毕，益悬金购书以迪诸子。"其心血没有白费，后"诸子继起科第，升庠校，彬彬辈出"。③

葛士巽，扬州府人，少学书，长大后因家贫弃书行贾。"家既饶，因大治茔墓，经田畴，建庐舍而求名师以课诸子甚严，曰：'吾废学以养吾亲，今吾无仰于若，若甘食美衣而不幅以学，且生邪心。'"④ 要诸子一心向学，无耽于逸乐，等等。

在江浙地区，"雅好诗书"，好学不倦，"亦贾亦儒"的商人也是大量存在的。邵芳原，武进人，"好读书，不治进士业，隐于卖浆家，嗜酒工诗，尤精音律。室中无长物，过其居者惟见有旧书数卷，古琴一张而已。芳原诗早岁规抚唐人，晚入陆务观之室，然未尝求知于人。"⑤ 童子鸣，龙游人，"家贫从其父为书贾，往来吴越间"，"喜读书，手一帙坐船间日夜

① （明）王世贞：《弇州山人续稿》卷一二二《静逸高君暮志铭》，上海古籍出版社1993年版。

② （明）王世贞：《弇州山人续稿》卷一一七《封承德郎南京兵部车驾清吏司主事蓉泉史公墓志铭》，上海古籍出版社1993年版。

③ （明）文征明：《文征明集·补辑》卷二八《袁府君夫妇合葬铭》，上海古籍出版社1987年版，第1497页。

④ （清）方苞：《方望溪全集》卷一一《葛君墓志铭》，中国书店出版社1991年版，第153页。

⑤ （清）吴德旋：《初月楼续闻见录》卷九，《近代中国史料丛刊三编》第26辑，文海出版社1987年版。

不辍。历岁久，流览既富，所为诗风格清越，不失古音；为他文亦工，尤善考证书画金石彝敦之属。"有《童子鸣集》一书传世①。傅元龙，先世为汀州人，其父为纸商，迁居龙游。"元龙性颖敏，以承父业不克专意读书，然未尝废读也。所为诗名《雪香斋稿》；工书，宗董其昌。"②钮玉，元和人，"业贾贩木棉，舟船车骡之间，必载经史以随。归则寂坐一室，著书终日。每负贩往来，必经邗上，留与邑中经学之士讲论数日乃去。"③唐景煌，家吴门，"本富家子，因家事中落，为贩买人参往返沈阳者凡数次，而好为诗，著有《出关诗草》。"④

"先贾后儒""老而归儒"更是江浙商人在经商获利后"张儒"的重要方式。王大经，扬州府人，生活于明末清初，"幼习举子业，稍长以家贫习为贾，至年几二十始复肆力于学，通六经子史百家言，为古文辞有奇气。""入国朝，屡征不起，讲学以濂洛为宗。"⑤钱民，嘉定人，幼年孤苦，13 岁即"弃书学贾"。30 岁时，始读四书正文，且题其所居之室曰："存养廛"，"日静坐其中，所学日进"⑥。屠肇芳，秀水人，"初，家贫服贾事亲，天启丁卯举于乡，年逾四十矣。"后司教萧山⑦。李容，江都人，曾为盐商张某会计，"晚年家居，博览群籍，手不释卷，喜画花卉山水"。著有《半亩园笔记》二卷、《半亩园题画录》二卷、《养新斋诗钞》二卷⑧。

---

① 余绍宋纂修：（民国）《龙游县志》卷一八《人物传》，民国十四年铅印本。

② 余绍宋纂修：（民国）《龙游县志》卷一九《人物传》，民国十四年铅印本。

③ （清）李斗：《扬州画舫录》卷一〇《虹桥录上》，周春东注，山东友谊出版社 2001 年版，第 283 页。

④ （清）钱泳：《履园丛话》卷二四《杂记下·唐竹庄》，孟斐校点，上海古籍出版社 2012 年版，第 438 页。

⑤ （清）吴德施：《初月楼闻见录》卷九，《近代中国史料丛刊三编》第 26 辑，文海出版社 1987 年版。

⑥ （清）钱大昕：《潜研堂集》卷五〇《钱处士行状》，清嘉庆十一年刻本。

⑦ （清）许瑶光修，吴仰贤纂：（光绪）《嘉兴府志》卷五三《秀水·文苑》，清光绪五年刊本。

⑧ （清）谢延庚修，刘寿曾纂：（光绪）《江都县续志》卷二六《人物》，清光绪九年刊本。

江浙商人对振兴文教事业亦抱有极大的热情。张熏，江都人，"少颖悟，以家贫服贾"，为扬州盐商某"司会计"，"获利辄厚"。扬州城中建保赤堂义学，"多所筹济"①。汪复祖，江都人，"于徽州置义田建塾学课贫子弟"②。朱之灏，上海人，"少贫，以懋迁阜其家"，捐修敬业书院③。

由上可见，徽商"贾而好儒"的四个方面的表现，在江浙商人中都是存在的，且较为普遍。这说明江浙商人也是"好儒"的。

山西表里河山，地狭人稠，经商者众。清人谓："山右积习，重利之念甚于重名。"④其实，晋商好利之余，也是非常好名的。在有关晋商的资料中，"贾而好儒"者是不乏其例的。他们的"好儒"之心也并不比徽商逊色。

这首先体现在晋商对子弟的最大期望就是让他们"业儒"，进而走上仕宦的道路。并为此不惜费心劳神。孟玉峰，为"河中笃行君子"，少入郡庠，因眼疾弃儒，"用鱼盐贾天津"。在家境饶裕后，"亟囊所授伏生书训敕诸子"。长子斯盛因此奠定了扎实的基础，后高中进士，"选入读中秘书，编修国史"⑤。何凤泉，蒲州人，少贫失学服贾，然"能持诗书业"。每次外出"见冕冠服者"，必归语其子："彼亦人子也，岂必士之子能为士子哉！""乃时遣其子从乡先生问业"。勉励儿子"业儒"。其子为父亲所感，勤奋学习，年仅弱冠即登高第，后官至监察御史⑥。李明性，世为曲沃人，

---

① （清）谢延庚修，刘寿曾纂，（光绪）《江都县续志》卷二六《人物》，清光绪九年刊本。

② （清）阿史当阿修，姚文田纂，（嘉庆）《扬州府志》卷五二《人物》，清嘉庆十五年刊本。

③ （清）宋如林修，莫晋纂，（嘉庆）《松江府志》卷二九《古今人物传十一》，清嘉庆松江府学刻本。

④ 《世宗宪皇帝朱批谕旨》卷一八三，《文渊阁四库全书》第424册，台湾商务印书馆1986年版，第69页。

⑤ （明）顾起元：《懒真草堂集》卷一一《玉峰孟翁七十序》，上元蒋氏慎修书屋1916年排印本。

⑥ （明）王家屏：《复宿山房集》卷一九《贺何翁双封序》，《明别集丛刊》第3辑，第66册，黄山书社2016年版。

少学于两兄，后仲兄卒，伯兄"不任治生"，而其父又好施予。不得已"挟赀贾秦陇间"。"尝自恨废学，课诸子斩斩有程"。万历七年（1579）、万历四十六年(1618)，其子若孙先后举省试第一①。谢徐登，因家贫，贾于外，"好读书，子侄多入邑庠，登之力也。"②支持子侄读书不遗余力。杨继美，"游贾江淮间"，"喜与士人游，更相过从，上下议论，其所厚善，至为具笔札费饷之，后多举科第仕显宦者"。万历七年，闻其子杨恂举于乡，兴奋异常，"乃掀髯喜曰：'夫我乃不以儒显，儿子以儒显矣，尚安事贾。'即日弃赀斧北还，与乡老结社觞咏为欢"③。志得意满之情状，透过纸背！雍正皇帝在刘于义奏折的批示中所说的"山右大约商贾居首，其次者犹肯力农，再次者谋入营伍，最下者方令读书"④的情形，笔者在晋商资料中是没有找到能够印证其正确性的具体材料的，至少现在还没有发现。但在一些著作中，这条史料广泛征引，用以说明晋商不重视读书。这是需要采取谨慎的态度的。如上举商人他们之所以走上经商之路，并不是不重视读书，不愿意读书应试，而是或由于身体原因，或由于家庭贫困，无法继续学业。他们的内心对不能"竟学"是怀有深深的遗憾的。

晋商在经商过程中，也是注重学习的。许多人稍有闲暇，即手不释卷，勤奋苦学，有的在某些领域还达到了较高的造诣。张承志，"善读书，家贫少孤，不得已弃儒业商，暇则于《纲鉴》一帙"⑤。任廷玉，世为蒲州巨姓，往来江湖，寄迹商贾之间，然"所好者翰墨"，家藏不少

---

① （明）王家屏《复宿山房集》卷二六《封吏部稽勋员外郎李公暨配宜人梁氏许氏合葬墓志铭》，《明别集丛刊》第 3 辑，第 66 册，黄山书社 2016 年版。
② （清）马鉴修，寻銮炜纂，（光绪）《荣河县志》卷八《人物》，清光绪七年刊本。
③ （明）王家屏：《复宿山房集》卷二六《封刑科给事中杨公墓志铭》，《明别集丛刊》第 3 辑，第 66 册，黄山书社 2016 年版，第 595 页。
④ 《世宗宪皇帝朱批谕旨》卷一八三，《文渊阁四库全书》第 424 册，台湾商务印书馆 1986 年版，第 69 页。
⑤ （清）李培谦监修，阎士骧纂辑：（道光）《阳曲县志》卷一三《人物列传》，清道光二十三年修，民国二十一年重印本。

"法书名画"，公卿至其家，"相与玩赏竟日"。且乐与缙绅交往，"凡有所往，必为诗以华之"①。与缙绅诗酒唱和。吕鸿章，"少孤家贫，弃学经商。然善书法，尤工草书，当时均称草圣"②，其草书达到很高的境界。王现，蒲州人，经商 40 余年，足迹半天下。喜好读史，且有不少心得。如"以孔明取刘璋为是，又谓宋党祸成于苏公，非程子激之也"③。说明他具有较高的史学修养。任光溥，蒲州人，"幼治《周易》，日夜孜孜，用心甚苦，以家累不获卒业，然志在是也，故虽挟资远游，所至必以篇简自随，遇先贤嘉言善行则手录之。久之成帙，题之曰《日用录》。"④ 其好学精神令人钦佩！

投资文化教育也是晋商一心向往的。如：秦魁炎，"少壮业商，喜小学，尝于村东购麻谷废寺，创立书院，名曰：'归儒'。"⑤ 刘向南，以业商致富，"即于村中设义学，贫家子弟多成就"⑥ 等。

可见，以徽商"贾而好儒"的标准衡量，在发迹于黄土高原的晋商中，"贾而好儒"的商人是不少的。徽商"贾为厚利，儒为名高"，"张贾"与"张儒"迭相为用，晋商又何尝不是如此呢？

广东背负五岭，三面临海，优越的地理条件，再加上明中叶后商品经济的发展，因此，在明清时期，广东地区外出经商的人数众多，蔚成风气。明末清初的屈大均说：广东"民之贾什三，而官之贾什七"⑦。可见，

---

① （明）费宏：《太保费文宪公摘稿》卷一〇《寿任翁廷玉七十序》，明嘉靖刻本。

② （民国）《安邑县志》（抄本）卷一〇《乡贤录·艺术》，载张正明、薛慧林：《明清晋商资料选编》，山西人民出版社 1989 年版。

③ （明）李梦阳：《空同集》卷四六《明故王文显墓志铭》，《文渊阁四库全书》第 1262 册，台湾商务印书馆 1985 年版，第 420 页。

④ （明）张四维：《条麓堂集》卷二七《封修职郎国子监助教原泉任公暨配李氏合葬墓志铭》，张志江点校，上海古籍出版社 2018 年版，第 740 页。

⑤ （清）李荣和修，张元懋纂，（光绪）《永济县志》卷一三《义行》，清光绪十二年刻本。

⑥ （清）李荣和修，张元懋纂，（光绪）《永济县志》卷一三《义行》，清光绪十二年刻本。

⑦ （清）屈大均：《广东新语》卷九《事语·贪吏》，中华书局 1985 年版，第 304 页。

经商人数在总人口中所占的比例不小。除此，在广东的方志中也有不少反映。如："广州望县，人多务贾，与时逐，以香糖果箱铁器藤蜡番椒苏木蒲葵诸货，北走豫章、吴浙，西北走长沙、汉口，其黠者南走澳门，至东西二洋，倏忽千万里，以中国珍丽之物相贸易获大赢利，农者以拙业力苦利微，辄弃末耜而从之"；"官窑等乡逐末者众"；新会"东北多商鲜农"；东莞"石涌、牛眠诸处，其俗少农而多贾，度岭峤，涉湖湘，浮江淮，走齐鲁间，往往以糖香牟大利"。① 他们携带岭南的丰富物产，奔走于南北市场，甚至远赴海外从事贸易。那么，明清广东商人是否"贾而好儒"呢？我们仅就《宣统南海县志》《道光南海县志》《民国东莞县志》《民国顺德县志》《民国佛山忠义乡志》《皇明书》及《明清佛山碑刻文献经济资料》进行检索，就发现有不少"贾而好儒"的商人。

黎铨，东莞人，"家贫，取给贩鬻，夜则发书读之。""为人尚气节，言动不苟，工诗"，"领顺治甲午（1654）乡荐"。顺治十五年（1658）会试京师，"卒于京邸，著有《宜春园诗草》。"②

祁之芹，东莞人，"少习举子业，父事盐策，耄年犹货于外，之芹慨然代之，服贾衡桂间，积有盈余，即杜门课子，礼聘名师，为陈说讲解，早夜不倦。""子五人，光复、光宇皆乡荐。光晋，顺治十四年（1657）举人，康熙九年（1670）进士，历宝丰、咸阳令。"③

林彦愈，宝安人，少即服贾，一心向儒。嘱其子林光以宋朝范文正公为师，特为之购买《范文正公全集》。凡林光所欲购买之书，"所欲读之书必购"。"少暇，辄为光录《朱子语类》，至四十三卷，值梓行乃已。"全力支持林光读书。且常对林光说："汝学能有立，吾啜粥饮水，死不

---

① （清）戴肇辰修，史澄纂：（光绪）《广州府志》卷一五《舆地略七》，清光绪五年刊本。

② 叶觉迈修，陈伯陶纂：（民国）《东莞县志》卷六五《人物略十二》，民国十年铅印本。

③ 叶觉迈修，陈伯陶纂：（民国）《东莞县志》卷六五《人物略十二》，民国十年铅印本。

恨矣！"①

陈龙光，壮年业商，老而益壮，"课子若孙，悉本先正典型，诵诗读书，陶淑情性。晨夕间，督责不倦，是以儒气日盛，子孙多列巍科，子清杰，登康熙五十三年（1714）科举人；孙炎宗，乾隆六年（1741）解元，乾隆十三年（1748）进士，入翰林。"②

劳成六、劳莱庵，南海人，"起家阛阓"，徙居佛山。他们开始在羊城"为翠花生理"，后开珍珠店，以此致富，当时有"珍珠劳"之称。劳氏兄弟"性好读书，置文学田于番禺涩湖乡，凡子孙进庠登科者俱得均分"。③鼓励子孙用功读书，博取功名。

劳联芳，南海人，弃农就贾，然本小利微，家徒四壁。其子年13，即弃书经商羊城。晚年，将平生所积购置房产田地，分给诸子。剩余田地分为两份：一为"留传祭业"，一为子孙读书学田。④

霍春洲，少时，端静颖悟，习举子业，然家极贫，"居室如斗大"，"衣破敝不能易"，乃"耕石云山中"，"暇日兼服贾"，后补博士弟子。⑤

梁国雄，顺德人，经商为生，有子三人。晚年，将所积白银千两付长子玉成，命其经商，"佐次弟蔼如读书"。玉成遂代父治生，业隆隆起，担负起家庭经济的重任。他尝对弟弟说："吾营产业，汝勤学业，各肩厥任以承考志，勉矣，勿以尘务撄心。"鼓励弟弟专心学业。后蔼如中进士，

---

① （光绪）《广州府志》卷一二三《列传十二》，清光绪五年刊本。
② 《金鱼堂陈氏族谱》卷八，载广东省社会科学院等：《明清佛山碑刻文献经济资料》，广东人民出版社1987年版，第358页。
③ （同治）《南海劳氏族谱》卷首《训言·三乐堂训言》，载广东省社会科学院等：《明清佛山碑刻文献经济资料》，广东人民出版社1987年版，第360页。
④ （同治）《南海劳氏族谱》卷首《训言·三乐堂训言》，载广东省社会科学院等：《明清佛山碑刻文献经济资料》，广东人民出版社1987年版，第360页。
⑤ 南海佛山《霍氏族谱》卷九《十七祖乡进士阳春教谕春洲公家传》，载广东省社会科学院等：《明清佛山碑刻文献经济资料》，广东人民出版社1987年版，第358页。

官内阁中书。蔼如显贵，实赖玉成之力。玉成亦纳粟为州司马，封奉直大夫。①

和璧公，世居佛山，乾隆五十一年（1786）、乾隆五十二年（1787）佛山发生大饥荒，无以为食，"乃入市削木为范饼之模，雕镂花草虫鱼，仙佛仕女，奇形异状如画"，由于工艺精湛，人们争相购买，"家获少康"②。其子丽川公聪慧好学，后以亲老弃学，代操其业，"业益精，而咿唔占毕，刀錾旁置一卷，未尝暂离，朱子之《纲目》、司马温公之《通鉴》尤所服膺焉。间为诗，矢口成声，率自摅胸臆。"暇日，"以读书课儿，志不少懈。"③

戴联珠，佛山人，"少家贫，弃读而贾，性敏悟，亿则屡中"，"渐致小有"。"自以家贫失学，训子益笃，敬礼名师，修脯丰洁。晚年，手一卷，孜孜不倦，屏绝嗜好，精神至老弗衰"。"以孙鸿慈贵，赠光禄大夫、尚书协办大学士"。④

廖震，"自幼读书，以聪颖闻"，"十余岁以家贫乏养，即舍业服贾"，"数年间，用是致富"。"遂营寝宇，蓄书籍，为闭门侍奉诵读计"。然"未几，丁父艰，哀毁逾礼，而货殖亦遭折阅，家道中落，加以生齿日繁，遂不复如所愿，而暇日未尝不手一编，好观乙部书，恒举以训子"。⑤

敬延，"自弱冠，穗城贸易，谋献经纶罗绮，为家室计，迨为汾江大

---

① 《梁氏支谱》卷三《貤封奉直大夫内阁中书梁公传》《赠儒林郎朝议大夫梁公家传》，载广东省社会科学院等：《明清佛山碑刻文献经济资料》，广东人民出版社 1987 年版，第 359 页。

② 《南海金鱼堂陈氏族谱》卷九下《记·道光二十九年〈陈大夫祠记〉》，载广东省社会科学院等：《明清佛山碑刻文献经济资料》，广东人民出版社 1987 年版，第 333 页。

③ 《金鱼堂陈氏族谱》卷八，载广东省社会科学院等：《明清佛山碑刻文献经济资料》，广东人民出版社 1987 年版，第 334 页。

④ （清）郑葵修，桂坫纂：（宣统）《南海县志》卷二〇《列传》，清宣统二年刊本。

⑤ （清）郑葵修，桂坫纂：（宣统）《南海县志》卷二〇《列传》，清宣统二年刊本。

贾，身虽佣工而手不离卷。"①

笔者虽未能对广东商人进行全面统计，但珠江三角洲是广东商人分布较为集中的地区，顺德、东莞、南海、佛山、宝安的商人"贾而好儒"，说明广东商人是多少具有"贾而好儒"的色彩的。

除江浙、山西、广东而外，其他地区"贾而好儒"的商人尚多。如陕西三原，商贾众多，明人温纯说："吾里俗什七服贾"②。在这些商人中，"贾而好儒"者大有人在。仅（民国）《三原县志》中的记载就有不少。孙枝蔚，世业盐策，"甲申之乱"时，年仅24岁，散家财招集壮士起义，不果，"走江都学贾，三致千金。一日，忽自悔曰：'丈夫当读数千万卷书耳！何至龌龊学富家为！'于是，折节读书，遂以诗名世。年六十，举博学鸿词。""其为诗沉雄奇古，兴至即书，不事雕饰而意致洒如。自命在杜韩苏陆诸公间，余子不屑也。"著有《溉堂文集》等③。郭李生彬，"少习贾，继鬻古书籍。久之，知慕正学，讲行古婚冠礼，人非笑不顾也，刊先儒讲学书数种，未成，遭乱版毁"④。张怡绳，贾人，与生彬生活于同一时代，"闻生彬读小学书，遂爱之。于是，益亲师友，广见闻，最重《近思录》，略成诵然。"后又"督刻正学诸书"，且好行古礼，一如生彬。⑤贺含章，六岁而孤，母亲教之甚严。年未冠，应童子试不售，又因家贫，不能继续

---

① 《江夏黄氏族谱》，《四大房公叔子姓敬延尧臣翁暨李安人入祠列座昭穆从祀大宗履历》，载广东省社会科学院等：《明清佛山碑刻文献经济资料》，广东人民出版社1987年版，第358页。

② （明）温纯《温恭毅集》卷一一《明寿官峨东王君墓志铭》，《文渊阁四库全书》第1288册，台湾商务印书馆1986年版，第644页。

③ （清）焦云龙修，贺瑞麟纂：（光绪）《三原县志》卷六《人物志第六中》，清光绪六年刻本。

④ （清）焦云龙修，贺瑞麟纂：（光绪）《三原县志》卷六《人物志第六中》，清光绪六年刻本。

⑤ （清）焦云龙修，贺瑞麟纂：（光绪）《三原县志》卷六《人物志第六中》，清光绪六年刻本。

读书应试，乃弃儒经商吴楚。行事一本于儒，"书小学书及先儒格言，置座右，时自观省"①。李志道，勤劳朴实，"喜购古书籍，虽居贾，暇辄手不释卷，教子炜，举孝廉"②。另如福建同安县傅琪，"少读书，了晰经史，尤好《通鉴》，能举其首尾。"后父亲老迈，服贾为养，转贩米谷于漳泉。生子傅镇，禀性聪慧，勉励他勤奋读书："学则庶人之子为公卿。"傅镇15岁为诸生，后举进士。傅琪父以子贵，封御史③。黄锡时，"以家贫弃举子业为货殖计"，家境渐饶，"捐千金置产宗祠，以资族之读书"者。族人黄涛修建华圃书院，锡时主管土木工程，三易寒暑。书院建成后，锡时又"念院中膏火不敷，先后共捐七百余金，以资生息为经久计。"④ 江西是江右商的诞生地，为明清时期著名的商贾之乡。笔者仅检索了（同治）《南昌府志》，就发现有不少"贾而好儒"者。龚元照，高祖佐圣，崇祯末年殉难，常以先世忠烈事教子。其子龚宽，为诸生。元照"贾蜀，家稍裕，即商伯兄元熊，割腴田百余亩，归族建祠，设义塾"。⑤ 陶士遴，以业盐扬州致巨富，喜善行，"性尤嗜善举，邑重修东湖书院，独捐千金以助经费，葺贡院坐号，添砌门外石路。"⑥ 胡有升，少为吏，以吏不仁，弃吏就贾。后归家，耕读课子孙。"族向无祖祠、义学，捐赀营造，并置田数百亩，收岁入俾子姓读书。"子复初，中举，任知县⑦。程家焯，"少业毘笑，慷慨好行善事"。"郡守张寅创洪都书院，家焯将府学西偏祖遗讲堂一所，

① （清）焦云龙修，贺瑞麟纂：（光绪）《三原县志》卷六《人物志第六中》，清光绪六年刻本。
② （清）焦云龙修，贺瑞麟纂：（光绪）《三原县志》卷六《人物志第六中》，清光绪六年刻本。
③ （清）怀荫布修，黄任纂：（乾隆）《泉州府志》卷五九《明笃行二》，清光绪八年补刻本。
④ 林学增修，吴锡璜纂：（民国）《同安县志》卷三二《人物录·独行》，民国十八年铅印本。
⑤ （同治）《南昌府志》卷四九《人物·南昌善士》，清同治十二年刻本。
⑥ （同治）《南昌府志》卷四九《人物·南昌善士》，清同治十二年刻本。
⑦ （同治）《南昌府志》卷四九《人物·南昌善士》，清同治十二年刻本。

改建如式捐助，其好义如此。"① 辜廷琚，贾于楚北，多善行，"赡义学，平粜拯饥。"② 类似材料在其他地区也有不少，兹不赘述。

通过对上述地区商人的考察可以看出，在徽州以外的许多地方，"好儒"的商人确实是大量存在的。可见，"贾而好儒"是明清时期许多地区的商人共同具有的，它反映的是明清商人较为普遍的特征。这与张正明先生根据《两淮盐法志》卷四九《科举志》，对明代两淮科考中商籍入考人数进行统计而得出的结论是大致相同的。他认为："贾而好儒，培养子弟走科举仕宦之路，是十大商帮的共同点。"③ 不同的论证方式，得出一致的观点，这并非偶然，而是对客观历史实际的真实反映。各地商人好儒的色彩或浓或淡，也许，只是徽商中好儒者更多而已。这么多的商人"贾而好儒"，在其为商之道中转化儒家的某些思想观念就不足为奇了。

三、明清商人为商之道的创新

明清商人为商之道的创新，当首推股份制经营方式在商业实践中的运用。乾隆四十三年（1778）十一月，赵钧儒与卫良弼、徐盛如等合伙贩玉案发。据赵钧儒之子赵世保交代，其父合伙至新疆贩玉，"带往南方货卖，共有四起，约重4000余斤，每次合伙人数多寡不齐。玉石所卖银两照股分收，共计卖得苏平色银14.1万两。"④ 赵钧儒等往新疆贩玉到南方销售，虽仍然叫做合伙，但这只是习惯而已。实际上，已与合伙制经营方式有所

① （同治）《南昌府志》卷四九《人物·南昌善士》，清同治十二年刻本。
② （同治）《南昌府志》卷四九《人物·南昌善士》，清同治十二年刻本。
③ 张正明：《晋商兴衰史》，山西古籍出版社1995年版，第312页。
④ 黄鉴晖：《明清山西商人研究》，山西经济出版社2002年版，第106页。

不同，它是以股筹资，按股份分配利润，采取了股份制的形式。只不过，这还仅仅只是具有股份制的萌芽！因为其内部治理结构未见记载，无法妄下结论。且他们共贩玉四起，每起的合伙人数都不一样，这个贩玉的组织临时由利结合，并不稳定。但在山西票号的经营方式中，我们则可看到股份制的日渐发育和成长。"其法，集巨资，择信义尤著者数人经理之，出资者为银股，出力者为身股，必俟基础确定，而后从事开拓。且择齿近弱冠之年少略知写算者使习为伙，历数载，察其可造，酌予身股，不给工资，惟岁给置备衣物之资。三年结帐，按股分余利，营业愈盛，余利愈厚，身股亦因之以增。以此人人各谋其私，不检责而勤，不检制而俭。其发起之人及效力年久者，于其身后，必给身股以赡其家。子孙而贤仍可入号，未得身股以前不得归。毫厘有差立摈之，他号亦不录用，以是作奸者少。"①票号的股份由银股和身股两部分构成。资金按股筹集，是为银股；出力经营者，也可折合股份，是为身股。且内部职工中，凡可堪造就的青年才俊，当伙计数年，即可"酌予身股"。票号三年一结算，不论银股、身股，皆按股分利。身股会随效力时间的长短、贡献的大小而增加。票号业务由出资者聘请"信义尤著"的人经营管理。关于出资者与经理的关系，陈其田在《山西票庄考略》中说："财东信任总经理的人格，以全盘的生意委托他，给他绝对自由，而不过问。总经理对于分号经理，也是如此。政府和社会对票庄的信任，是信任他们个人的信用。"②就此看来，票号总经理已具职业经理人的特质和权限。这是明清商人，特别是晋商的创造，是明清时期中国的股份制，虽然还有待完善，但离近代的股份制只有一步之遥了！

明清商人商业经营的创新之二表现在，明清商人建立了自己的社会组织——商人会馆（公所），这既是同乡、同行商人的自我管理的组织，也

① （清）徐珂：《清稗类钞》第5册，《农商类·山西票号》，中华书局1984年版，第2307页。
② 陈其田：《山西票庄考略》，商务印书馆1937年版，第91页。

是同乡同行商人规范自身商业行为的机构，如调解同乡、同行商人内部纠纷，统一制定商品价格、规定商品的质量标准，避免同乡、同行间的无序竞争，更是对外抗争、协调，保护同行、同乡商人利益免受损害的组织。内容已见第一章，在此不予细述。

创新之三，即是充分运用宗族资源筹集商业资金、开展商业活动。明清时期，宗族制度发达，人们生活在宗族社会中，自然会受到宗法观念的影响，形成宗族意识。当他们走向商海后，头脑中形成已久的宗法观念、宗族意识自然会影响到他们的商业行为，这些来自宗法社会的商人也会自觉地运用宗法关系、挖掘宗族资源为商业经营服务。这在宗法制度完整、宗法氛围浓厚的徽州最为明显。徽商的筹资多来源于宗亲，合伙经营者也多为同族叔伯子侄。宗族成为徽商资源的一个源头活水。不仅徽州如此，陈支平先生指出，在清代福建沿海家族商人的发展中，家族组织、乡族组织在商人的经营活动中，也起到了某些促进作用。①

创新之四，即是徽商舒遵刚的"财富源流说"与春秋战国时期商人相较，在经商理论方面的独特贡献，明清商人似有逊色，总的情况是，继承远多于创新。但也有令人眼前一亮的商人的理论思考。财富的增长就像一条奔涌向前、毫不停息的河流，只有源头活水不竭，才能大河浩荡，源远流长。商人经商如狡诈诳骗，唯利是图，就犹如是在堵塞河流的源头，为经商之大忌，愚蠢之极；商人如过分吝啬财物，做守财奴，"拔一毛可利天下而不为"，忘记了对社会的责任，与过度奢侈浪费、暴殄天物，一样的有罪，是自竭财流。他主张，经商行为要符合道德规范，诚信不欺，"以义为利"；商人还要有家国情怀、责任担当，懂得回馈社会，"因义用财"，关心社会公益事业发展。如此经商不仅不会河水枯竭，而且会源头活水丰沛。舒遵刚之论，比喻形象生动，说理透彻，超越群伦，创新性自

---

① 陈支平：《民间文书与明清东南族商研究》，中华书局 2009 年版，第 23 页。

不待言。

另外，明清时期出现许多介绍商业知识、从商技艺的"商书"，如《生意世事初阶》《贸易须知》《商人要录》《生意经络》《天下路程图引》《客商一览醒迷》《士商类要·路程图引》《示我周行》等。这也是以前所没有的。

第五章　明清徽州商人的价值追求

　　人，是一种有文化的动物。他的行为不是本能的展开，而是在一定价值观念的指导下进行的，极富目的性。因此，人的行为也无一例外地体现出一定的价值追求。明清徽州商人集团产生于明中叶。清中叶后，逐渐走向衰颓，经历了300多年的繁荣时期，在中国商业史上占有极重要的地位。那么，他们的经营过程及其他社会行为，是在什么样的价值观念支配下进行的呢？他们的行为又反映了一种什么样的价值追求呢？这是一个复杂的问题，也是一个几年来一直萦绕笔者脑际的问题。现将读书研究的心得整理如下，不妥之处，望方家不吝赐教。

一、明清徽州商人集团价值追求的表现

1.个体价值和社会价值的统一

　　徽州地处皖南，崇山峻岭，连绵起伏，仅有崎岖小道和为数不多的河流与外界相通，是一个相对封闭的地理单元。这里，极少受战乱的影响。自晋始，为逃避战争带来的灾难，许多世家大族自中原迁居于此，世代繁

衍，人口增长较快。而山地虽资源丰富，但可耕地不多，且甚贫瘠，投入多，产出少，粮食不能自给，老百姓有以蕨极为食者，生活极其艰难。"徽郡保界山谷，土田依原麓，田瘠确，所产至薄，独宜菽、麦、红虾籼，不宜稻、粱。壮夫健牛，田不过数亩，粪壅缛栉，视他郡农力过倍，而所入不当其半。又田皆仰高水，故丰年甚少，大都计一岁所入，不能支十之一。小民多执技艺，或贩负就食他郡者常什九。"①这种情况逼迫他们改变传统的生存方式。而明清时期，商品经济的发达，市场的扩大，为他们大批地走出封闭的自然环境，提供了现实的选择。"新安土硗狭，田蓄少，人庶仰贾而食，即阀阅家不惮为贾。"②"新安僻居山溪中，土地小狭，民人众，世不中兵革，故其齿日益繁，地瘠薄，不给于耕，给其俗纤俭习事。大抵徽俗，人什三在邑，什七在天下。"③可见，徽州人不惮万里跋涉，服贾四方，实是恶劣自然环境压迫所致。他们是怀着为生活谋出路的目的进入险恶的市场，踏上商贾征程的。因此，他们的目的非常明确，就是获利，用呕心沥血赚取的商业利润养家糊口，改善自己的生活境遇。那么，他们是不是在商业营运过程中，就唯利是图，不择手段，致富后，拔一毛可利天下而不为呢？徽州商人是一个复杂的商人集团，鱼龙混杂。其中费尽心机，巧设陷阱，坑害顾客的商人是存在的，悭吝刻薄的商人也是有的。这在明末的文学作品中有反映。凌濛初《初刻拍案惊奇》卷一五《卫朝奉狠心盘贵产，陈秀才巧计赚原房》，刻画了一个贪得无厌，只顾赚昧心钱的徽州商人形象："却说那卫朝奉平素是个极刻剥的人。初到南京时，只是一个小小解铺，他却有百般的昧心取利之法。假如别人将东西解时，他却把那九六七银子，充作纹银，又将小小的等子称出，还要欠几分

---

① （明末清初）顾炎武：《天下郡国利病书》（二）第 9 册《凤宁徽·徽州府志》，上海科学技术出版社 2002 年版，第 711 页。

② （明）唐顺之：《荆川集·文集卷十五·程少君行状》，四部丛刊景印本。

③ （明）王世贞：《弇州山人四部稿》卷六一《赠程君五十叙》，《文渊阁四库全书》第 1280 册，台湾商务印书馆 985 年版，第 92 页。

兑头。后来赎时，却把大大的天平兑将进去，又要你找出兑头，又要你补勾成色，少一丝时，他则不发货。又或有将金银珠宝首饰来解的，他看得金子有十分成数，便一模一样，暗地里打造来换了；粗珠换了细珠，好宝换了低石。如此行事，不能细述。"①这个在南京开典当铺的徽州商人卫朝奉真是一个见钱眼开的魔鬼，为了钱，什么下三滥的手段都使尽了。但从接触到的资料看，类似卫朝奉的这种人只是徽商中的少数，他不足以表征徽州商人集团的特性。相反，有大量的材料记载了众多在经营商业过程中，以信义致富，并慷慨投资社会公益事业的商人，他们才是徽州商人的主体。

黄崇敬，字用礼，治盐两淮，"择人任时，取与有义，不效世俗沾沾然竞锥刀微末利，义入而俭出"，将儒家的"义"引入商业领域，作为商业行为的准则，公平卖买，不牟取暴利。致富后，能聚能散，不做鄙吝的守财奴，周穷恤匮，慕义若渴。"岁大饥，人且相食，有携子鬻者，公询知其无他出也。谓曰：'汝鬻是，谁后汝？'鬻者泣曰：'姑活旦夕耳。'公畀之值而还其子。"②黄崇敬对这位穷苦无告、靠卖子以活旦夕的老者深切同情，以其无私的援助，避免了骨肉离散的惨剧。

黄应宣，明景泰、嘉靖间人，商隐江湖，"生平不设机智、仰利巧以罔利。乡人有以窘急，求济其门具贷券，处士欣然出金周之，却其券而不受。"③老老实实做生意，从不坑骗顾客，以获取不义之财。乡人窘急相告，则慷慨解囊。

查杰，明嘉靖、万历间人。"往来吴越扬楚间三十余年，业果骎骎

---

① （明）凌濛初《初刻拍案惊奇》卷一五《卫朝奉狠心盘贵产，陈秀才巧计赚原房》，华夏出版社 2008 年版。

② 歙县《竦塘黄氏宗谱》卷五《明处士竹窗黄公崇敬行状》，载张海鹏、王廷元：《明清徽商资料选编》，第 326 条，黄山书社 1985 年版，第 112 页。

③ 歙县《竦塘黄氏宗谱》卷五，载张海鹏、王廷元：《明清徽商资料选编》，第 913 条，黄山书社 1985 年版，第 286 页。

起。"所至，广行善事，"彻石埠于姑孰，广石道于南陵，水无病涉，陆无病淬。"① 方便了来往商旅，造福世人。

汪福光，字世耀，贾盐于江淮之间，致资百万，富甲乡里。然其致富之道则是"然诺不苟，张弛有方"。居乡，施舍贫乏，救人危难。遇灾荒年月，即开仓济贫。除此，"他如修城隍祠，修去思诸亭，筑庠宫文峰之垒，建夹溪、文溪诸石梁，大抵君之捐赀成事居多。"②

黄利中，字义先，清康熙、乾隆间人。农耕之暇，"习为书贾"，刻印儿童启蒙读物销售。刻印既久，工艺日精，市场日益扩大。"凡经史古文诗赋试艺无所不镌，邑中缙绅人皆乐与交，业隆隆渐起。"他以产品质量赢得了顾客，开拓了市场。发迹后，"益自刻苦，布衣蔬食，淡薄自甘"，在家中设置一上锁的小木匣，将日常生活开支的剩余，储蓄其中，每过数年，即取出其日积月累之金，用以接济乡里③。

朱文炽，字亮如，"尝鬻茶珠江，逾市期，交易文契，炽必书陈茶两字，以示不欺。牙侩力劝更换，坚执不移。屯滞二十余年，亏耗数万金，卒无怨悔。"宁愿自己赔本亏损，也不愿以次充好，蒙骗消费者。不仅如此，他在广东营商期间，还广为善事，"同乡族殁者，多不能归葬，受邀同志捐赀集会，立归原堂，限五年异枢给赀，自是无枯骸弃外者。"④帮助客死他方的商人归葬故乡。

这方面的例子很多，恕不一一列举。的确，当我们翻开地方志及各

---

① 《休宁西门查氏祠记·查灵公暨配氏汪孺人行状》，载张海鹏、王廷元：《明清徽商资料选编》，第270条，黄山书社1985年版，第92页。

② 《休宁西门汪氏宗谱》卷六《益府典膳福光公配金孺人墓志铭》，载张海鹏、王廷元：《明清徽商资料选编》，第337条，黄山书社1985年版，第118页。

③ 歙县《虬川黄氏宗谱·黄义先老人传》，载张海鹏、王廷元：《明清徽商资料选编》，第611条，黄山书社1985年版，第206页。

④ 葛韵芬修，江峰青纂：(民国)《(重修)婺源县志》卷四一《人物十一·义行七》，民国十四年刻本。

种文集时，此类资料即迎面扑来，大有令人应接不暇之感。在中国传统文化中，商人的形象是被歪曲的，"无商不奸"的俗谚反映了国民轻商、贱商的心态，它出自何时，何人之口已不可考，但其以偏概全，则是显而易见的，至少在徽商中是如此。徽州商人突破了"君子喻于义，小人喻于利""正其谊而不谋其利，明其道而不计其功"的道德藩篱，勇敢地追求个人私利，但同时又以道营商，"不以其道得之，不处"，并将经商所得除个人消费外，用之于社会，赈乏济贫，修路造桥。他们在社会实践中，追求着道德人格的完善，在他们身上，个体价值和社会价值得到了完美的统一。

2. 物质追求和精神追求的统一

徽商资本的雄厚是很有名的。谢肇淛说，徽商有藏镪至百万者，二三十万只中贾耳①。这是明代的情况。到了清代，则更形发展："向来山西、徽歙富人之商于淮者百数十户，蓄赀以七八千万计"②。在两淮经营盐业的徽商中，有积资至七八千万者。这些巨额财富，无疑有很大一部分用于构堂置田及浪费在奢侈性生活上。汪忠富，挟资商游淮泗之间，"能明物情，识时势"，家境丰裕。遂"造华堂广厦，拓置田数"③。程维宗，从事商贾，若有神助，家业大兴，"增置休歙田产四千余亩，佃仆三百七十余家"④。大批徽商投资土地，变成了地主。在消费生活上，徽商也是毫不吝啬的。他们"连屋列肆，乘坚策肥，被绮縠，拥赵女，鸣琴砧屣"⑤。徽

---

① （明）谢肇淛：《五杂俎》卷四《地部二》，上海书店出版社 2009 年版，第 74 页。
② （清）汪喜孙：《从政录》卷二《姚司马德政图叙》，载汪中：《汪氏丛书》，中华书局 1925 年版。
③ 《汪氏统宗谱》卷三《行状》，载张海鹏、王廷元：《明清徽商资料选编》，第 933 条，黄山书社 1985 年版，第 294 页。
④ 《休宁率东程氏家谱》，载张海鹏、王廷元：《明清徽商资料选编》，第 933 条，黄山书社 1985 年版，第 295 页。
⑤ （明）归有光：《震川集·震川先生集》卷一三《白庵程翁八十寿序》，四部丛刊景清康熙本。

州盐商汪氏，为其子娶妇，"所制床以沈檀诸香木为之，雕琢人物细镂如画"①。吴天行，资产百万，"所居广园林，侈台榭，充玩好声色于中"，后房佳丽数百人②。生活极为奢靡。那么，他们是不是经济上的巨人，文化上的侏儒，只顾物质上的享受，而陷精神世界于荒漠呢？根据查阅到的大量材料，笔者的回答是否定的。从总体上看，徽商既执着于财富的追求，物质的享受，同时又注重文化素质的培养，性情的陶冶。

郑孔曼，嘉靖、万历间人，"逾吴楚，适梁宋，逐时废居"。然虽游于贾，却不沉溺金钱，"峨冠长剑，褒然儒服，所到挟诗橐，从宾客登临啸咏，然若忘世虑者。"著"骚选近体诗"若干首，若其《吊屈子赋》《岳阳回雁》《君山吹台》诸作深得古意，皆称佳作，俨然一位才华横溢的诗人③。

黄长寿，少业儒，后因父亲年迈，弃儒就贾以秉家政。虽游于贾人，却贾服儒行，"挟资流览未尝置"。性喜吟咏，与名公巨卿往来唱和，积诗成帙，曰：《江湖览胜》《壬辰集》，"梓成藏为家宝"④。

洪庭梅，字友三，别号雪斋，因"食指日繁"，生计维艰，毅然投笔从商。其遨游江湖，"携书数筐，晨夕长吟。所过名山胜迹，见词赋诗联，嘉言硕论，辄笔之于书，号《雪斋日记》。"对文化孜孜以求。又于经商闲暇"取晋唐法帖摹仿其意，故君之翰札楷书俱工绝一时"⑤，在书法上达

---

① 《梦阑琐笔·新安醵贾》，载张海鹏、王廷元：《明清徽商资料选编》，第1167条，黄山书社1985年版，第361页。

② 《歙事闲谭》，载张海鹏、王廷元：《明清徽商资料选编》，第1185条，黄山书社1985年版，第367页。

③ （歙县）《双桥郑氏墓地图志·明故徕松郑处士墓志铭》，载张海鹏、王廷元：《明清徽商资料选编》，第1350条，黄山书社1985年版，第442页。

④ （歙县）《潭渡黄氏族谱》卷九《望云翁传》，载张海鹏、王廷元：《明清徽商资料选编》，第1364条，黄山书社1985年版，第449页。

⑤ 婺源《敦煌洪氏宗谱》卷五八《清华雪斋公传》，载张海鹏、王廷元：《明清徽商资料选编》，第539条，黄山书社1985年版，第184页。

到很高的造诣。

汪志德,年十五即涉足江湖,商业谋略超迈群伦。然虽寄迹商贾,"尤潜心于学问无虚日,琴棋书画不离左右,尤熟于史鉴,凡言古今治乱得失,能历历指诸掌。"① 不但琴棋书画样样在行,而且对史学有较高修养,是一位博学的学者。

吴时起,贾兰溪。贾暇,即涉猎古今著作,尤喜读史。因医学切用,又改攻医学,于医学典籍,"朝夕诵之"。常常在寒冷的冬夜,面对孤灯,"冬夜拥一被,手和药丸,口读书不辍"②。对文化的渴求很执着。

胡际瑶,出身商贾世家,自曾祖以下代代经商,际瑶也自然是一位商人。"然好读书,能诗画,精音律",多才多艺,有《浪谈斋诗稿》传世③。

通过上面并不全面的材料,应该说,明清徽州商人是一个文化素质较高的商人集团。在他们之中,能书善画者比比皆是,诗词歌赋俱佳者更是不乏其人,精通史学,谙熟医理者也是大有人在,而且许多人有著作传世,贡献于中国传统文化非小。在中国传统文化的满天繁星中,闪烁着他们的一丝亮光。他们的精神世界是丰富的,在他们的心灵深处,除了有对金钱的渴望,还有着对知识的执着欲求。物质追求和精神追求这对看似矛盾的现象,在他们身上实现了和谐的统一。

3. 迷恋官位

自商鞅"重农抑商"始,农本商末的观念为历代统治者接受并奉为国

---

① 《汪氏统宗谱》卷四二《行状》,载张海鹏、王廷元:《明清徽商资料选编》,第1386条,黄山书社1985年版,第456页。

② (明)汪道昆:《太函集》卷五三《处士云溪吴公墓志铭》,胡益民、余国庆点校,黄山书社2004年版,第1122页。

③ (清)谢永泰修,程鸿诏纂:(同治)《黟县三志》卷六下《人物·质行》,清同治九年刊本。

策，对商人严厉打击、压制，至明初亦然。明太祖朱元璋严禁人们"去农就商"，如果农民不务耕稼，专事末作，则划入"游民"之列，官府可随时逮捕①。在社会生活方面，对商人也制定了一些歧视性的规定："农家许着细纱绢布，商贾人家止许着绢布；如农民之家，但有一人为商贾者亦不许着细纱。"②统治者的提倡和推行，轻商、贱商成为一种为人们广泛认同的社会意识。到明中叶后，随着商品经济的发展，商业的作用日渐显现。于是，在社会上出现了有利于商人的舆论。王守仁以托古的姿态，肯定商贾的社会价值，他说："古者四民异业而同道，其尽心焉，一也。"③士农工商没有高低贵贱之分。李贽更发出"商贾何鄙之有"④的愤怒呼喊。黄宗羲则强调工商皆为本业⑤。唐甄说："我之以贾为生者，人以为辱其身，而不知所以不辱其身也。"⑥认为做商贾并不有损人格。这些社会意识形态领域的新动向，对徽州商人以深刻的影响。他们不再自轻自贱，发现了自身的价值。"贾何负于耕，古人病不廉，非病贾也"⑦。农业与商贾之业，孰轻孰重，难分伯仲。即使是"志于道"的士，也不比商贾优越，"贾何后于士哉"，"业儒服贾各随其矩，而事道迹相为通，人之自律其身亦何限于业哉？"⑧可见，徽州商人对自己从事的职业充满了自信，建立起了他们的前辈无法拥有的自尊。但这种新建立的自信与自尊，是脆弱的，它缺乏

---

① 《明太祖宝训》卷四《戒奢侈》，广方言馆本补用嘉业堂本校。

② （明）田艺蘅：《留青日扎摘抄》卷二《我朝服制》，商务印书馆1936年版。

③ （明）王阳明：《王阳明全集》卷二五《节庵方公墓表》，上海古籍出版社2011年版，第1036页。

④ （明）李贽：《焚书》卷二《又与焦弱侯》，岳麓书社1990年版，第48页。

⑤ （明末清初）黄宗羲：《明夷待访录·财计三》，段志强注，中华书局2011年版，第161页。

⑥ （清）唐甄：《潜书·养重》，中华书局1955年版，第91页。

⑦ （明）汪道昆：《太函集》卷四五《明处士江次公墓志铭》，胡益民、余国庆点校，黄山书社2004年版，第952页。

⑧ 《汪氏统宗谱》卷一六八，载张海鹏、王廷元：《明清徽商资料选编》，第1342条，黄山书社1985年版，第439页。

坚定的政治经济基础。明清商品经济的发展孕育了它，浇灌了它，但强大的占主导地位的自然经济和建立于自然经济之上的政治结构又限制了它，甚至窒息着它，使它不能自由舒展。因此，我们在徽商资料中见到的情形是，为商并不是他们的第一选择，入仕为官才是他们潜藏心底的理想。官本位这个不散的阴魂，始终缠绕不去，使他们醒里、梦里为之追寻。

有的商而士，通过科举考试实现夙愿，进入仕途。汪登云，16岁随兄长去江西做买卖，但对仕途的向往之心，常常溢诸言表："丈夫志功名，为国家作梁栋材，否亦宜效毫末用，宁郁郁侪偶中相征逐以终老耶!"不甘终身为贾。后人武庠，"领乡荐，连第进士，膺殿廷选"①。汪廷榜，少学贾，"置货汉口，见帆樯丛集，蔽江面十数里，人语杂五方。汉水冲击，江波浩涉，纵观之，心动，归而读书"。中乾隆辛卯江南举人，补旌德县训导②。

有的以钱换权，捐资为官。汪内史士明，贾广陵，"其忍嗜欲，与僮仆同苦乐如自圭，能择人任时则如范蠡。贾乃大起"。万历年间，应诏输粟实边，授中书舍人，直武英殿③。吴光禄，父客淮，经营盐业起家。他自己也"权子母"。万历年间，朝廷大兴土木，"赀用不足"，光禄率兄弟捐钱十万，"天子旌之，一日而五中书之命下"，富而益贵④。王守一，用浙盐起家，"季年以赀赐级承事郎"⑤。有的自身无望，则课子读书，寄希

---

① 歙县《济阳汪氏族谱》卷九，载张海鹏、王廷元：《明清徽商资料选编》，第1209条，黄山书社1985年版，第384页。

② （清）俞琰燮：《癸巳存稿》卷一五，黄山书社2005年版，第635页。

③ （明）李维桢：《大泌山房集》卷六九《汪内史家传》，《四库全书存目丛书》第152册，齐鲁书社1997版，第198页。

④ 《丰南志》第4册《光禄兄六十序》，载张海鹏、王廷元：《明清徽商资料选编》，第1271条，黄山书社1985年版，第408页。

⑤ （明）汪道昆：《太函集》卷四五《明承事郎王君墓志铭》，胡益民、余国庆点校，黄山书社2004年版，第950页；张海鹏、王廷元：《明清徽商资料选编》，第1260条，黄山书社1985年版，第403页。

望于后代。江才，三岁丧父，奉母以居。稍长，即"北游青、齐、梁、宋间，逐什一之利"。40 余岁发迹。"挟重货，为大贾"。但常感有负祖先，他说："吾先世奕华衣冠，今久易业为商贾，不可"。于是，毅然回歙县老家，课其二子江瓘、江珍读书，博取功名。二子不负慈父深情，"并入学为诸生"。江珍更令其喜出望外，嘉靖庚子中举，甲辰，登进士，金榜题名 ①。汪文璧，父业商，文璧生而聪颖，博闻强记。其父为之延聘名士为师。文璧弱冠即为诸生。后入仕，做到代州知州 ②。有的则通过姻亲关系，攀结权贵。《二刻拍案惊奇》载，一个徽州商人在扬州"开当中盐"，收江爱娘为义女，"等待寻个好姻缘配着，图个往来"。恰巧，韩侍郎上任，舟过扬州，夫人有病，要娶个偏房。这个徽州商人一听说韩侍郎娶妾，"先自软摊了半边"，巴不得成就这桩美事。韩府看过人后，徽商"不争财物，反赔嫁装，只贪个纱帽往来，便心满意足。"③这个徽商的恋官心态跃然纸上。浙江省城杭州南班港住着一吴姓徽商，只有一女，尚未许人。明万历乙酉仲秋的某夜，"梦龙戏爪水中"。次日，姚江儒士徐应登应试毕返家，路过徽商门前。其友对徐应登说，"此家赀财巨万，有女求配，意得佳士，不计贫富也。兄纵未第，应试入学，非佳士乎?"遂进见徽商，为友说媒。徽商虽口头答应而"意未允"。其友说，此兄就在门外，不妨一看。徽商出门，徐正洗手水瓷中。此情此景与梦相符，遂"欣然许之"。及发榜，徐果中进士 ④。这个故事虽具有传奇色彩，却也反映了徽商对官

---

① （歙县）《溪南江氏族谱·处士终慕江翁行状》，载张海鹏、王廷元：《明清徽商资料选编》，第 1217 条，黄山书社 1985 年版，第 387 页。

② （明）李维桢：《大泌山房集》卷六五《汪代州家传》，《四库全书存目丛书》第 152 册，齐鲁书社 1997 年版，第 121 页。

③ （明）凌濛初：《二刻拍案惊奇》卷一五《韩侍郎婢作夫人，顾提控掾居郎属》，秦旭卿点校，岳麓书社 1993 年版，第 212—228 页。

④ （清）褚人获：《坚瓠九集》卷二《濯手倚松》，《笔记小说大观》第 23 编，台北新兴书局有限公司 1978 年版，第 5379 页。

的敬仰。

4. 家庭伦理的认同

孝悌等家庭伦理观念传承千年，沉淀为人们的伦理心态。它左右着人们的行为，也是人们所追寻的道德理想。徽商虽与商品、金钱结缘，但商品经济的冰水并未完全侵蚀其伦理道德观念。相反，他们的行为体现了自觉的伦理追求。

"百行孝为先"，孝是最基本也是最重要的伦理规范。对此，徽商不遗余力地实践着。徽州地方志中记载了许多徽商孝敬父祖的动人故事。鲍钊，经商于外，"遍走湖湘淮海之间，而梦寐犹在父侧"。一天，鲍钊突然面热心颤，说："不好，父亲病了。"于是，迅速赶往家中。父亲果然病了，病得不轻，医生都束手无策。鲍钊没有办法，只有祈求神灵保佑。半夜，他"遥祷中岳太和山神，叩头流血，而父果瘳"[1]。金启辉，幼习儒业，因"菽水维艰"，出贾养亲。母亲生病，"辉朝夕侍疾，跬步不离。母殁，哀毁骨立"[2]。江淇，父亲在他出世前就已死去，家庭的艰辛可以想见。长大，贾于外，一闻母亲生病，心急如焚，以一天100多里路程的速度，疾奔归家，为母延医求药。母亲离开人世的时候，他已70岁了，但仍"哀毁骨立，庐于墓侧"[3]。一生谨守孝道。

徽商对同胞共母的弟兄，也是一往情深，关怀照顾，无所不至。俞兆灵，兄弟6人，弟俱年幼，服贾养亲。兄弟都成家立业后，分家时，父亲因其劳苦功高，"另贴银五百两，灵仍均诸史弟"。三弟早亡，一子尚幼，五弟客死他乡，遗腹生男，他都担起哺养重任，将他们培育成人[4]。汪燧，

---

① （清）马步蟾纂修：道光《徽州府志》卷一二《人物志·孝友》，据清道光七年刻本影印，《中国地方志集成·安徽府县志辑》第49册，江苏古籍出版社1998年版，第490页。
② （清）马步蟾纂修：道光《徽州府志》卷一二《人物志·孝友》，第49册，第512页。
③ （清）马步蟾纂修：道光《徽州府志》卷一二《人物志·孝友》，第49册，第489页。
④ （清）马步蟾纂修：道光《徽州府志》卷一二《人物志·孝友》，第49册，第542页。

小时家境贫寒，竭力养亲。中年商于浙，家业稍振。"一钱尺帛不自私，辄分与两兄，不以各炊异视。"① 汪辅，"服贾金陵淮海间数十年，所积悉以分弟"②。

赡养宗族贫乏者，构祠堂，置祀田，徽商更是乐此不疲。汪景晃，业贾30年，所积"专务利济，族人茕苦者让月给粟，岁费钱百五六十千。"③ 王启仁，幼读书，长大代父业贾。"同宗或贫乏，必为谋赡养，完婚娶，尝附葬乏支以绵祭扫。"④ 汪观曙，少业儒，长就商。建祖祠，"置祀田，造祭器，费千余金"⑤。郑秀圃，贾于豫章，笃宗族，"贫乏不能自存者计口而食之，生养死葬，为之经营。尝捐己田二十余亩入祠"⑥。潘逢漆，因贫负贩，"族里中有老而无依者男妇共十余人，前后就于其家以终余年。"⑦ 徽商的伦理行为抚慰了多少孤苦的灵魂，燃烧着爱的激情。

二、明清徽州商人价值追求的成因

明清徽州商人的价值追求代表着徽州商人的群体人格，也反映了时代的特征，打上了时代的烙印。因此，我们在寻觅其形成的原因时，必然着眼于徽商所处的时代背景。明清时期是一个新的社会因素产生，但传统社

① （清）马步蟾纂修：道光《徽州府志（三）》卷一二《人物志·义行》，第50册，第10页。
② （清）马步蟾纂修：道光《徽州府志》卷一二《人物志·孝友》，第49册，第550页。
③ （清）马步蟾纂修：道光《徽州府志（三）》卷一二《人物志·义行》，第50册，第11页。
④ （清）马步蟾纂修：道光《徽州府志》卷一二《人物志·孝友》，第49册，第524—525页。
⑤ （清）马步蟾纂修：道光《徽州府志》卷一二《人物志·孝友》，第49册，第543页。
⑥ （清）马步蟾纂修：道光《徽州府志（三）》卷一二《人物志·义行》，第50册，第27页。
⑦ （清）马步蟾纂修：道光《徽州府志（三）》卷一二《人物志·义行》，第50册，第54页。

会没有发生根本转变的时期。自然经济居主导地位；专制主义一如既往，且不断加强；在意识形态领域，虽有几位先觉者发出一阵超越时空的呐喊，但很快就成为绝响，为传统的浪潮所淹没。这种时代特点规定了明清徽州商人价值追求的性质。但明清徽州商人的价值追求与哺育了徽州商人的环境亦有莫大关系，徽州地区的人文环境是促成其群体价值追求形成的重要因素。

徽州位于皖省大江以南，峰峦叠嶂，溪山环峙。这里，在南朝梁、陈政权及隋朝统治的漫长时期内，由于捍卫乡里的需要，"武劲之风"盛行。由于自东晋、南宋及唐末以来，中原衣冠世族纷纷南迁于徽，风尚大变，尚武之习一变而为"俗向文雅"①。北宋庆历年间，在此地区，始设州县之学，封建教育进入深山僻壤。宋朝南渡，徽州为朱子阙里，因其乡里关系，对朱熹非常崇拜，"读朱子之书，取朱子之教，秉朱子之礼，以邹鲁之风自待。"②《绩溪县志续编》云徽州"儒风独茂"③。读书蔚成风气。"婺人喜读书，虽十家村落，亦有讽诵之声。"④ 朱熹理学在徽州得到相当普及。理学完全占据了人们的心灵，以致释老二教在此毫无市场。"徽州不尚佛老之教，僧人道士，惟用之以事斋醮耳，无敬信崇拜者。所居不过施汤茗之寮，奉香火之庙。求其崇宏壮丽，所设浮屠老子之宫，绝无有焉。"⑤ 佛、道二教在这里受到极度的冷落。徽州人沐浴在理学独盛的浓郁

---

① 《新安志》卷一《风俗》，载张海鹏、王廷元：《明清徽商资料选编》，第 50 条，黄山书社 1985 年版，第 18 页。

② （雍正）《吴氏家典·序》，载张海鹏、王廷元：《明清徽商资料选编》，第 106 条，黄山书社 1985 年版，第 38 页。

③ （康熙）《绩溪县志续编》，转引自唐力行：《明清以来徽州区域社会经济研究》，安徽大学出版社 1999 年版，第 80 页。

④ （光绪）《婺源乡土志·婺源风俗》，载张海鹏、王廷元：《明清徽商资料选编》，第 116 条，黄山书社 1985 年版，第 41 页。

⑤ 《歙事闲谭》第 18 册《歙风俗礼教考》，载张海鹏、王廷元：《明清徽商资料选编》，第 173 条，黄山书社 1985 年版，第 55 页。

气氛中。理学是以伦理道德为主体，吸取佛、道思想而形成的哲学体系。在这个哲学里，"理"是最高的哲学范畴，它借助"气"而化生万物，是宇宙的本源，但同时"张之为三纲，纪之为五常"，纲常伦理是"理"在社会领域里的体现。人伦道德被提到了本体论的高度。父子君臣，无所逃于天地之间，它是天下的至理。这种伦理型的哲学铸就了明清徽州商人重人伦的性格。

理学又称道学，以其自称承继尧舜禹汤文武周孔的道统而得名。在先秦原始儒学中，仁是一个重要的哲学范畴，它是孔子思想的核心，在仅一万多字的《论语》中，仁就出现几十次，"仁者，爱人"，"己欲立而立人，己欲达而达人"要求把父子兄弟的亲情推广到广大社会中去。孟子把孔子"仁"的学说发展为"以不忍人之心，行不忍人之政"的仁政理论。到宋明理学家那里，"仁"被推进到更高的境界，"仁者与物浑然同体"，"民胞物与"，具有一颗博大的仁慈之心。在这种哲学的熏染下，徽州商人的好施予，则成为顺理成章的事。

理学还继承了先秦儒学入世进取的风格。孔子"修己以安人"，"修己以安百姓"，在宋代理学家那里变成了"为天地立心，为生民立命，为往圣继绝学，为万世开太平"的豪迈壮语。主张通过自身的修养，以担负天下的责任。朱熹把《大学》《中庸》从《礼记》中挑出，亲作注释，阐述其思想，提倡积极有为的人生哲学，格物、致知、诚意、正心、修身、齐家、治国、平天下成为理想的人格模式。这种文化的影响，一方面使徽州商人具有强烈的社会责任感和历史使命感，但另一方面，也强化了官本位的观念。

诚，信是先秦原始儒学重要的道德规范，社会交往的基本准则，是一种良好的德性。《中庸》甚至将它本体化，说："诚者，天之道也；诚之者，人之道也。"在理学家那里，"诚"仍然是一个重要的概念。理学的奠基者周敦颐说："诚者，圣人之本。言太极，大哉乾元，万物资始，诚之源也。"① 诚是圣人必须具备的品质，它源于天。朱熹注释说："此言本领之本。圣人所以圣者，诚而已。"② 什么是诚呢？诚即真实不妄。周还说："圣，诚而已矣。诚，五常之本，百行之原也。"③ 诚为仁、义、礼、智、信五常的根本，孝、悌、忠、顺等行为规范的本源。这种伦理道德观念对徽商的经营有深刻的影响。

传统的义利观给徽商的影响也是巨大的。孔子反对人们"放于利而行"，以利害义，主张将人们对物质利益的追求纳入义的规范，"富与贵是人之所欲也，不以其道得之，不处也；贫与贱是人之所恶也，不以其道得之，不去也。"④ 朱熹集理学之大成，要求"革尽人欲，复尽天理"⑤，存天理，灭人欲。但他也不是禁欲主义者，他说："天理，只是仁义礼智之总名，仁义礼智便是天理之件数。"⑥"天理"是仁义礼智等封建道德的概括，仁义礼智信是天理的具体内涵。他所说的"人欲"不是指人的一切物质欲望。相反，他主张人类合理欲望的满足："饮食者，天理也"⑦。人欲是指因嗜欲所迷而产生的私心邪念。"人欲者，此心之疾疢，循之则其心私而且邪。"⑧ 在原则上，他与孔子义利观是无大的差别，都强调按伦理道德规

---

① （宋）黎靖德编：《朱子语类》卷九四《周子之书·通书》，《文渊阁四库全书》第702册，台湾商务印书馆1986年版，第21页。
② （宋）黎靖德编：《朱子语类》卷九四《周子之书·通书》，《文渊阁四库全书》第702册，台湾商务印书馆1986年版，第21页。
③ （明末清初）黄宗羲：《宋元学案》卷一一《濂溪学案上》，清道光刻本。
④ （宋）黎靖德编：《朱子语类》卷一三《学七》，《文渊阁四库全书》第700册，台湾商务印书馆1986年版，第212页。
⑤ （宋）黎靖德：《朱子语类》卷一三《学七》，《文渊阁四库全书》第700册，台湾商务印书馆1986年版，第199页。
⑥ （明末清初）黄宗羲《宋元学案》卷四八《晦翁学案》，清道光刻本。
⑦ （宋）黎靖德编：《朱子语类》卷一三《学七》，《文渊阁四库全书》第700册，台湾商务印书馆1986年版，第199页。
⑧ （明）胡广：《性理大全书》卷六五《君道》，《文渊阁四库全书》第711册，台湾商务印书馆1986年版，第420页。

范行事，反对有害于义的物质利益的获取。

理学的这些思想通过徽州的学校教育及平常的耳濡目染，内化为徽州人的自觉要求，积淀为其文化心理。因此，当他们跨入市场，进入社会后，其价值追求不免带有浓厚的理学色彩。

家庭制度的强化。宋明以来，中国家族制度得到加强，徽州地区由于相对闭塞的自然环境，家族制度一直得到完好的保存。家多故旧，程氏、汪氏两姓为徽州大姓，"族亦最繁，支祠以数千计"。其他大族，半皆由于晋、宋、唐末中原世家大族为避战乱由北方南迁而来，于此子孙繁衍不断。他们都聚族而居，绝无一杂姓掺入。"自六朝唐宋以来，千百年世系比比皆是"①，许多家族有上千年的历史，没有因历史的兴废而衰败。各姓皆建有祠堂，岁时伏腊，一族全体成员聚集于此祭祀祖先。届时，"一姓村千丁皆集，祭用朱文公家礼"②，规模浩大，场面甚是壮观。人们在隆重的宗法氛围中，强化了儒家的伦理道德观念。

大批儒士加入徽商集团也是徽商价值追求形成的原因。汪道昆说："大江以南，新都以文物著。其俗不儒则贾，相代若践更"③，大批儒士走出书斋，弄潮商海。那么，是什么原因驱使这些儒士弃儒业商呢？究其原因不外有三：

第一，经济上穷困潦倒，没有继续从事科举的能力。詹腾，少业儒，"因家贫就贾，偕兄经营瓷业，所余悉以奉亲"④。倪思喜，少习举子业，缘

---

① 《歙事闲谭》第18册《歙风俗礼教考》，载张海鹏、王廷元：《明清徽商资料选编》，第76条，黄山书社1985年版，第31页。

② 《寄园寄所寄》卷一一，载张海鹏、王廷元：《明清徽商资料选编》，第72条，黄山书社1985年版，第30页。

③ （明）汪道昆：《太函集》卷五五《诰赠奉直大夫户部员外郎程暨赠宜人闵氏合葬墓志铭》，胡益民、余国庆点校，黄山书社2004年版，第372页。

④ 《婺源县采辑·孝友》，载张海鹏、王廷元：《明清徽商资料选编》，第624条，黄山书社1985年版，第210页。

家计维艰，弃而就贾，以木殖起家①。毕周通，清婺源人，"少攻举子业，以家贫而商。"② 王泰邦，"生而聪敏，少好读书，以家贫，故长乃去之贾。"③ 洪辑五，"幼习举子业，志在观光利用，旋以家贫亲老，遂弃而就商。"④

第二，场屋失意，不能为名高，乃为厚利。明清时期，人口大增，然科举名额却无大的增加，因此，科场竞争异常激烈，名落孙山者比比皆是。徽州地区的落第士子，大都投身商业。吴天衢，明末休宁人，"初业制举，屡试郡邑弗售，乃弃儒而商。"⑤ 张光祖，少习进士业，"逮壮，屡试主司，弗克展底蕴，寻业商"⑥。章献邦，"家世业儒，少承家学，两试不偶，遂隐于贾。"⑦ 倪起虬，字驷五，"幼学举子业，未遂厥志。因挟货出游，操奇赢于淮泗间"⑧。

第三，信念动摇，对终生业儒发生怀疑。黄崇德，字用仁，号金竺山人。"初有志举业，（父）文裳公谓之曰：'象山之学以治生为先。'公喻父意，乃挟资商于齐东。"⑨ 程声玉"初习举子业，继而投笔叹曰：'学者以治

---

① 《祁门倪氏族谱》卷下《慕斋公实录》，载张海鹏、王廷元：《明清徽商资料选编》，第575条，黄山书社1985年版，第192页。

② （光绪）《婺源县志》卷三三《人物·义行》，载张海鹏、王廷元：《明清徽商资料选编》，第899条，黄山书社1985年版，第282页。

③ 绩溪《盘川王氏家谱》卷三《（王）式南公家传》，载张海鹏、王廷元：《明清徽商资料选编》，第674条，黄山书社1985年版，第225页。

④ 婺源《敦煌洪氏宗谱》卷五九《福溪雅轩先生传》，载张海鹏、王廷元：《明清徽商资料选编》，第888条，第279页。

⑤ 《新安休宁名族志》卷三，载张海鹏、王廷元：《明清徽商资料选编》，第268条，黄山书社1985年版，第91页。

⑥ 《张氏统宗世谱》卷八《毅斋翁传》，载张海鹏、王廷元：《明清徽商资料选编》，第864条，黄山书社1985年版，第272页。

⑦ 绩溪《西关张氏族谱》卷二四《家传》，载张海鹏、王廷元：《明清徽商资料选编》，第945条，黄山书社1985年版，第298页。

⑧ 《祁门倪氏族谱》卷下《易参公三世传略》，载张海鹏、王廷元：《明清徽商资料选编》，第312条，黄山书社1985年版，第106页。

⑨ 歙县《竦塘黄氏宗谱》卷五《明故金竺黄公崇德公行状》，载张海鹏、王廷元：《明清徽商资料选编》，第231条，黄山书社1985年版，第74页。

生为本，安能久拘笔墨乎！'于是效端木术，货殖四方"①。"鸿胪公，公三娶而得孺人，曰：'白首穷经，非人豪也。'公遂弃其敝帚，北游于淮海之间。"②吴季常，明末歙商，"少娴公车言，游成均，厌弃之曰：'人生行乐耳，斗功名于鼠壤，驰日月于驹隙，终何益哉！'于是脱迹尘中。"③

这些儒士改业从商，与商品经济打交道，但其原有的气质很难改变，儒家的思想观念规范着他们的行为，"居商无商商之心"④。"以儒术饰贾事"⑤，对徽商集团价值追求影响甚大。

三、明清徽州商人价值追求的历史作用

价值观，价值追求是人类的深层心理结构，也是文化的核心，它是人类对所处自然环境和社会历史环境的能动反映，它以一定的社会存在为依存条件，并打上所赖以产生的客观环境的印记。但它一旦形成，就具有相对的独立性，有自己的发展变化规律，并规定价值主体的行为选择，对价值主体的命运产生影响。

徽州商人的价值追求产生于儒学的沃壤，具有显著的儒学特征，徽州

---

① 《旌阳程氏宗谱》卷一三《程声玉公赞》，载张海鹏、王廷元：《明清徽商资料选编》，第 663 条，黄山书社 1985 年版，第 222 页。

② 《丰南志》第 5 册《从祖母朱状》，载张海鹏、王廷元：《明清徽商资料选编》，第 365 条，黄山书社 1985 年版，第 129 页。

③ 《丰南志》第 4 册《季常吴次公六十序》，载张海鹏、王廷元：《明清徽商资料选编》，第 1367 条，黄山书社 1985 年版，第 450 页。

④ 歙县《竦塘黄氏宗谱》卷五《明故金竺黄公崇德公行状》，载张海鹏、王廷元：《明清徽商资料选编》，第 231 条，黄山书社 1985 年版，第 74 页。

⑤ 歙县《潭渡黄氏族谱》卷九《望云翁传》，载张海鹏、王廷元：《明清徽商资料选编》，第 1364 条，黄山书社 1985 年版，第 449 页。

商人正是在它的驱动下展开其社会活动的。那么，徽州商人的价值追求对徽商本身的发展及其历史命运产生了什么样的影响呢？历史作用又如何呢？

第一，创造了徽州商人的辉煌，促成其执明清商界之牛耳。儒学，这个在中国文化中占主导地位的思想，伴随着中国历史沧海桑田的变迁，其命运屡经坎坷。到近代，中国在世界资本主义迅猛发展的背景下衰落了，外侮不断，不屈的中国人发愤自强，引进物质技术，政治改良尝试的失败，宏愿难酬的中国人将东方大国的衰颓归罪于传统文化，儒学自然首当其冲，在"全盘西化"的喧嚣声中，儒学的价值被完全否定了。20世纪二三十年代，虽有梁漱溟、熊十力、冯友兰等学问融贯中西的学者力倡新儒学，但1949年以后，新儒学全部退出大陆，蛰居海外。直到60年代，亚洲日本、"四小龙"受儒家强烈影响的国家、地区经济奇迹的出现，儒学才又引起世界的瞩目，重新认识儒学的现代价值。那么，在儒学发祥地的中国大陆，能不能从传统文化的内部开出现代化之花呢？或者说，儒学是发展的动力还是阻力呢？对徽商价值追求的解剖可为此问题的解答，提供历史的说明。

徽商经营商品种类繁多，经营范围很广，但以盐、茶、木、质四项为大宗。他们在经营活动中，坚持诚信原则，以义为利，一本儒家观念行事。这一商业精神的恪守，使徽商在明清激烈的市场竞争中，牢牢抓住了顾客，站稳了脚跟，使自己立于不败之地，积累起巨额财富。许文才，明嘉靖间歙县人，肥贾养亲，"贸迁货居，市不二价。人不适市有不愿之他而愿之公者，亦信义服人之一端也。"[1] 黄梅原，明休宁人，"言信情忠，游江湖间，人莫不以为诚而任之。其规时合变，损盈益虚，巧而不贼，虽

---

[1] 《新安歙北许氏东支世谱》卷八《逸庵许公行状》，载张海鹏、王廷元：《明清徽商资料选编》，第882条，黄山书社1985年版，第278页。

不矜小利，而贾大进，家用益富。"① 江长遂，字惟诚，"业鹾宛陵，待人接物，诚实不欺，以致资累万。"② 梅庄畲，"家素贫，弱冠行贾，诚笃不欺人，亦不疑人欺。往往信人之诳，而利反三倍"。③

慷慨好施，赈贫济乏，修桥治道，在徽商中也是常见的义行。这一行为虽耗散了徽商的部分资金，但从现代经营管理的理论看，其商业价值也是不可低估的。徽商通过这些善事，在社会上树立了良好的形象，使自己在人们的交口称赞中，声名远播，既达到了宣传自己的目的，也得到了民众的认同，建立起了和顾客的亲切关系。这对其经商有百利而无一弊。徽商的成功得益于此者不少。

徽商对文化的追求，使其自身素质较高，在遨游商海时，能综观全局，审时度势，权衡利弊，应付裕如。经济的大厦建筑于坚实的文化基础。程致和，明末歙县人，"幼读异书，不欲沾沾习博士艺，卜居春谷，行白圭治生之学，以美恶占岁，以弃取伺人"，"趋时观变若猛兽鸷鸟之发"，几十年而致素封。问其致富之道，"则究竟仁强智勇之守，孙吴伊间之谋也。"④ 这位程先生读书广博，古人的智慧转化为他经商的谋略。孙文林，始治博士业，后就贾，"遇事笑可否，锱铢不爽，所部署多纪纲之仆，毋能试一狎语。"⑤ 他之所以能料事如神，其治博士业期间打下的文化

① 《遵岩先生文集》卷三二《黄梅原传》，载张海鹏、王廷元：《明清徽商资料选编》，第881条，黄山书社1985年版，第278页。
② 歙县《济阳江氏族谱》卷九《清布政司理问长遂公、按察使司经历长遇公合传》，载张海鹏、王廷元：《明清徽商资料选编》，第896条，黄山书社1985年版，第281页。
③ 《岩镇志草·里祀乡贤纪事》，载张海鹏、王廷元：《明清徽商资料选编》，第884条，黄山书社1985年版，第278页。
④ 歙县《褒嘉里程氏世谱·寿文》，载张海鹏、王廷元：《明清徽商资料选编》，第297条，黄山书社1985年版，第102页。
⑤ （明）李维桢：《大泌山房集》卷七三《溪亭孙长公家传》，《四库全书存目丛书》第152册，齐鲁书社1997年版，第258页；张海鹏、王廷元：《明清徽商资料选编》，第852条，黄山书社1985年版，第269页。

功底至为关键。章必芳，字实甫，太学生。读书以古人自期，不屑于死记硬背。后隐为商贾，"经营筹画，亿则屡中，不数年，增资累万"①。黄莹，字符洁，"治鹾业两淮"，"数十年两淮称首商"，其商业成功，实得益于年轻时候的文化学习。"翁少读书，通大义，观太史公《货殖列传》，至计然之言，曰：'知斗则修备，时用则知物，二者形则万货之情可得而观矣。故论其有余不足，则知贵贱，贵上极则反贱，贱下极则反贵，贵职如粪土，贱取如珠玉。'又见猗顿以盐起，与王者埒富，大悟若旨，不效世用，一切徂诈术，惟静观盈缩大较，揣摩低昂，恒若执左契。"②他的经商术来源于计然的理论和猗顿商业实践。而这笔财富是通过对史书的研读得到的。总之，徽商集团的成功与其价值追求之间存在有必然的因果关系。

第二，制约了徽商的进一步发展，加强了徽商的封建性。徽商的价值追求中确实包含了许多中国的传统美德，对其商业经营、商人资本的积累发挥了积极的功效，但正像任何事物都具有两面性一样，徽商的价值追求也为本身带来了负面影响。首先，徽商的伦理追求，使其备尝艰辛创造的财富，消耗于抚养家族人口的义务中。俞大霭，字符晖，"商黔楚，获赢余悉均诸兄弟，毫无私积。"③汪锡畴，字惠臣，太学生，"贾于兰溪"，"兄没嫂寡侄幼，即与合炊，所置赀产亦均分。"④胡仕仁，少读书过目成诵，因父亲年高家贫，乃弃儒就商，家境渐裕，"生平有余财，辄周族戚之贫

---

① 绩溪《西关张氏族谱》卷二四《家传》，载张海鹏、王廷元：《明清徽商资料选编》，第311条，黄山书社1985年版，第106页。

② 歙县《竦塘黄氏宗谱》卷五《黄公莹传》，载张海鹏、王廷元：《明清徽商资料选编》，第329条，黄山书社1985年版，第113页。

③ （清）马步蟾纂修：（道光）《徽州府志》卷一二《人物志·孝友》，第49册，第529页。

④ （嘉庆）《绩溪县志》卷一〇《尚义》，转引自高寿仙：《徽州文化》，辽宁教育出版社1993年版，第97页。

乏者"①。毕本晋，兄弟五人，"惟本晋以服贾，稍有赢余恒资给其兄弟"②。叶正俨，字若思，习举子业不售，遂就贾，"总家政五十余年，毫无私蓄，同堂弟侄百余人，四世同居尽怡怡也"③。徽商这种奉献精神是值得称道的，但从历史发展的角度，我们又不免为之惋惜，它严重影响了商人资本的扩大。其次，对仕途的向往，跻身官僚行列是徽商梦寐以求的目标，他们为了实现这一夙愿，就必须按封建统治者的要求思想、行动，事实上，不少徽州商人成了统治阶级中的一员。这样，就使得他们和封建势力关系密切，加强了徽商自身的封建性，他们无法获得独立发展，只能停留在中世纪商人的阶段，并和封建王朝荣衰与共，随着封建王朝的日薄西山而衰落。因此，徽商在嘉庆、道光时期开始走下坡路，就成为必然的了。

---

① （清）马步蟾纂修：（道光）《徽州府志》卷一二《人物志·孝友》，第 49 册，第 543 页。

② 石国柱、楼文钊修，许承尧纂：民国《歙县志》卷八《人物志·孝友》，据民国二十六年铅印本影印，《中国地方志集成·安徽府县志辑》第 51 册，江苏古籍出版社 1998年版，第 341 页。

③ （清）劳逢源、沈伯棠等纂修：《歙县志》卷八《人物志·孝友》，道光八年刊本影印，《中国方志丛书·华中地方》第 714 号，台北成文出版社有限公司 1984 年版，第 1140—1141 页。

第六章 "山右积习，重利之念甚于重名"辨

《世宗宪皇帝朱批谕旨》第47册，雍正二年（1724）五月九日《刘于义奏疏》云："山右积习，重利之念甚于重名。子弟俊秀者，多入贸易一途；其次宁为胥吏；至中材以下，方使之读书应试，以故士风卑靡。"雍正皇帝在刘于义奏折的朱批中也说："山右大约商贾居首，其次者犹肯力农，再次者谋入营伍，最下者方令读书。"① 认为，山右重商，轻视读书应试，"重利之念甚于重名"是其"积习"。长期以来，对这一记载的真实性无人怀疑。不仅如此，这一史料还在学术界广为援引，获得不少学者的认同，更有的以之作为晋商不重视读书的证据。但，通过翻检相关史料，笔者发现疑点不少，大有商榷的必要。

疑点究竟何在？这要从分析支持其论点的论据开始。从上引两则相互呼应的史料可以看出，认为"山右积习，重利之念甚于重名"的根据主要有二：一是"山右大约商贾居首"，"子孙之俊秀者，多入贸易一途"；二是"至中材以下，方使之读书应试"。那么，这两条论据的可靠性如何呢？我们先看第一条。

---

① 《世宗宪皇帝朱批谕旨》卷一八三，《文渊阁四库全书》第424册，台湾商务印书馆1986年版，第69页。

一、"商贾居首""子孙之俊秀者，多入贸易一途"证伪

山西表里河山，自明中叶始，即经商者众：平阳府民"服劳商贾"①；汾州"民率逐于末作，走利如鹜"②。至清，山西经商风气依旧甚浓，商人众多。清人纪昀《阅微草堂笔记》卷二三载："山西人多商于外，十余岁辄从人学贸易。"③这并非小说家言，纪昀是一严肃学者，其记载是可信的。这在其他载籍中可以得到印证："晋省民人，经营于四方者居多。"④"查晋省人多系出外贸易。"⑤解州商民杂处，"率趋盐利"，争逐锥刀⑥，等等。那么，明清时期山西商人在总人口中占有多大的比例呢？要算出一个准确的数据恐怕很难，但从当时人局部或全体的估计中可获得大致的了解。明人张四维说，蒲州介休"土陋而民夥，田不能以丁授，缘而取给于商计。坊郭之民分土而耕菑者，百室不能一焉。其挟轻资，牵车牛，走四方者十而九"⑦。乾隆《榆次县志》卷六《风俗》的作者认为，榆次"人操田作者十之六七，服贾者十之三四，其有田业者亦多喜为胥吏给事公庭为荣，常以岁中为会场合百货而市易焉"。徐继畬更认为，山

---

① （明）李侃修，胡谧纂：（成化）《山西通志》卷二《风俗》，民国二十二年景钞明成化十一年刻本。
② （清）孙和相修，戴震纂：（乾隆）《汾州府志》卷二六《杂识》，清乾隆三十六年刻本。
③ （清）纪昀：《阅微草堂笔记》卷二三《滦阳续录五》，华夏出版社1998年版，第442页。
④ 《世宗宪皇帝朱批谕旨》卷二三七，《影印文渊阁四库全书》第425册，台湾商务印书馆1986年版，第677页。
⑤ 《清高宗实录》卷一〇五二，乾隆四十三年三月癸亥，中华书局2008年版。
⑥ （清）言如泗修，吕滺纂：（乾隆）《解州全志》卷二《风俗》，清乾隆二十九年刻解州全志本。
⑦ （明）张四维：《条麓堂集》卷二一《海峰王公七十荣归序》，张志江点校，上海古籍出版社2018年版，第558页。

西"农贾相半"①。从这些材料看，山西商人的数量确实是较大的，且其中不乏俊秀者，言其"大约商贾居首"似不为过。这说明山西人的确是重利的，且自明代已然，因此也可以说是"积习"。但，能不能由此就得出结论说，山西人"重利之念甚于重名"呢？笔者认为，不能做此简单的推理。

首先，山西人大批外出经商，实由严酷的生活环境所迫，经商是其无可奈何的选择。这方面的材料不少。如：河东"表里河山，土满是患，服贾用养，以是遍于天下"②。"晋俗以商贾为重，非弃本而逐末也。土狭人满，田不足于耕也。"③光绪《清源乡土志》卷一〇载："地薄差繁，本业不足资生，固牵车服贾、贸易远方者恒多焉。"乾隆《直隶绛州志》载："地狭土燥，民无可耕，俯仰无所资，迫而履险涉遐，负贩贸迁以为谋生之计。"④乾隆《新修曲沃县志》卷二三《风俗》载："至于利之所在，趋之若鹜，服贾而走四方者踵相接焉。则固土狭人满，恒产不赡之所致也。"土地贫瘠，人口众多，再加上赋役繁重，使他们生计维艰，为养家糊口，不得不奔走四方。他们不是不愿意读书求名！是贫困巨鞭的驱使使他们丢下了手中的书本。段景芳，监生，"嗜读，为境遇所迫，托业商贾，而持身处世有文士风。"⑤仇步奎，"昆季皆嗜读书，因家计艰窘，叹曰：'兄弟诵读并给为难，与其终不能给，何如弟理财供兄读书，庶有一成乎！'遂外出贸易。每寄家书慰免备至，惟恐兄以家累为忧也。囊有饶余即以寄家，不私

---

① （清）徐继畬：《松龛先生全集》奏疏卷上，《请整顿晋省吏治疏》，载沈云龙主编：《近代中国史料丛刊》续编第 42 辑，文海出版社 1987 年版，第 16 页。

② 《重修河东会馆碑记》，载李华：《明清以来北京工商会馆碑刻选编》，文物出版社 1980 年版，第 69 页。

③ （清）徐继畬纂修，孙汝明续修：（光绪）《五台新志》卷二《生计》，清光绪九年续修刻本。

④ （清）张成德修，李友洙纂：（乾隆）《直隶绛州志》卷一七《艺文·（马恕）绛民疾苦记略》，清乾隆三十年刻本。

⑤ （清）沈凤翔纂修，邓嘉绅纂：（光绪）《稷山县志》卷六《孝义》，清同治四年石印本。

一钱，乡里咸称悌弟焉。"①王文显，蒲州人，父官教谕既卑且贫，又有四个弟弟望其成立，因此，"弃士而就商"②。"王锡之妻戴氏，年十九夫殁，生遗腹子相林，守节抚孤，孝事翁姑。二亲殁后，家道中衰，命子辍读业商，自理家务。"③高钰"以家道中落，遂改儒业商，在大德通票号服务垂五十载，而执号权者二十五年"④。其他因贫困而失学从商者亦多见诸载籍。马学良，"少孤贫，贸易西秦"⑤。胡天章，"幼失怙，孝事孀母，家贫业商，赴兴化镇"⑥。刘邦进，"性狷介，负贩自给，虽童叟不欺"⑦。吴郁文，"家贫贾奉天"⑧。樊登高，"家无宿粮，贸易于秦"⑨。王克让，"少失怙，长，服贾东省"⑩。全有恒，"家贫服贾养亲，往来燕赵间"⑪等等。

其次，"子孙之俊秀者，多入贸易一途"也事出有因。一是由于生活境遇的艰难使他们无力完成学业，不得不资商以谋生计。下面这段材料说得非常清楚："河邑旧为县治，俗静风淳，农商乐业，人文之著，亦号彬彬。惟是聪明朴茂之子弟多有废弃学业，迁就他途者，殆由地瘠民贫，非特力能延师之家十不一二，即附他塾亦迫于修项无出故也。"⑫这方面的

---

① （清）张鸿逵修，韩子泰纂：（光绪）《续修曲沃县志》卷二七《人物志·孝方》，清光绪六年刻本。
② （明）李梦阳：《空同集》卷四六《明故王文显墓志铭》，《文渊阁四库全书》第1262册，台湾商务印书馆1985年版，第420页。
③ （清）李荣和修，张元懋纂：（光绪）《永济县志》卷一四《节孝》，清光绪十二年刻本。
④ 贾家鼎：《高子庚翁传略》，转引自曹煜：《祁帮票号》，山西经济出版社2003年版，第134页。
⑤ （清）张应辰修，王墀纂：（嘉庆）《稷山县志》卷六《孝义》，清嘉庆二十年刻本。
⑥ （清）李荣和修，张元懋纂：（光绪）《永济县志》卷一三《义行》，清光绪十二年刻本。
⑦ 孙奂仑修，韩垧纂：（民国）《洪洞县志》卷一三《志节》，民国六年铅印本。
⑧ 安恭己纂，胡万凝纂：（民国）《太谷县志》卷五《乡贤·义行》，民国二十年铅印本。
⑨ （清）艾绍濂修，姚东济纂：（光绪）《续修临晋县志·义义》，清光绪六年刻本。
⑩ 孙奂仑修，韩垧纂：（民国）《洪洞县志》卷一三《志节》，民国六年铅印本。
⑪ （清）黎中辅纂修：（道光）《大同县志》卷一七《人物》，清道光十年刻本。
⑫ （清）金福增修，张兆魁纂：（同治）《河曲县志》卷六《河邑义学碑记》，清同治十一年刻本。

具体事例也不少。张承志，"喜读书，家贫少孤，不得已弃儒业商，暇则手《纲鉴》一帙，见古人忠孝事辄笔而授之子。"① 常怀礼，兄弟三人，排行老二，幼聪慧，读书过目不忘。始而业儒，既而其父弃世，母虑家计维艰，谓怀礼曰："吾家世居此土，势孤且贫，其将何以为生？"怀礼泣曰："母勿忧，儿将极力支持，兄不虞菽麦不辨，弟不虑饔飧无资也。"遂服贾。② 任光溥，蒲州人，"生而秀慧，有立志，幼治《周易》，日夜孜孜，用心甚苦，以家累不获卒业，然志在是也。故虽挟资远游，所至必以篇简自随，遇先贤嘉言善行则手录之，久之成帙，题之曰《日用录》。"③ 二是不少"俊秀子弟"是在先读书应试、学儒不成的情况下，才被迫投身商海的。席克新，平阳府蒲州人，"幼时学举子业不成，又不喜农耕，曰：'丈夫苟不能立功名于世，抑岂为汗粒之偶不能树基业于家哉！'于是，历吴越，游楚魏，泛江湖，懋迁居积，起家巨万金，而蒲称大家，必曰'南席'。"④ 赵择，"家世贫窭，负才倜傥，补弟子员，以数奇郁郁不得志"，"晚年，商中州十余载"。⑤

这些材料说明，在山西人"重利"的外表下，其内心是涌动着炽热的求名的渴望的。只是由于境遇的艰难，才将它深深地掩埋在心底。因此，"商贾居首"，"子孙之俊秀者，多入贸易一途"，不能作为山西人"重利之念甚于重名"的证据，他们对读书应试是非常重视的。

① （清）李培谦监修，阎士骧纂辑：（道光）《阳曲县志》卷一三《人物列传》，清道光二十三年修，民国二十一年重印本。
② （清）金福增修，张兆魁纂：（同治）《河曲县志》卷七《传》，清同治十一年刻本。
③ （明）张四维：《条麓堂集》卷二七《封修职郎国子监助教原泉任公暨配李氏合葬墓志铭》，张志江点校，上海古籍出版社 2018 年版，第 740 页。
④ （明）韩邦奇：《苑洛集》卷六《大明席君墓志铭》，载沈乃文主编：《明别集丛刊》第 2 辑，黄山书社 2016 年版，第 8 册，第 380 页。
⑤ （清）劳文庆修，娄道南纂：（光绪）《太平县志》卷一一《人物》，清光绪八年刻本。

二、"至中材以下，方使之读书应试"的观点

其第二条论据："至中材以下，方使之读书应试"，又是否反映了历史的实际呢？为此，笔者查阅了大量的资料。不过，在有关史料中笔者不但未能找到能说明其正确性的具体事例，却发现了不少与之相反的例证。下面，笔者仅将从觉罗石麟等监修、储大文等编纂的《山西通志》中搜集的明清时期的部分史料列表以示。（见表6—1）

表6—1 《山西通志》中部分史例

姓名	籍贯	事迹	材料来源
侯纶	太原左卫	幼有异质，嗜读书，于易学尤邃。正德辛未进士	（清）觉罗石麟等监修，（清）储大文等编纂：《山西通志》卷一〇七《人物七》（《文渊阁四库全书》）
常泰	徐沟	性聪敏，十岁能文，正德庚午举人，辛未进士	同上
李应时	太原前卫	幼颖悟，笃学强记，髫年名籍诸生间，登嘉靖壬子乡试	同上
李杲	洪洞	成化乙酉举人，幼聪敏，博洽群书	同上书卷一一一《人物十一》
南全	洪洞	弘治甲子举人，聪慧勤学，博洽经史	同上
卫周祚	曲沃	少颖异，砥奋读书，举前丙子乡试第一，丁丑成进士。初仕永平府推官，顺治元年甲申即家起前官，改吏部考功司郎中	同上
周一梧	长治	幼聪敏，万历壬午以易魁于乡，越十年，壬辰成进士	同上书卷一一三《人物十三》

姓名	籍贯	事迹	材料来源
李杜	大同	幼颖异，十三为县庠弟子员，十九举于乡，二十成万历丙戌进士	同上书卷一一八《人物十八》
万世德	偏关	隆庆辛未进士，幼奇颖	同上书卷一二一《人物二十一》
张珺	阳城	顺治时人，幼聪敏，十五岁为弟子员，十九登壬午乡试，联捷登癸未进士	同上书卷一二二《人物二十二》
陈廷敬	泽州	顺治时人，少警慧，九岁赋牡丹截句，举丁酉乡试，戊戌成进士	同上
张嘉宾	猗氏	少俊颖，习举子业累科不第，入上舍，为福山丞	同上书卷一二五《人物二十五》
何尚德	猗氏	天姿颖异，于坟典多所授阅，中嘉靖壬午经元，授兴安州知州	同上
张问明	猗氏	十岁以神童补弟子员，嘉靖壬戌进士	同上
赵天麒	武乡	幼颖悟，数岁能书大字，人称神童，年方十一为诸生，崇祯壬午以五经举于乡，明年成进士	同上书卷一二六《人物二十六》
孙锡龄	绛州	性颖悟，为文能禀理法，壬辰成进士	同上书卷一三五《人物三十五》
宁世珽	闻喜	幼颖异，十岁补博士弟子员，攻苦不辍，成顺治戊戌进士	同上
侯璋	阳曲	少颖异，康熙丙午、丁未联捷进士	同上书卷一三六《人物三十六》
阎若璩	太原	少奇慧，博极群书而句字必精核不少苟	同上
贾鸣玺	曲沃	少警颖，康熙癸卯举乡试第一，丁未成进士	同上
刘有诚	宁乡	嘉靖丙辰进士，聪明颖异，幼号神童	同上书卷一三七《人物三十七》
朱之俊	汾阳	少颖悟，读书先经后史，前明壬戌进士，官国子司业，国朝起翰林秘书院侍读	同上

续表

姓名	籍贯	事迹	材料来源
王含真	猗氏	幼颖悟，工文章，髫年饩于庠，中乙卯乡试，丙辰进士，戊午举博学宏词	同上书卷一三九《人物三十九》
郭九会	猗氏	性警敏，雅好读书，中康熙己酉乡试第一	同上
赵三麒	武乡	幼颖异，读书过目不忘，顺治戊子拔贡，授桂阳州同知	同上
傅新德	定襄	生有夙慧，举万历戊子解元，明年成进士	同上
白胤彩	平定	明末清初人，幼读书过目成诵，尝从书肆中翻阅制义，归而录之，不少讹，号高才。晚年键户测鱼村中，时教授生徒资束脯以自给	同上
甄昭	平定	明末清初人，生有俊才，好读书，举庚午解元，丁丑进士	同上
张燧	五台	生而颖慧，五岁诵古诗六百篇，顺治辛卯举于乡	同上
梁维	稷山	聪慧博洽，典坟无所不读，尤工书法，领嘉靖戊午乡荐	同上书卷一四〇《人物四十》

这里所说的"明清时期的部分材料"主要有两层意思：一是在本方志有关明清时期的材料中，笔者仅引述了明中叶至清顺康时期的资料；二是即使是这一时期的资料，笔者也未能尽引，上面所列只是其中的一部分。之所以这样做，主要基于如下理由：1.山西人大批外出经商，并形成商帮始自明中叶。2.刘于义及雍正皇帝的观点是针对雍正初年以前山西的状况而言的，引述这一时段的史实具有说服力。3.材料甚多，限于篇幅。但即使只是这些例证也已说明，在明清时期的山西并非是"至中材以下，方使之读书应试"，而是恰恰相反，在读书应试者之中，高智商的"颖异"之辈是大量存在的。"至中材以下，方使之读书应试"的观点缺乏相应的史实支持。不仅如此，这一说法在理论上也有其室碍难通之处。众所周知，

明清时期人口大幅度增长，而科举名额并未有大的增加，科场竞争异常激烈。因此，当时就有"士而成功者什一，商而成功者什九"的说法。科场竞争如此激烈、残酷，"中材以下"者读书应试能有几多成功的希望？而读书应试不仅必须经历十年寒窗的艰辛，而且必须有巨大的经济投入，作为理性的人在进行行为选择时是不会不考虑投入成本的收益率的。下面这一则史料或许有助于我们说明这一情况。石蕴辉，"国学生，以贸易起家，而深明大义。焚借券，赈饥贫，遇秀颖子弟辄伙助，多所玉成焉。"[1]石蕴辉，贸易起家，对科举甚为关注，但他在选择资助对象时，是有所考虑的，资助的是秀颖子弟而非中材以下者。这正好证实了笔者的推论，也更坚定了笔者对"至中材以下，方使之读书应试"的质疑。当然，笔者也不能完全排除中材以下者读书应试的情况，但至少不应具有普遍性。

三、明清山西人的名利并重

既然上述两条论据都缺乏可靠性，显然，"山右积习，重利之念甚于重名"的论点就无法成立。那么，在明清时期山西人的价值体系中，名利之念究竟孰轻孰重呢？他们是怎样处理名和利的关系的呢？要回答这一问题，我们首先要对人类的普遍需要做一简要的分析。在这方面，古今中外的不少卓越的思想家都有过深刻的阐述。孔子云："富与贵，人之所欲也；贫与贱，人之所恶也"。朴素地阐明，在人性的深处潜藏着对财富和较高社会地位的普遍追求。马克思在《德意志意识形态》中从人类历史发展的角度揭示了人的需要的变化："人们为了能够创造历史，必须能够生活。

---

[1]　牛照藻修，萧光汉纂：(民国)《芮城县志》卷一〇《孝义传》，民国十二年铅印本。

但是，为了生活首先就需要衣食住及其他东西，因此，第一历史活动就是生产满足这些需要的资料，即生产物质生活本身。""第二个事实是已经得到满足的第一个需要本身，满足需要的活动和已获得的为满足需要用的工具又引起新的需要。这种新的需要的产生是第一个历史活动。"①认为，物质生活的需要是人的基本需要，这是人类历史活动的前提，且这些需要得到满足后，又会引起新的需要。美国心理学家马斯洛对人的需要进行了系统的考察，他把人类多种多样的需要划分为由低到高的五个层次，即生理需要、安全需要、社交需要、尊重需要、自我实现需要，构成人类的需要体系。在这五种需要的结构中，生理和安全需要是最基本的、低级的需要，当低一级的需要获得满足后，就会产生高一级的需要，如追求自尊、获得他人尊重及实现自己理想抱负、发挥个人能力的需要。且在一定时期，一个人可能有多种需要，但这些需要有主次之别，总有一种需要占据着主导地位②。从这些贤哲、大师级人物有关需要的论述可以看出，人的需要是多样的，包括物质的需要和名誉、地位等精神的需要。只是在不同的人生阶段、不同的境遇下，需要的重点有所不同而已，没有轻重之别。这些人类思想研究的辉煌成果曾为世人高度重视，具有较大程度的普适性。明清时期的山西人虽与他们有时代的隔离，但"古今同理"，其需要不可能脱离人类的普遍需要。他们应该是名利并重的。其"重利"，已为当今学术界普遍接受，上引材料也可证实，无可置疑。然"重名"却不为学术界所认同。但稽诸史籍，有关山右"重名"的史料是非常丰富的，且有多方面的表现。

首先，我们从山西的进士人数就可以看出。关于明清进士的统计，有许多成果可资引用。毕苑在《晋中商人的角色特征与阶层流动分析》一文

---

① 《马克思恩格斯选集》第1卷，人民出版社1995年版，第79页。
② [美] 马斯洛：《人的潜能和价值·人的动机理论》，华夏出版社1975年版，第162—177页。

中，根据《明清进士题名碑录索引》对清代山西进士进行了统计，并将进士在6人以上的州县及进士数制成《清代山西部分州县进士数额表》(表6—2)，现照录如下。①

表6—2　清代山西部分州县进士数额表

太原	阳曲	祁县	介休	文水	榆次	清源	徐沟	寿阳	太谷	平遥	汾阳	交城
56	35	13	37	33	32	6	11	18	32	6	39	13
灵石	五台	代州	阳城	沁水	保德	盂县	平定	忻州	太平	襄陵	定襄	崞县
19	16	22	46	21	11	34	64	33	20	11	13	27
沁州	凤台	武乡	兴县	黎城	振武	永宁	蔚州	陵川	繁峙	临县	长治	
17	13	13	23	9	8	8	6	7	8	10	21	
壶关	泽州	大同	朔州	高平	河津	临汾	洪洞	闻喜	稷山	翼城	荣河	芮城
6	21	9	10	23	7	23	29	27	10	41	12	8
永济	安邑	曲沃	蒲州	临晋	猗氏	绛州	解州	垣曲	平陆	赵州	万荣	
10	61	37	15	18	42	13	19	7	17	8	7	

由表6—2可以看出，清代山西的进士数量是极为可观的，并未因其经商重利而影响对科举的向往。有学者说，由于晋人重实利，故清代山西进士人数代有递减，顺治时每科进士平均33人，康熙年间每科16人，乾嘉时每科不足12人，道光、咸丰、同治年间每科不足10人，光绪年间略增，也仅为10人。②但清代山西进士总人数不论是和明代相比，还是与同期其他省份相较都是有增长的。如：沈登苗根据《明清进士题名碑录索引》统计，明代山西进士1194人，在全国各省份中排名第九；清代1420人，排名第七。③这些统计均根据朱保炯、谢沛霖主编的《明清进士题名

① 朱保炯、谢沛霖：《明清进士题名碑录索引》，上海古籍出版社2006年版。
② 王爱平：《名利并重与厚利薄名——明清徽商与晋商价值观之我见》，《内蒙古大学学报》2000年第32卷增刊。
③ 沈登苗：《明清全国进士人才的时空分布及其相互关系》，《中国文化研究》1999年冬之卷，总第26期。

碑录索引》①，应该是可信的。至于说整个清朝山西无一人中文状元，当由多种因素作用而成，绝非"重利之念甚于重名"所能解释。否则，为什么又会有这么多进士呢，而哪一个又不想高中榜首呢！

其次，不少重利的商人在经商致富后，即悉心培养子弟，鼓励他们沿着科举的崎岖小路奋力攀缘，希望他们科举及第，光耀门楣。这方面的例子是大量的。张天绪，明嘉万时人，"世居蔚州"，"以贫故从贾"，壮年为扶风驿丞，后归，"独杜门课其子在中学，在中以丙子荐于乡"②。何凤泉，明蒲人，"少贫失学，则服贾"，对儒士十分崇拜，"出见冕冠服者必归语"其子曰："彼亦人子也，岂必士之子能为士子哉！""乃时遣其子从乡先生问业及游诸名士间。"其子何侍御"弱冠登第，以文学异等简居翰林，由翰林拜监察御史"，"卒显庸当世"③。李明性，曲沃人，"生而俶傥负气，少从两兄学，会仲兄早逝，宜阳君（其长兄）补邑弟子，不任治生，而乡耆公（其父）为人仁，数好施予，则辍业叹曰：'夫为弟子壮不能勤力，将坐而食父兄乎！'于是挟赀贾秦陇间。""教家更严，尝自恨废学，课诸子读斩斩有程"，"戊午，封部君（其子李尚思）举省试第一，己卯，孙永培复举省试第一，子若孙相继首贤，书声倾海内。"④孟玉峰，"河中笃行隐君子也。""少入郡庠，以目病谢去博士，用鱼盐贾天津，家以故饶，称素封，而翁呕橐所授伏生书训敕诸子，伯氏斯盛用是起家进士高第选入读中秘书，编修国史，华显矣。"⑤张映斗，"庶民庄监生，好读书，因家贫

① 朱保炯、谢沛霖：《明清进士题名碑录索引》，上海古籍出版社 2006 年版。

② （明）李廷机：《李文节集》卷二〇《扶风驿丞怗山张君墓志铭》，于英丽点校，商务印书馆 2019 年版，第 494 页。

③ （明）王家屏：《复宿山房集》卷一九《贺何翁双封序》。《明别集丛刊》第 3 辑，第 66 册，黄山书社 2016 年版。

④ （明）傅淑训修，（明）曹树声纂：（万历）《平阳府志》卷八上《国朝人物分部》，明万历四十三年刻、清顺治二年递修本。

⑤ （明）顾起元：《懒真草堂集》卷一一《玉峰孟翁七十序》，上元蒋氏慎修书屋排印本，1916 年。

服贾翼城，遂至殷阜，延名师教子侄，入庠食饩者踵接"①。荆百达，"幼好读书，以家贫贸易河南固始。不染市井气习，年迈归里，修理祠堂，教训子弟。"②乔廷楹，少失怙，"年十六，因家贫始经商关中"，晚年，家道殷富，"教训诸子成人"③。谢徐登，家贫，弱冠贾于外，"好读书，子侄多入邑庠，登之力也"④。寻金材，父早卒，家徒四壁，糊口不给，幼年历经磨难，后经商陕西，生计渐裕，令子步月读书，步月"入庠食饩"，"金材训之曰：'汝能读书上进，吾虽贫何憾！'道光壬午、癸未，步月联捷成进士，授户部主政"⑤。赵怀璧妻杨氏，"贤孝过人，夫以商致富，氏常周恤邻里。夫亡后，道光间两次岁饥，出粟数十石散给村人，无德色。子五皆教之读，督课极严，后相继入泮。"⑥

再次，商人或先商后儒，或在闻悉子弟及第后即罢商而归。这方面的例子，我们虽发现不多，但也并非绝无仅有。如：张集监，嗜读书，幼在家塾卓尔不群，博学善记，过目不忘，"父与大父因其可造，考课甚严，弱冠食饩"，后经商，"志勿懈"，"即山川跋涉，星夜旅驿间，未尝旷厥功。"道光癸巳成进士⑦。杨近泉"生而美髭眉，风骨娟秀，少受读里师，见群儿抑首呻占，心厌之，以不能卒业。而喜博综群籍，涉猎大义，实未尝一日废书。""念四民之业各有所托以成名，今纵不能殖学以显，自托于士林，幸藉先人遗赀修其业而息之犹贤乎！乃挟数千金装游贾江淮间。""己卯，给谏君（其子杨恂）举于乡，翁（杨近泉）自淮上闻捷，掀

① （清）徐浩修，潘梦龙纂：（光绪）《续猗氏县志》卷上《任恤》，清光绪六年刻本。
② （清）徐浩修，潘梦龙纂：（光绪）《续猗氏县志》卷上《任恤》，清光绪六年刻本。
③ （民国）杨世瑛修，王锡祯纂：（民国）《重修安泽县志》卷一一《人物·孝友》，民国二十一年铅印本。
④ （清）马鉴修，寻銮炜纂：（光绪）《荣河县志》卷八《人物》，清光绪七年刊本。
⑤ （清）马鉴修，寻銮炜纂：（光绪）《荣河县志》卷八《人物》，清光绪七年刊本
⑥ 曲乃锐编辑：（民国）《解县志》卷八《士女传》，民国九年石印本。
⑦ （光绪）《洪洞县志》卷一一，《稀见方志丛》，国家图书馆出版社2014年版，第579页。

髯喜曰：'夫我乃不以儒显，儿子以儒显矣，尚安事贾！'即日弃资斧北还，与乡长老结社觞咏为欢。"①

最后，更有不少商人在经商致富后，凭借雄厚财力，通过捐输获得官衔，跻身上层社会。此方面的材料在相关著述中多有引述，在此不赘。

这些史实说明，在明清山西人的头脑中，名利之念的确没有轻重之别，他们是名利并重的。只是由于各人的境遇不同，追求名利的方式有所不同而已。如：有的财力具备，则可直接奋进科场；有的家境贫穷，则需先商后儒以积累经济实力。

运用辩证唯物主义原理分析也会得出同样的结论。经典作家告诉我们，意识只不过是反映在头脑中的物质的东西而已，人的思想观念是现实的反映。同样，明清山西人的名、利观念也要受到社会现实的制约。明清时期的山西，人口大幅度增加，地狭且瘠，人地矛盾尖锐，农业资源匮乏，单靠从事农业生产不足以资生，为维持生物个体的生存，必然另辟蹊径，改变传统的生产方式和生活方式，经商求利，表现出强烈地重利倾向。但在当时的社会环境中，财富并不足以真正提升一个人的社会地位，考取功名、出仕为官才是传统人生价值的真正体现。山西地域文化虽有自己的特点，但也不可能不受到明清时期主流社会价值观的影响。因此，读书应试重名更是其必然的选择。并不会存在重利甚于重名的情况，而是名利并重的。故我们在引用刘于义奏疏及雍正朱批的这些史料时，是需要采取谨慎态度的。

---

① （明）王家屏：《复宿山房集》卷二六《封刑科给事中杨公墓志铭》，《明别集丛刊》第3辑，第66册，黄山书社2016年版。

第七章　明清商人的休闲生活方式

　　休者，古人有"倚木而休"之说，即休息之意。这里是作动词解。"休"字还可作形容词解，即意为吉庆的、美好的、喜悦的、欢乐的。闲者，本义即栅栏，可引申为悠闲、闲适、空闲。休、闲二字，连在一起作为一个词来使用，是指劳作之余，让身心放松的一种生命的状态，目的是恢复体能、强健身体、愉悦身心。顾名思义，休闲生活，就是人们在劳作之余，为调节身心、增进健康、发展能力而进行的闲暇活动。它与劳作相伴生，古已有之。但不同时代、不同阶层的人们，其休闲生活是不一样的，既有休闲理念的差异，也有休闲方式的不同。这些差异和不同是不同时代、不同区域的生产力发展水平和社会制度、习俗造成的，也是个人文化程度、道德素养和物质丰裕程度使然。

　　那么，明清商人的休闲生活是怎样的呢？有哪些休闲的方式？是哪些因素塑造了明清商人的休闲生活？不同地域商人的休闲生活有无不同？它又产生了什么样的影响？也许本章不能完全回答这些问题，但笔者将在吸收已有研究成果的基础上尽力为之。明清商人在经商之余，有着丰富的休闲生活。其休闲生活方式可概括为如下数端。

一、诵读经史儒学典籍，钻研小学，咏诗作文

经史、儒学、小学、诗文，是中国传统文化的重要组成部分，内容丰富，博大精深。不少明清商人在忙于商务之余，徜徉其间。

程尚隆，字绪三，号默斋，嘉道时黟县人。九岁而孤，为让兄长程尚升专意为学，年刚十四，即就贾经商。虽"早年废箸"，然在经商间歇，"不废典籍，尤精左传三史"。所谓"左传三史"，即应是"春秋三传"：《左传》《公羊传》《榖梁传》。程尚隆对宋代儒学亦颇肯下功夫，曾辑《修格言》4卷。①

黄澜，字本川，少孤，"贾于安庆，有信行，涉猎史学，桐城何承熙称之曰：'古事问仲舒'"②。何承熙，字伯秋，号橘洲，安徽桐城人，道光二十三年（1843）举人，撰有《碧杉草堂诗集》。仲舒，即高仲舒，唐代雍州万年人，博通经史，尤熟于"三礼"及训诂之学。开元年间，授中书舍人。侍中宋璟、中书侍郎苏颋经常向其"询访故事"。宋璟对高仲舒非常欣赏，常对人说："古事问仲舒"。此其典故出处。何承熙将黄澜比之于唐代高仲舒，对其赞誉有加，足见黄澜对历史史实是相当熟悉的。

金鼎和，字君调，明休宁人。兄弟6人，鼎和为长，5个弟弟业儒，他一人服贾，养家糊口。但鼎和身为商贾，闲暇时光，不忘读书，精通经史，"有儒者风"③。

汪士明，歙县潜川人，"贾广陵"，"好学滋甚"，闲时，渔猎百家，赋

---

① （同治）《黟县三志》卷一五《艺文·人物》。清同治九年刊本。
② （同治）《黟县三志》卷六下《人物·质行》，清同治九年刊本。
③ （道光）《休宁县志》卷一五《人物·乡善》，清嘉庆二十年刊本。

诗行酒，尤长《左氏春秋》。①

程豪，字子德，歙县人。父亲程稷，贾于湖北麻城岐亭，资本微末，"仅数十锾"。因岐亭"悬山谷中"，地方偏僻，交通不便，市场狭小，生意萧条，家中经济不甚宽裕。故子德与其兄"不遑业儒"，遂继承父亲微末资本业贾。但对儒学一心向往。岐亭邻村有一个叫做郭令的人，"尝游王文成门，谈良知学，子德悦而师之，为巍冠褒衣，趋绳视隼，阛阓少年咸相目笑，子德益自喜。间有从之游者，子德持麈高谈，与相往复，弥日不辍。"②程子德经商闲暇，师从王阳明的徒弟郭令，学习"致良知"之学，峨冠博带，模仿圣贤，置街市少年讪笑于不顾。其后，学有所成，偶尔有同好与之交游，高谈阔论，辩难竟日。可见，程豪对阳明学已有相当程度的钻研，可谓入其堂奥矣。

朱光宅，字皇民，号荑亭，少时即随父懋迁，然"重问学"。闲时，喜读司马温公《资治通鉴》，用力甚勤，颇有心得，"称说千百言，俱有条贯，学士能史者或逊其精熟"，简直称得上是研究司马光《资治通鉴》的专家。其学问深得士人敬重，"一时根抵朴学之彦，与夫辞章胜流，皆乐数晨夕文酒相娱"③。考据学者、文人士夫皆乐与交游。

钱民，字子辰，嘉定人。年十三而孤，家奇贫，不得不废书学贾，然有学为圣贤之志。相传，梦中受高人指点，要他"谢绝汉以来诸儒论说"，摒弃诸家注释，读六经正文。遂题所居之室曰："存养廛"，"端坐其中，学日益进"④。钱民这个商人的为学路径的选择，虽记载说是梦中受高人指

---

① （明）李维桢：《大泌山房集》卷六九《汪内史家传》，《四库全书存目丛书》第152册，齐鲁书社1997年版，第179页。

② （明）耿定向：《耿天台先生文集》卷一六《儒贾传》，《四库全书存目丛书》第131册，齐鲁书社1997年版，第395页。

③ （同治）《黟县三志》卷一五《艺文·人物》，清同治九年刊本。

④ （清）钱泳：《履园丛话》卷五《嘉定钱氏两先生传》，孟斐校点，上海古籍出版社2012年版，第84页。

点，具有传奇色彩，但实际上是受乾嘉汉学影响的结果。

邵成正，"少屡空，日不能谋两餐"，以卖蒲扇为业。日游于街市之中，夜则读书于室。弱冠后，更博览典籍。时值《康熙字典》修成，花三个月时间通读一遍，对其内容掌握精熟，凡遇"文词幽奥"，即繁难生僻字词，如"狼牔、鼳金"等，"夜中亦识"。于是，声誉鹊起，"方闻缀学之士咨问者盈庭"。有时，造访客人造奇字故意相难，"写耄字示之，先生曰：'此字六书所不载，惟我能识，一手捏两口，当为亨鼻涕之亨字。'其善诙谐如是。'"① 从上段史料看，邵成正生活于清朝鼎盛的康熙时期，他不但勤于读书，识字极多，而且，还对汉字构造法有一定的了解，粗通汉文字学。

周如松，字茂之，山西安邑县人。其父经商河南，被土豪凌侮，气愤已极。遂前往河南，诉讼官府，卒以得直，出了一口冤气。后经理醝务，兼工翰墨。河东观察升泰，尝命之为公裕会馆戏台作对联一副，他写的是："听戏者留神，将家国盛衰缘由明告你；传奇也有意，演古今忠义结果暗规人。"又作"看棚"一联，云："驻足且看，看载治乱，知兴衰忠义，心传标重望；低头试想，想寓褒贬，别善恶，春秋笔法不轻饶。"② 两副对联皆对仗工整，寓意深刻，时人称善。其学问在经商前固然有很好的基础，但在其经商后，留意文史亦是重要因素。

吕鸿章，字符音，亦山西安邑人，少孤家贫，弃学经商。然善书法，尤工草书，时称"草圣"。"爱之者见所书，辄取去"。在书法上，有较高造诣，其作品为人们所喜爱，供不应求。又尝建园一座，种植菊花一百数十种于其中，"高下次篱，分别题咏，久而成帙，签曰：《东篱俚语》"③。颇

---

① （清）独逸窝退士：《笑笑录》卷五，武铭点校，浙江古籍出版社 1985 年版，第 164 页。
② （民国）《安邑县志》卷一〇《乡贤录下·文儒》，载《明清晋商资料选编》，山西人民出版社 1989 年版。
③ （民国）《安邑县志》卷一〇《乡贤录下·艺术》，载《明清晋商资料选编》，山西人民出版社 1989 年版。

有诗人的雅兴和才情，咏菊诗装帙成册。遗憾的是，其咏菊诗篇现已无从见到，但从其艺术修养推测，应不乏隽永之句。吕鸿章少时失怙，家庭贫困，无力上学，不得已从商，其书学、诗学修养应得自经商余暇的勤苦钻研、练习。

周家禾，以卖米为业。每天清晨至中午这段时光，在店中做生意，一过中午，即关闭店门，登小楼读书。商、读结合，两不相废，养成了较高的文化素质："工诗好客，与朱彝尊、李良年、钟渊映比邻相善，诗酒往来无虚日。"① 朱彝尊、李良年、钟渊映何许人也？三位都是浙江秀水（今嘉兴）人。朱彝尊（1629—1709），号竹垞，清代词人、学者、藏书家。康熙十八年（1679），举博学鸿词科，授翰林院检讨；康熙二十二年（1683），入直南书房，博通经史，著有《曝书亭集》《经义考》《日下旧闻》等。李良年（1635—1694），工诗词，著有《秋锦山房集》；钟渊映，少好学，熟于诸史，所为诗文，横绝时人，著有《历代建元考》《信志堂遗诗》等，卒年三十。此三人为当时名流学者，学富五车。周家禾能与之诗酒往还唱和，说明周家禾在士人中的地位是很高的，的确不负"工诗"的美名。

钱景开，吴兴书商，曾在虎丘半塘开一书铺。此人"能诗，尤好狭邪"，喜欢逛妓院。凡其所至花街柳巷，"莫不经其品题甲乙，多有赠句"。经30年的积累，编成一集，命名为《梦云小稿》。尝曰："苟有余资，必为付刻，可以记吴中风俗之盛衰也。"袁枚简斋先生每至虎丘，辄邀景开为密友，戏谑地称景开为"小姐班头"。推断他俩应为同好。有一天，钱泳在袁枚所设筵席上，与钱景开不期而遇，景开赠钱泳以诗，云："把酒挑情日又斜，酒酣就卧美人家。年年只学梁间燕，飞去飞来护落花。"袁枚见诗，拊掌大笑曰："此真小姐班头诗也。"② 袁枚（1716—1798），字子

---

① （清）王应奎：《柳南随笔》卷四，以柔点校，上海古籍出版社2012年版，第47页。
② （清）钱泳：《履园丛话》卷二一《笑柄》，孟斐校点，上海古籍出版社2012年版，第370页。

才，号简斋，钱塘（今杭州）人。乾隆四年（1739）进士出身，历任溧水、江宁、江浦、沭阳县令。清代诗人、散文家。乾隆十四年（1749），辞官隐居南京小仓山随园，著有《小仓山房文集》《随园诗话》等。钱泳（1759—1844），字立群，号台仙，清江苏金匮（今属无锡）人，游幕南北，见闻广博，工诗词，善书画，著有《履园丛话》《履园谭诗》等。钱景开的诗虽格调不甚高雅，皆为吟风弄月之作，但能得到清朝前期著名的文学家袁枚的嘉许，称其为"小姐班头诗"，说明其诗歌在艺术上有一定的造诣。钱泳在其所著的《履园丛话》一书中，虽是作为笑话记载下的这一则故事，但也从某种程度上反映了商人钱景开席间即兴赋诗、信手拈来的才情和他在士人交游圈中如鱼得水的自得。

唐景煌，本吴门富家阔少，因家道中落，多次出塞，往返沈阳、吴门之间贩卖人参。然旅途间，好为诗歌，著有《出关诗草》。此诗集中，佳作时见，状物抒情怀古，堪称上品者亦复不少。我们下面摘录几首以供欣赏。《出塞》云："驱车出边塞，天地何茫茫。四顾不见人，千里尘沙黄。横视一气中，山海交青苍。北风裂地来，沙砾皆飞扬。严阳盛寒气，白日无晶光。坚冰不可渡，驽马停彷惶。区区衣食事，驱我适远方。自云自南来，浩然思故乡。"[1] 诗人初渡边关，见到的是与江南迥异的自然景象：北风呼啸，裂地而来，尘沙漫漫，杳无人迹。这样的景况使诗人心境悲凉，徘徊傍徨，因而引发了诗人对南国故乡的思恋。出塞的所见所闻，内心世界的凄凉，淋漓尽致地表现了出来。《燕台怀古》云："骑马出远郊，落日天苍皇。经过碣石馆，不见燕昭王。市骏得国士，报齐辟土疆。迨后六国衰，全秦独横强。丹虽寡谋识，激烈志慨慷，脱不披逆鳞，燕亦终沦亡。至今易水上，风色犹悲凉。遥遥建国始，布政流风长。召伯有余烈，吾

---

[1] （清）钱泳：《履园丛话》卷二四《杂纪下·唐竹庄》，孟斐校点，上海古籍出版社 2012 年版，第 438 页。

其思甘棠。"①诗人在夕阳西下，暮色朦胧的黄昏时节，骑马漫游，走至远郊。在经过碣石馆的时候，物旧人空，触发了对燕国兴亡的感慨。燕昭王招纳贤才，燕国得以强盛。战国末期，秦国独强，太子丹为挽救燕国危亡，使荆轲刺秦王，虽未能挽救燕国灭亡的命运，但此举慷慨悲壮，以至今天哗哗流淌的易水，易水上萧萧的风声，仍在讲述着这个感人的故事。此诗皆为五言，直接汉魏，怀古咏史，笔力沉雄，非那些只知子曰，流连花前月下，偷香窃玉的白面书生所能手创。还有几首诗也做得很好。《登澄海楼》云："到此长城尽，洪波入杳冥。百蛮分岛屿，一气混空青。故土思南国，高楼俯北溟。何当趁风色，万里独扬舲。"②《度凄惶岭至山海关望长城》云："策马岭云高，关门倚石牢。千峰蟠朔漠，一线走临洮。楼角侵边色，城根撼海涛。每怀今古事，不尽水滔滔。"③《宵征》云："肃肃戒征鞍，苍苍夜色阑。草枯风力劲，林静月光寒。边柝宵争发，霜钟晓未残。关心长路客，于役敢求安。"④《途中寒食》云："寒食青山下，莺花客路稀。云阴低古戍，柳色上征衣。墟落新烟起，溪桥夕照微。那堪逢令节，游子未忘归。"⑤《登泰山》云："灵镇东邦望秩崇，岩岩岱岳荷神功。阴阳混合三元上，齐鲁青苍一气中。碣石烟横霄汉紫，扶桑日曜海涛红。蓬莱宫阙分明近，抗手群仙欲御风。"⑥《山海关》云："雄关特立势嶙

---

① （清）钱泳：《履园丛话》卷二四《杂纪下·唐竹庄》，孟斐校点，上海古籍出版社2012年版，第438页。
② （清）钱泳：《履园丛话》卷二四《杂纪下·唐竹庄》，孟斐校点，上海古籍出版社2012年版，第438页。
③ （清）钱泳：《履园丛话》卷二四《杂纪下·唐竹庄》，孟斐校点，上海古籍出版社2012年版，第438页。
④ （清）钱泳：《履园丛话》卷二四《杂纪下·唐竹庄》，孟斐校点，上海古籍出版社2012年版，第439页。
⑤ （清）钱泳：《履园丛话》卷二四《杂纪下·唐竹庄》，孟斐校点，上海古籍出版社2012年版，第439页。
⑥ （清）钱泳：《履园丛话》卷二四《杂纪下·唐竹庄》，孟斐校点，上海古籍出版社2012年版，第439页。

岠，东北封疆此郁蟠。匝地海声腾朔漠，极天山势控辰韩。龙沙积雪三
边白，雁迹风高万里寒。牢落长征豪气在，重来跃马问登坛。"①《吉林感
怀》云："朝朝静对吉林峰，迢递音书意万重。知己向谁寻鲍叔，小人有
母愧茅容。心依羌笛三边月，梦绕江枫夜半钟。乡土不同时物换，一樽浊
酒度严冬。"②上引诸诗不论是五言，还是七言，韵律感皆很强，读来音调
铿锵，朗朗上口，无异一次美的熏陶。钱泳对这些诗歌的评价较高，称其
"皆慷慨激烈之音"，发自肺腑，动人心魄，自然成章，都是真情实感的流
露，可谓至当之论。

　　童子鸣，名佩，世为龙游人。少家贫，不能入塾读书，遂从其父为书
贾，往来吴越间。然喜读书，每出贾乘船，必手持一帙，日夜不辍，其惜
时如金。时间一长，流览益富，学养渐增，"所为诗，风格清越，不失古
音"。他与王世贞交谊甚笃，又尝从归有光问学。王世贞（1526—1590），
字符美，号凤洲，又号弇州山人，明南直隶苏州府太仓州（今江苏太仓
市）人，累官至南京刑部尚书，卒赠太子少保。明代文学家、史学家，著
有《弇山堂别集》《弇州山人四部稿》等。归有光（1507—1571），字熙甫，
号震川，苏州府昆山县人。嘉靖四十四年（1565）进士，历官长兴知县、
顺德通判、南京太仆寺丞等。著有《震川先生集》《三吴水利录》等。后
世称其散文为"明文第一"。归有光对童子鸣的诗歌大加赞赏，称其诗"清
俊可诵"。童子鸣不但作诗有成，对古董也挺在行，"尤善考证书画、金石、
彝敦之属"。为文亦工，喜欢撰述，且一丝不苟。常闭户属草，呕心沥血，
必屡易其稿而后出，"出则使人弹射其疵"，指出不足。因要求甚高，有时
草稿被改得面目全非，"削之不存一字"。改好的稿子，又散置床头，"漫

---

① （清）钱泳：《履园丛话》卷二四《杂纪下·唐竹庄》，孟斐校点，上海古籍出版社 2012
　　年版，第 439 页。

② （清）钱泳：《履园丛话》卷二四《杂纪下·唐竹庄》，孟斐校点，上海古籍出版社 2012
　　年版，第 439 页。

不甲乙，鱼蠹虫啮之略尽"，"敝帚弃之勿恤"，毫不爱惜自己的劳动成果。因此，其诗文所存不多，后经秦汝操、秦汝立、朱在明、安茂乡、黄清辅诸人辛勤校订，得诗四卷，文二卷，合为《童子鸣集》，刊刻行世。①

胡春帆，名际瑶，字美堂，嘉道时黔县人，自曾祖创业江右，传至春帆已有四代，一直兴盛不衰。春帆虽承袭父业经商，然能明诗书大义。每舟车往返，必载书箧自随。遇山水名胜之区，"或吟诗，或作画以寄兴，著有《浪谈斋诗稿》一册。又工笛善音律，饶有雅人深致"②，具有多方面的才能。

郑作，字直述，号方山子，嘉靖歙县人。"尝读书方山中，已弃去为商，挟束书弄扁舟，孤琴短剑，往来梁间"，一派侠士风度。他玩世轻物，"见王公大人不问新故便长揖抗礼"，以致多招物议，认为其桀傲不驯，"然奇特之流，顾乐与之游，未始不假容优遇之者"，就是看不惯那些装腔作势的贵族官僚。"其为诗，才敏兴速，援笔辄成。人难之曰：汝诗能十乎？郑生辄十。汝能二十乎？郑生辄又十。然率易弗精也。空同子每抑之曰：不精不取。郑生乃兀坐沉思炼句证体，亦往往入格，然对他人则又率易如此。故其诗数千百篇，择而集者二百余耳。"③空同子，即李梦阳（1473—1530），祖籍河南扶沟，弘治七年（1494）进士，历官户部主事、郎中等，仕途不畅。工书法，精通古文词，明代文学家，倡导"文必秦汉，诗必唐宋"，为明代"前七子"之首。方山子与之交游，并得到了他的指教。但从这段材料看，方山子虽才思敏捷，天资较高，但李梦阳的指导未能提高他诗歌创作水平。这也许与方山子的性格有关吧，他作诗不假思索，率易成篇，精品甚少。不过，不能否定其诗歌创作方面的潜能。

---

① （民国）《龙游县志》卷一八《人物传》，民国十四年铅印本。
② （同治）《黟县三志》卷一五《艺文·人物类》，清同治九年刊本。
③ （明）李梦阳：《空同集》卷五一《方山子集序》，《文渊阁四库全书》第1262册，台湾商务印书馆1985年版，第472页。

二、研习自然科学

　　明清商人在经商余暇对自然科学也多所瞩目，且涉及多门属于自然科学的学科，特别是在地理学、算学、医学等领域不乏造诣很高的商人。如在交通地理学方面，出于经商远行的需要，明清商人编纂的介绍明清交通的书籍不下数十种，明黄汴的《一统路程图记》8 卷；余象斗编《万用止宗》43 卷；陶承庆编《商程一览》2 卷；余曾瀛编《万卷星罗》36 卷；龙阳子编《万用正宗不求人全编》35 卷；壮游子编《水陆路程》8 卷；程春宇编《士商类要》4 卷；李晋德编《商客一览醒迷天下水陆路程》上册不分卷，下册水陆路程 8 卷；萧亦璋编《天下水陆路程新编》2 卷；壮游子编《士商要览》3 卷；戴士奇编《路程要览》2 卷等。清佚名编《周行备览》3 卷；陈其楫编《天下路程》3 卷；赖盛运编《示我周示》(闽中碧溪鹤和堂刻本)卷；苏州求放心斋编《示我周示》6 卷；吴中孚编《商贾便览》8 卷等。这些著作，有的专论交通路线和水陆路行程，有的其中编有商贾须知和经营经验等，内容庞杂，是明清商人的商用百科全书。

　　在明清商人中还涌现出了不少精通算学的商人算学家。张四教(1530—1584)，字子淑，别号历盘，蒲州人。年仅 16 岁，即服贾远游，"历汴泗，涉江淮，南及姑苏、吴兴之境，诸所经纪废居咸出意表。"可以说，是一位成功的商人。他还长于算学，"尤精九章算术，凡方田、粟布、勾股、商分等法，廪中有白首不得肯綮者"，"皆按籍妙解，不由师授"。[1]可见，张四教的算学修养得自于在实践中的摸索、总结，来自于经商之余的勤奋自学，非由师授。

---

[1]　(明)张四维：《条麓堂集》卷二八《明威将军龙虎卫指挥佥事三弟子淑墓志铭》，张志江点校，上海古籍出版社 2018 年版，第 771—772 页。

程大位（1533—1606），字汝思，号宾渠，安徽休宁县率口（今安徽屯溪市）人，以经商为业。"他自幼颖敏，尤长于算学。60岁时，写成《直指算法统宗》。之后，又对《算法统宗》删其繁芜，揭集要领，编成《算法纂要》四卷。此书畅销全国，并先后传到朝鲜、日本及东南亚各地区，奠定了他在数学史上的地位。"[1] 书中记述了珠算理论和方法，还包括方田、商功、方程、勾股等内容。

王文素，字尚彬，山西汾州（今汾阳）人，生于1465年，卒年不详，约生活在成化至嘉靖初年。明成化年间，随父亲王林经商直隶（今河北）真定府饶阳，遂定居于此。王文素自幼聪慧，涉猎群籍，诸子百家无所不知，尤长于算学。在重人文轻技艺的文化氛围中，他大声疾呼，对于算学，不可以"六艺之末而忽之"。他留心算学，收集宋代杨辉、明代杜文高、夏源泽诸家的算书，手不释卷，"历将诸籍所载题术，逐一深探，远细论研，惟其所当述者，误者改之，繁者删之，缺者补之，断者续之；复增乘除图，草定位式样，开方演算，捷径成术，编为拙歌，注以俗解"[2]。王文素对以前的算学成就广泛吸收，但不生吞活剥，而是去粗取精，去伪存真，将其发扬光大，提出自己的创见，并将研究的最新成果，编成通俗的歌谣，以便为一般大众所掌握。王文素在算学的多彩园地中，辛勤耕耘30余年，终于结成硕果。在其年届六旬的时候，编成《新集通证古今算学宝鉴》，全书42卷，203条，317诀，1267问，分计12册。是书内容广博，既包括珠算理论和方法的论述，又有求征方田之法，求证高度之法，求证堤坝之法等涉及近代数学的内容。网罗宏富，是我国科技史上的杰作。

在明清商人中，医技精湛、医德高尚的商人医生也不乏见。梁玉成，

---

①　张正明、高春平：《晋商王文素及其〈新集通证古今算学宝鉴〉》，《晋阳学刊》1994年第1期。

②　张正明、高春平：《晋商王文素及其〈新集通证古今算学宝鉴〉》，《晋阳学刊》1994年第1期。

字恕堂，清道光时广东顺德麦村人。在其父亲梁国雄时，举家迁居佛山。到他这一代，兄弟三个。玉成先事儒业，后"弃儒就骘商，业大起"。"素精岐黄术，辑经验医方二十余卷，曰《良方类钞》"，命其子梁九图梓行疗世。①

吴时起，与汪道昆有亲戚关系，汪称之为吴氏叔。时起"居贾兰溪"，贾暇，喜读史，涉猎古今。后因感医学实用，废史攻医，刻苦自励。搜罗医方朝夕诵读，即使在寒冷的冬夜，亦不稍辍，秉烛研习医理。"冬夜拥一被，手和药丸，口读书不辍。"不仅如此，能虚心求教，拜师问疑。"江文学民莹自儒入医，所著方书盈笥。叔东向坐，民莹不旬月悉笔授之。"勤奋钻研，虚心向学，使其医学修养大进，有名当时。"叔入都市，乡大夫争致叔，一以上客客之"；在故里，"郡中病者日以安车迎叔，我相击也。"②从人们对他的崇敬看，无疑他是一名医术高明的医生。

三、收藏书画，迷恋古物

热衷书画，善爱古物，这本是士大夫的雅趣。但在明清商人中，乐此不疲者颇为常见。如张冲，明代人，祖籍凤阳，其先世自凤阳徙金陵，后又从金陵迁居吴中，为当地望族。他兄弟四人，伯、叔有治生之才，为使仲、季能专心经术，遂"弃之贾"。叔即张冲，经商有道，大廓家产，赀财"至倾郡邑"，成为巨富。他在积累了可观的财富后，即广蓄图书古玩，"家所蓄三代敦鼎尊彝古图书籍器玩，即伐称膏华者莫敢抗"③。

---

① （民国）《顺德县志》卷一七《列传》，民国十八年刻本。

② （明）汪道昆：《太函集》卷五三《处士云溪吴公墓志铭》，胡益民、余国庆点校，黄山书社2004年版，第1122页。

③ （明）王世贞：《弇州山人续稿》卷一〇九《张幼于生志》，上海古籍出版社1993年版。

马曰琯，清雍正时人，本籍祁门，因业鹾扬州，遂家于此，是两淮的一位大盐商。但平生勤学好客，"一时宿儒名士造庐无虚日，酷爱典籍，有未见书必重价购之"。其所居小玲珑山馆，有看山楼、红药阶、七峰草堂、丛书楼诸胜景，"为藏书燕集之地"。其中，丛书楼"所藏书画碑牌甲于江北"。乾隆三十八年（1773），清廷着手编纂《四库全书》，下令搜访天下遗书。这时，马曰琯已经仙逝，其家人遵旨"恭进藏书可备采用者至七百七十六种"。乾隆降旨褒美，"并蒙御题所进诗一首，赐《古今图书集成》一部，又赐平定伊犁金川诗，并得胜图"①。可见藏书之富。

鲍廷博，歙县人，大致与马曰琯是同一时代的人。"少习会计，流寓浙中，因家焉。以治坊为业，而喜读书，载籍极博。"乾隆三十八年，下诏访求天下遗书，"廷博独得三百余种，赍浙江学政王杰上进，奉旨以内府所刻《图书集成》一部赐廷博，乡里荣之"②。这方面的记载很多，我们只是从众多史料中信手拈来两条。确实，明清商人藏书极富，说他们是明清藏书家之重镇也不为过。

四、与士人交游

士、农、工、商中的士，曾为四民之首，位居社会的最高等级。但到明清时期，士的地位有所下降，有的甚至穷困潦倒，而商人的地位则有所上升，常常予以生活上的接济，并为其刻印书籍。

---

① （清）马步蟾纂修：道光《徽州府志》卷一一《人物志·文苑》，据清道光七年刻本影印，《中国地方志集成·安徽府县志辑》第49册，江苏古籍出版社1998年版，第339页。
② （清）钱泳：《履园丛话》卷六《耆旧·渌饮先生》，孟斐校点，上海古籍出版社2012年版，第113页。

程于行，明代徽州人，"十龄废书"，从游商贾，"善握算，摘隐知豫，惊其老辈"，有杰出的经商才能。但"不肯尽竟之，曰：'我不欲赢于人而畸于天'。以故率不能当大豪"，未能晋升大贾之列。然"笃好词翰与古文佳石、三代鼎彝之器，焚香而啜茗"，一派儒雅气象，有士大夫之风，并好礼文士，对贫乏的文人伸出援助之手。王世贞的朋友俞仲蔚，文行重于天下，才高学富，然"其所居约甚"。程于行朝夕谨事，"损橐而投金与粟"，常常资助这位命运坎坷的文士。仲蔚卒后，遗稿千余篇，无人将之付梓，其子患眼疾目盲，有心无力，只有抱着父亲的遗稿哭泣终日。程于行为不使俞仲蔚一生的心血泯灭失传，"遂倾一岁入，授良以刻"。刻成后，请王世贞为之作序，序成，程于行亦病死①。直到生命的最后一程，他还在为文化事业奔波忙碌！

黄晟，清代歙县潭渡人，兄弟四个，寓居扬州，皆以盐策起家。黄晟家建有易园，刻《太平广记》《三才图会》诸书；其弟黄履暹，"家有十间房花园，延苏医叶天士于其家，与王晋三、杨天池、黄瑞云诸人考订药性，于倚山旁开青芝堂药铺，城中疾病赖之，刻《圣济总录》，又为天士刻《叶氏指南》"②。

马日琯在这方面则堪称典范，当时许多名流学者都曾受其资助，其书亦赖马日琯出资梓行，流传于世。朱彝尊，浙江秀水人，举博学鸿词科，授检讨，"著《经义考》，马秋玉为之刊于扬州"③。全祖望，浙江鄞县人，"工诗文，举博学鸿词，官庶常，在扬州与主政友善，寓小玲珑山馆，得恶疾，主政出千金为之励医师"④。姚世钰，吴兴人，"以贫困授徒江都，

---

① （明）王世贞：《弇州山人续稿》卷九八《程于行墓志铭》，上海古籍出版社1993年版。
② 石国柱修，许承尧纂：(民国)《歙县志》卷九《人物志·义行》，民国二十六年铅印本。
③ （清）李斗：《扬州画舫录》卷一〇《虹桥录上》，周春东注，山东友谊出版社2001年版，第280页。
④ （清）李斗：《扬州画舫录》卷四《新城北录中》，周春东注，山东友谊出版社2001年版，第111页。

与陈章同举博学鸿词，时又谓之陈姚。后世钰客死扬州，马氏为之经纪其丧，刻其《莲花庄集》"①。厉鹗，清杭州人，"来扬州主马氏，工诗词及元人散曲，举博学鸿词"，著有《辽史拾遗》《宋诗纪事》《南宋杂事诗》《东城杂记》《南宋院画录》《湖船录》《樊榭山房诗词集》。年届六十，尚无子嗣，"主政为之割宅蓄婢。后死于乡，讣至，为位于行庵祭之"②。唐建中，有诗文集，"后死于行庵，口念西园不置，主政厚赙以归其丧"③。马曰琯除了资助上述文人，替其出书外，还校刊了多种书籍。同治《祁门县志》卷三〇说："尝以千金为朱彝尊刻《经义考》，又校刊《许氏说文》《玉篇》《广韵》《字鉴》等书。"④马曰琯资助过的文士，有些是清代学术史上的重要人物，刊刻的大部分书籍均在中国学术史上占有重要的地位。马曰琯虽为盐商，但浸透其骨髓的，是对文化的热爱，又因其慧眼识珠，对清代学术，乃至中国学术史作出过重大贡献。言清代学术史，切不可淡忘这位学者型的巨商。

五、捐资办学

学校是培养人才的地方，是人们摆脱蒙昧，迈入智慧殿堂的跳板。因此，一个民族、国家的民众素质系之。明清商人局限于历史时代，不可能

---

① （清）李斗：《扬州画舫录》卷四《新城北录中》，周春东注，山东友谊出版社 2001 年版，第 112—113 页。

② （清）李斗：《扬州画舫录》卷四《新城北录中》，周春东注，山东友谊出版社 2001 年版，第 109—110 页。

③ （清）李斗：《扬州画舫录》卷四《新城北录中》，周春东注，山东友谊出版社 2001 年版，第 109 页。

④ （同治）《祁门县志》卷三〇《人物志·义行》，清同治十二年刻本。

达到这样的认识高度，但设义学、建书院等义无反顾的行动，也显示他们对文化教育极度重视。

潜虬山人，明代歙县人。少时商于宋梁间，"弗与豪势交"，根据市场供求关系的变化，物品价格的涨落，及时购销商品，获得丰厚的商业利润，成为大富商。儿子出生后，家庭香火有继，遂弃商归隐潜虬山，"于山间，构潜虬书院，以馆四方交游暨来学者，而收训其族子弟于中"①，所费不赀。

鲍志道，清歙县棠越人，"幼习儒业，以家贫就盐策"，有独行君子之风。"捐银八千两，增置城南紫阳书院膏火；偕曹文敏公倡复古紫阳书院，出三千金以落成之。"复于歙县设置义学，"歙人感其德，祔祀紫阳书院卫道斋"②，赢得当地百姓的衷心爱戴。

江蕃，清歙县江村人。"治磋广陵，尝修宗祠，设义学。"③汤永懿，清黟县人。先世服农，耕读传家。后因"食贫"，放弃传统的谋生方式，经商祁门。经商所得，部分用于办学，"造松山书屋，为族人肄业"；复捐资设义学④。舒遵刚，清道光黟县人。14岁即开始习商，年未三十而大富。贾于江西饶州，倡修朱文公书院。⑤黄锡时，清雍正同安县人。因家贫，弃举子业，货殖四方，家境渐饶。然天性好施，"慕范文正义田遗规，捐千金，置产宗祠，以资族之读书、孤寡无所赖者；其族人黄涛，方建华圃书院，锡时念院中膏火不敷，先后共捐七百余金，以资生息，为经久计。而土木之兴，实董其役，寒暑不辍者三年。工竣，积瘁而卒，

---

① （明）李梦阳：《空同集》卷四八《潜虬山人记》，《文渊阁四库全书》第 1262 册，台湾商务印书馆 1985 年版，第 446 页。

② （清）劳逢源、沈伯棠等：(道光)《歙县志》卷八之八《人物志·义行》，道光八年刊本影印，《中国方志丛书·华中地方》第 714 号，成文出版社有限公司 1984 年版，第 1285 页。

③ （清）劳逢源、沈伯棠等：《歙县志》卷八之八《人物志·义行》，第 1251—1252 页。

④ （清）谢永泰修，程鸿诏纂：(同治)《黟县三志》卷七《人物·尚义》，清同治九年刊本。

⑤ （清）吴坤修，何绍基纂：(光绪)《重修安徽通志》卷二五一《人物志·义行》，清光绪四年刻本。

年六十九。"① 为华圃书院的建成，积劳成疾，付出了生命的代价。秦魁炎，清永济县上阳村人。少壮业商，但对小学，即文字学特别喜好，"尝于村东购麻谷废寺，创立书院，名曰：'归儒'。"② 张映斗，清猗氏县人。好读书，因家贫，服贾翼城，遂致殷阜。于是，"延名师教子侄，入庠食饩者踵接"。除了投资教育自己的子侄外，还资助寒微士子，凡"邑中士子有寒素者，给笔资劝勿辍业"③。潘启，清福建漳州人，生于康熙五十三年 (1714)，"少有志，知书，长怀远略，习商贾；及壮，由闽到粤，通外国语言文字"。曾到吕宋贩丝运茶，往返数次，积有余资，即"寄店粤省，请旨开张同文洋行"，从事中西贸易。"当时海舶初通，洋商以公精西语，兼真诚，极为钦重，是以同文洋行商务冠于一时"，生意兴隆，积聚了非常可观的资金。富裕以后的潘启，鉴于当时"粤垣文风尚未兴盛"的局势，重视广东的文教事业，"合同志数人在西关创立文澜书院，延聘学行之士主讲。由是，文风丕著，冠于全粤。"④ 对于广东地区文化教育的发展作出了贡献。例子还有很多，可以说是不胜枚举。可惜的是，由于工程浩大，难以对明清商人建立的书院、义学得出一个准确的统计数据。但这些记载可以使我们明确，捐资办学、关心教育是明清商人休闲生活方式的构成之一。

六、追求美衣美食，流连豪宅园林

追求美衣美食，在大商人的休闲生活方式中较为普遍。这在明清笔

---

① 林学增修，吴锡璜纂：(民国)《同安县志》卷三二《人物录·独行》，民国十八年铅印本。
② (清)李荣和修，张元懋纂：(光绪)《永济县志》卷一三《义行》，清光绪十二年刻本。
③ (清)徐浩修，潘梦龙纂：(光绪)《续猗氏县志》卷上，清光绪六年刻本。
④ 梁嘉彬：《广东十三行考》，国立编译馆 1937 年版，第 261—262 页。

记、小说中有大量的记载，有的甚至不乏渲染的成分。明代嘉靖、隆庆年间，无锡安氏家巨富，甲于江左，号称"安百万"。"最豪于食，尝于宅旁另筑一庄，专豢牲以供膳。子鹅常蓄数千头，日宰三四头充馔，他物称是。或夜半索及，不暇宰，则解鹅一支以应命。食毕，而鹅犹宛转未绝。"① 西门庆是《金瓶梅词话》中描写的明代商人的典型形象，他开生药铺发迹后，肆意挥霍，锦衣玉食。我们撷取其生活的几个片段。《金瓶梅词话》第十回《武二充配孟州道，妻妾宴赏芙蓉亭》："这里武二往孟州充配去不题。且说西门庆打听他上路去了，一块石头方落地，心中如去了痞一般，十分自在。于是家中分付家人来旺、来保、来九兴儿收拾打扫后花园芙容亭干净，叫了一起乐人吹弹歌舞。请大娘子吴月娘、第二李娇儿、第三孟玉楼、第四孙雪娥、第五潘金莲，合家欢喜饮酒，家人媳妇、丫鬟使女，两边侍奉。但见：香焚宝鼎，花插金瓶。器列象州之古玩，帘开合浦之明珠。水晶盘内，高堆火枣交梨；碧玉杯中，满泛琼浆玉液。烹龙肝，炮凤腑，果然下箸了万钱；黑熊掌，紫驼蹄，酒后献来香满座。更有那软红莲香稻，细脍通印子鱼。伊鲂洛鲤，诚然贵似牛羊；龙眼荔枝，信是东南佳味。碾破凤团，白玉瓯中分白浪；斟来琼液，紫金壶内喷清香。毕竟压赛孟尝君，只此敢欺石崇富。"② 西门庆为庆贺武二被发配充军，在芙蓉亭宴赏妻妾，乐人在旁边吹弹歌舞，家人媳妇、丫鬟使女往来穿梭，殷勤侍奉。餐桌上龙肝凤腑，山珍海味，应有尽有，下箸万钱，场面壮观，甚是气派！虽是小说家言，难免有夸张粉饰的成分，但西门庆及家人在饮食上的铺张奢华，由此亦可见一斑。衣饰的华丽也非同寻常，这从西门庆为其六房太太置办换季衣服就可看出。《金瓶梅词话》第五十六回《西门庆周济常时节，应伯爵举荐水秀才》描写道："且说常时节和应伯爵走

---

① （清）王应奎：《柳南随笔》卷三，以柔点校，上海古籍出版社 2012 年版，第 36 页。
② （明）兰陵笑笑生：《金瓶梅词话》第十回《武二充配孟州道，妻妾宴赏芙蓉亭》，人民文学出版社 1985 年版。

到厅上，问知大官人在屋里，欢的坐着。等了好半日，都不见出来。只见门外书童和画童两个抬着一只箱子，都是绫绢衣服，气吁吁走进门来，乱嚷道：'等了这半日，还只得一半。'就厅上歇下。……两人坐着等了一回，西门庆才走出来。……应伯爵道：'方才那一箱衣服，是那里抬来的?'西门庆道：'目下交了秋，大家都要添些秋衣。方才一箱是你大嫂子的，还做不完，才勾一半哩。'常峙节伸着舌道：'六房嫂子，就六箱了，好不费事! 小户人家，一匹布也难得。恁做着许多绫绢衣服，哥果是财主哩!'西门庆和应伯爵都笑起来。"① 秋天换季，西门庆六房太太各一箱绫绢衣服，令市井小民常峙节瞠目结舌。

清代扬州盐商在衣食方面的奢侈消费，更达到无以复加的地步。"初，扬州盐务，竞尚奢丽，一婚嫁丧葬，堂室衣食，衣服舆马，动辄费数十万。有某姓者，每食，庖人备席十数类。临食时，夫妇并坐堂上，侍者抬席置于前，自茶面荤素等色，凡不食者摇其颐，侍者审色则更易其他类。"② 气派豪华，皇宫也不过如此。黄均太，为两淮八大盐商之冠。他每天早晨起来，"饵燕窝，进参汤，更食鸡卵二枚"。黄氏所食之鸡蛋，味极美，"非市上购者可比"。事实上，市场上也无法买到，因为生黄氏所食鸡蛋的母鸡是经过挑选的，且由专人饲养，喂养方法也极其独特，"所饲之食，皆参术耆枣等，研末掺入"，成本很高，一枚鸡蛋价值纹银一两。③

明清商人中的不少人，其闲暇生活不仅追求美衣美食，而且流连豪宅园林。花、庄、李为吴中旧姓，不好为本富，"世以善积著闻"。李家"工殖"已历数代，至明，李忆萱更"精其积著"，"所业机杼之制妙天下"，资产益厚。但李忆萱不好声色服玩，"顾独好治室，崇楼伟阁，薨云栋雾，

---

① （明）兰陵笑笑生：《金瓶梅词话》第五十六回《西门庆周济常时节，应伯爵举荐水秀才》，人民文学出版社 1985 年版。

② （清）李斗：《扬州画舫录》卷六《城北录》，周春东注，山东友谊出版社 2001 年版，第 173 页。

③ （清）易宗夔：《新世说》卷七《汰侈第三十》，上海古籍出版社 1982 年版。

便房曲廊，九折百迷"。王世贞"尝一游居室，至移暑不可遍"①。李家可谓是甲第连云，极其宏敞。

程钟，字在山，清吴县人，世居苏州枫桥，他父亲"本大贾"。程钟天性沉静，好读书，对家庭经济状况从不过问。曾参加科举考试，不幸未中，即以诗歌自娱。父殁，"料检记籍，知频年折阅多负，悉弃所居货以偿，不足，并弃其居"。但尚留有园林一处："旧有园，在西碛山下，有九峰草庐、清晖阁、寒香泉、钓雪槎、绿藻亭、腾啸公诸胜，钟移家园中，名之曰：'逸园'，终日吟眺。"②可见，其父在世时，所置宅第园林之广。

京师祝氏，以卖米为业。"自明代起家，富逾王侯，其家屋宇至千余间，园亭环丽，人游十日，未竟其居。"③游览十日，尚未尽观。或许未免夸张，然已足见其大。

薛之桐，临安人，"世居陋巷，贸易起家，售一旧宅，后有园林，绿叶扶疏，清荫蔽覆，夏月纳凉，颇得佳趣。"④

张允龄，字伯延，号峒川，明山西蒲州人。幼失怙，长即经商远游，西度张掖、酒泉，南循淮泗，渡江入吴，溯江汉，上夔峡，往来楚蜀。在外20年，足迹半天下。晚年，思乡情浓，归蒲州养老。"治别墅州城东十里之孟盟桥，凿池疏圃，结宇其中，杂植花卉"⑤。

蒲松龄《聊斋志异》中也描写了一位和尚在师父去世后，经营商业致

---

① （明）王世贞：《弇州山人续稿》卷三九《寿忆萱李翁七十序》，上海古籍出版社1993年版。

② （同治）《苏州府志》卷八三《人物十》，清光绪九年刊本。

③ （清）昭梿：《啸亭杂录·续录》卷二《本朝富民之多》，中华书局1980年版，第434页。

④ （清）憪讷居士：《咫闻录》卷八《薛之桐》，陶勇点校，重庆出版社1999年版，第176页。

⑤ （明）张四维：《条麓堂集》卷三〇《先考封光禄大夫柱国少师兼太子太师吏部尚书中极殿大学士峒川府君行状》，张志江点校，上海古籍出版社2018年版，第807页。

富，而大起宅第的故事："金和尚，诸城人，父无赖，以数百钱鬻子玉莲山寺。少顽钝，不能肆清业，牧猪赶市，若佣保。后本师死，稍有遗金，卷怀离寺，作负贩去。饮羊、登垅，计最工。数年暴富，买田宅于水坡里。弟子繁有徒，食指日千计，绕里膏田千亩。里中起第数十处。"不仅所建宅第数量众多，而且装饰精美，金碧辉煌，"梁楹节棁，绘金碧，射人眼"①。

两淮盐商所建的园亭别墅更是恢宏壮丽，独领风骚。亢氏，山西平阳人，为雍乾间两淮一大盐商，其富闻名天下。在家乡建有亢家园，"园长十里，树石池台，幽浑如画，间有婢媵出窥，皆吴中装束也"。其游园如此，所居宅第亦甚宏大，"雍正末，所居火"。大火延烧 17 昼夜不灭。②在扬州小秦淮，也构造亢园，"亢氏构园城阴，长里许，自头敌台起，至四敌台止，临河造屋一百间，主人呼为'百间房'"③。

郑氏，歙县长龄村人，迁居扬州，以盐业起家。兄弟四人皆有园林。"元嗣，字长吉，构有五亩之宅，二亩之间及王氏园；超宗有影园；赞可有嘉树园；士介有休园。于是，兄弟以园林相竞矣！"④

江春园亭别墅极多。"居南河下街，建随月读书楼。……于对门为秋声馆。……徐宁门外鸎隙地以较射，人称为江家箭道，增构亭榭池沼、药栏花径，名曰水南花墅。……东乡构别墅，谓之深庄。……北庄构别墅，即是园（按：江园）。……家与康山比邻，遂构康山草堂。……又于重宁

---

① （清）蒲松龄：《聊斋志异》卷七《金和尚》，张式铭标点，岳麓书社 1988 年版，第 319 页。

② （清）梁敬叔：《池上草堂笔记·劝戒近录》卷三《季亢二家》，台北新文丰出版公司 1979 年版。

③ （清）李斗：《扬州画舫录》卷九《小秦淮录》，周春东注，山东友谊出版社 2001 年版，第 238 页。

④ （清）李斗：《扬州画舫录》卷八《城西录》，周春东注，山东友谊出版社 2001 年版，第 212 页。

寺旁建东园，凡此皆称名胜。"①

徐赞侯，歙县人，"业鹾扬州，与程泽弓、汪令闻齐名。家南河下街，与康山草堂比邻。有晴庄、墨耕学圃、交翠林诸胜。"②

由上可见，两淮盐商所建的园林别墅多集中于扬州，真可谓星罗棋布。由于他们手握巨资，讲究建筑艺术，大多构筑精巧。黄氏兄弟好构名园，"尝以千金购得秘书一卷，为制造宫室之法。故每一造作，虽淹博之才，亦不能考其所从出。"③ 王履泰、尉济美构造园亭"皆用档子法，其法京师多用之，南北省人非熟习内府工程者莫能为此。"④ 徐赞侯的水竹居，"园中杉木对联，仿斜塘杨汇髹枪金法，以墨漆为地，针刻字画，傅以金箔，光彩异艳。"⑤ 汪山南园内，有九峰。乾隆二十六年（1761），"得太湖石九于江南，大者逾丈，小者及寻，玲珑嵌空，窍穴千百，众夫辇至。……以二峰置'海桐书屋'，二峰置'澄空宇'，一峰置'一片南湖'，三峰置'玉玲珑馆'，一峰置'雨花庵'屋角。"⑥ 乾隆赐名为九峰园。难怪钱泳说："造屋之工，当以扬州为第一。如作文有变换，无雷同，虽数间小筑，必使门窗轩豁，曲折得宜，此苏、杭工匠断断不能也。"⑦

---

① （清）李斗：《扬州画舫录》卷一二《桥东录》，周春东注，山东友谊出版社 2001 年版，第 323 页。

② （清）李斗：《扬州画舫录》卷一四《冈东录》，周春东注，山东友谊出版社 2001 年版，第 385—386 页。

③ （清）李斗：《扬州画舫录》卷一二《桥东录》，周春东注，山东友谊出版社 2001 年版，第 331 页。

④ （清）李斗：《扬州画舫录》卷二《草河录下》，周春东注，山东友谊出版社 2001 年版，第 63 页。

⑤ （清）李斗：《扬州画舫录》卷一四《冈东录》，周春东注，山东友谊出版社 2001 年版，第 380 页。

⑥ （清）李斗：《扬州画舫录》卷七《城南录》，周春东注，山东友谊出版社 2001 年版，第 196 页。

⑦ （清）钱泳：《履园丛话》卷一二《艺能·营造》，孟斐校点，上海古籍出版社 2012 年版，第 326 页。

富商大贾在宅第、园林方面的豪华追求，在商人中起到了示范作用，一些中等商人财力虽不很充裕，但也争相仿效。如嘉定人张丈山，"以贸迁为业，产不逾中人，而雅好园圃。邻家有小园，欲借以宴客，主人不许，张恚甚，乃重价买城南隙地筑为园，费至万余金，署曰：'平芜馆'。知县吴盘斋为作记。遂大开园门，听人来游，日以千计。张谓人曰：'吾治此园，将与邦人共之，不若邻家某之小量也。'"①可见，中等商人在大建园林亭台方面也颇感兴趣，只是因为财力有限，不太多见。

七、喜好音乐、戏曲

音乐、戏曲是人们喜闻乐见的艺术形式，它寓教于乐，陶冶性情，并有松弛身心，排遣烦闷的功效，也是明清商人较为普遍的休闲生活方式。我们在阅读《金瓶梅词话》的时候，常见西门庆聘请乐人来家弹唱。到清代，记载这方面内容的材料，则更为多见。如：顺治、康熙年间的大户季家，供养有专门从事歌舞的艺人，即女乐，耗资巨大，仅服饰一项就价值百万："顺康之时，海内富室以季姓为最，季氏居季家市，族人三百余家，皆有复道门户可通，每夜击柝巡行者，至六十余人。蓄女乐两部，服饰至值百万。"②另有王氏，"初为市贩弄童，后以市帛起家，筑室万间，招集优伶，耽于声色。"③

两淮盐商更是蓄养了规模较大的戏班，许多演技高超的艺人都被征

① （清）钱泳：《履园丛话》卷二〇《园林·平芜馆》，孟斐校点，上海古籍出版社 2012 年版，第 539 页。
② （清）易宗夔：《新世说》卷七《汰侈第三十》，上海古籍出版社 1982 年版。
③ （清）昭梿：《啸亭续录》卷二《本朝富民之多》，中华书局 1980 年版，第 434 页。

聘在内。亢氏家的戏班子能排演清初剧作家洪昇的《长生殿》："康熙中，《长生殿》曲本初出，亢氏家伶即能演之。器用衣饰，费镪四十余万。"①除亢氏外，其他盐务巨商大都养有戏班。《扬州画舫录》载："两淮盐务，例蓄花、雅两部，以备大戏。雅部即昆山腔；花部为京腔、秦腔、弋阳腔、梆子腔、罗罗腔、二簧调，统谓之乱弹。昆腔之胜，始于商人徐尚志，征苏州名优为老徐班，而黄元德、张大安、汪启源、程谦德各有班，洪充实为大洪班，江广达为德音班，复征花部为春台班。自是，德音班为内江班，春台为外江班。今内江班归洪箴远，外江班隶罗荣泰，此谓之内班，所以备演大戏也。"②当时，扬州戏曲以昆腔为上，称雅部，乱弹次之，本地乱弹为下。盐商内班即家内戏班，大抵为昆腔。在盐商的戏班内，荟萃了许多名优佳伶。如"小生陈云九，年九十，演《彩毫记》'吟诗脱靴'一出，风流横溢。……后入洪班"③。《彩毫记》是一本什么样的剧作呢？此戏曲共42出，是明代士人屠隆（1542—1605）根据《旧唐书》中的《李白传》演绎而成的。陈云九演李白醉酒，让高力士为其脱鞋这一出戏，出神入化。谢寿子，"扮花鼓妇，音节凄婉，令人神醉"④；郝天秀，字晓风，"柔媚动人"⑤。他们俩在江鹤亭建春台班时被征聘。四川的魏三儿，被鹤亭征入江内班，"演戏一出，赠以千金"⑥。江春的春台班、

---

① （清）李孟符：《春冰室野乘·国初富室》，张继红点校，山西古籍出版社1995年版，第188页。

② （清）李斗：《扬州画舫录》卷五《新城北录下》，周春东注，山东友谊出版社2001年版，第131页。

③ （清）李斗：《扬州画舫录》卷五《新城北录下》，周春东注，山东友谊出版社2001年版，第146页。

④ （清）李斗：《扬州画舫录》卷五《新城北录下》，周春东注，山东友谊出版社2001年版，第155页。

⑤ （清）李斗：《扬州画舫录》卷五《新城北录下》，周春东注，山东友谊出版社2001年版，第155页。

⑥ （清）李斗：《扬州画舫录》卷五《新城北录下》，周春东注，山东友谊出版社2001年版，第156页。

德音班，"仅供商人家宴，亦每年开销三万两"①。汪石公，为两淮八大盐商之一，他去世后，内外诸事均由其孀妇主持，人称汪太太。她门下食客很多，有求于她者，咸如愿以偿。家中亦蓄有优伶，"尝演剧自遣"②。可见，他们为此不惜巨资，一方面娱乐了身心，同时，也为中国戏曲事业的发展作出了贡献。

八、畸形休闲生活方式

在明清商人的休闲生活方式中，还存在着一些有悖常理的、畸形的休闲生活方式。如《扬州画舫录》记载，在清代的两淮盐商中，"或好马，蓄马数百，每马日费数十金，朝自内出城，暮自城外入，五花灿着，观者目眩；或好兰，自门以至于内室，置兰殆遍；或以木作裸体妇人，动以机关，置诸斋阁，往往座客为之惊避。"更有的"欲以万金一时费去者，门下客以金尽买金箔，载至金山塔上，向风扬之，顷刻而散，沿江草树之草树之间，不可收复。又有三千金买苏州不倒翁，流于水中，波为之塞。有喜美者，自司阍以至灶婢，皆选十数龄清秀之辈；或反之而极，尽用奇丑者，自镜之以为不称，毁其面，以酱敷之，暴于日中。有好大者，以铜为溺器，高五六尺，夜欲溺，起就之。一时争奇斗异，不可胜记"③。这些扬州盐商财大气粗，在休闲生活中，奢侈浪费，争奇斗异，难以常理揣度。

---

① （清）陶澍：《陶文毅公全集》卷一一《奏疏·请删减盐务浮费及摊派等款附片》，清道光刻本。
② （清）徐珂：《清稗类钞》第 7 册《豪侈类·汪太太奢侈》，中华书局 1984 年版，第 3272 页。
③ （清）李斗：《扬州画舫录》卷六《城北录》，周春东注，山东友谊出版社 2001 年版，第 173—174 页。

九、明清商人休闲生活方式评析

由上可见，明清商人的休闲生活方式是多元的，笔者把它划分为了8种类型。实际上，还可以做进一步的归类，将明清商人的8种休闲生活方式概括、合并为4个大类，即：1.文化型休闲生活方式，如上所述的研习经史、小学、交通地理学、算学、医学，吟诗属文，收藏书画古玩，以及与士人交游唱和，雅好音乐、戏曲等。2.物质型休闲生活方式，如前述追求美衣美食、流连豪宅园林。3.慈善型休闲生活方式，如捐资办学、资助贫穷士人、赈济灾荒等。4.奢靡型休闲生活方式，如广纳姬妾、出入歌楼妓馆以及其他的畸形休闲等。当然，这4个大的归类只是一个大致的划分，如追求美衣美食、流连宅第园林，雅好音乐、戏曲中，就与奢靡型休闲生活方式有重合的地方。事实上，也很难完全划分清楚，如此划分只是为了研究的方便而已。综观整个明清商人的休闲生活方式，虽然我们无法或未能做出定量的分析，但大致可以估计，应是以文化型休闲生活方式、慈善型休闲生活方式为主，物质型休闲生活方式、奢靡型休闲生活方式应主要是大商富豪之所为。

明清商人的休闲生活方式在某种程度上反映了他们的休闲观念。明清商人的休闲观念也不是单一的，笔者略加梳理。第一，从记载明清商人休闲生活的相关材料看，他们中的很大一部分人并未将商业劳动与休闲生活截然对立起来，而是认为，商业劳动与休闲生活可以相互促进，不仅可以带来精神的愉悦，还可以推动人的全面发展。比如，他们在闲暇时间自由地选择文化型休闲生活方式，消除了身体的疲劳和精神的困顿，还增长了知识，提高了自身的文化素养，特别是他们中的一些人在经商余暇，收集地理学材料，撰述交通地理读本，研习算学、医学，有益于商务的开展。

第二，明清商人中的不少人在休闲生活方式上践履了正确的休闲伦理，强调对社会的责任和担当，如捐资办学，关心教育，资助寒士出版学术书籍等，推动了社会公益事业的进步，有利于社会的稳定，乃至教育、学术事业的发展。第三，一些商人特别是两淮盐商的休闲生活方式也体现了"奢侈"与"堕落"，他们追求奢华，寻求刺激，败坏了社会风气，浪费了原本可以用于发展和改善民生的宝贵资源。

明清商人的休闲生活方式无疑是他们自己的选择，但影响其选择的因素却是多方面的。首先，明清商人休闲生活方式的选择是基于人性的特点。马克思主义经典作家认为，人是一切社会关系的总和，抽象的人性是不存在的。但人作为一个有生命的个体，又是自然的一部分，人本身就是自然进化的结果。因此，人又兼具自然性和社会性，是自然性和社会性的统一。我们的先贤圣哲除了有对于人的社会性的论述外，也对人的自然性有所认识。如孔子曰："食不厌精，脍不厌细。"又云："饮食男女，人之大欲存焉。"告子亦云："食色，性也。"追求舒适、自由的生活是人的向往。商人也不能例外。况且，他们具有雄厚的赀财，必然追求美衣、美食、美宅、美女。人的自然属性规定了人的休闲生活方式选择的基本方向。第二，明清商人的休闲生活方式选择公益活动的方向系儒家文化浸润的结果。儒家学说是一种塑造了中华民族灵魂的学说。儒家提倡仁爱，孔子说，"仁者，爱人"。孟子说，"恻隐之心，人皆有之"。宋儒说，仁义充塞天地，"仁者与物浑然同体""民吾胞，物吾与"。仁爱精神贯穿于儒学发展的全过程，并通过家庭教育、社会教育、学校教育的多重强化，深入了国人血液和骨髓。生活在这块土地的明清商人选择公益性的休闲生活方式符合儒家文化的内在逻辑。第三，历史终结了对商人日常生活的歧视性规定。对商人日常生活的歧视性规定始于汉代，至明代正德年间残余尚存。如洪武十四年规定，农民可穿丝绸衣服，但只要其家有一人经商，就不能穿丝绸衣服了。正德元年（1506），尚向有商人服用皮弁之禁。但这已是抑商遗响。此后，再无类似的限制商人日常生活的禁令，商人追求享乐、奢靡、"堕落"型的休闲生活方式已经没有了制度性的约束。当然，明清商人选择奢靡、"堕落"型的休闲生活方式，与明中叶以后尚奢的社会风气以及历史上的贵族官僚如王恺、石崇等炫富的腐朽传统的影响也不无关系。

第八章　明清商人与明清社会变迁

　　明清商人这个群体诞生、成长于明清时期的社会环境。自然是明清时期的社会状况塑造了明清商人的社会性格，明清商人无疑带有明清社会的鲜明印记。但明清商人对明清社会也必然产生影响。事实上，明清商人对明清时期的社会也是产生了巨大影响的。在这方面，已有不少学者如唐力行、王振忠等先生做过深入的探讨。本章不就此问题全面展开论述，仅从思想文化嬗变、士大夫女性意识异动、人际交往理论变化、多民族国家统一这 4 个方面略陈孔见。

一、明清商人与思想文化嬗变

　　16、17 世纪是西欧文化史上的一大转折时期。在这一时期由于资本主义萌芽的诞生、发展，思想文化领域普遍兴起对中世纪文化的批判，形成了一股人文主义思潮，其特征是：反对中世纪的权威，主张个性自由；反对禁欲主义，肯定现实人生；提倡平等，反对等级制度。同一时期的中国，地域商帮勃兴，商人队伍壮大，商品经济得到空前的发展。商品交换的自主性、平等性、竞争性推动着思想文化的变革。李贽、黄宗羲等人对传统文化进行批判，发出了反专制的呐喊，中国思想文化的发展也表现出了新的历史趋势，传统文化心理结构发生了变化。

1. 传统权威受到怀疑与批判，反对权威成为这个时期时代思潮的主要特点

中国以自然经济为基础，家族为本位，宗法等级制盛行。在此基础上形成的儒家学说，为了等级制社会和谐发展，别贵贱、尊卑，序长幼，强调个体的义务与服从，尊尊亲亲、事亲孝，事君忠、事长敬。因此，权威意识非常浓厚。反映在哲学形态上，自孔子始，就谆谆告诫人们，要"畏天命，畏大人，畏圣人之言"①。其本人也尊崇古代的权威，提倡"述而不作"。两汉时期，特别是在汉武帝"罢黜百家，独尊儒术"后，儒家思想上升为官方哲学，成为统治思想。儒家的典籍也被视为经典。它不仅是治国的指导思想，更成为衡量是非的唯一标准。人们通经即可做官，成为统治者。因此，儒者对其经典进行广泛的考证、阐释，形成统治中国思想界达数千年之久的经学。经学把孔子之言视为牢不可破的金科玉律，认为它已说尽了人间真理，人们对之只能阐述、考释，不能有自己的独立见解。这样，圣人就成了人们心中的偶像，是非面前的绝对权威。到宋代，理学家从《礼记》中析出《大学》《中庸》两篇。《孟子》也被抬高到经的地位，与《论语》合称"四书"，和"五经"并称。孔孟之言更加教条化。程颢、程颐说："孔子言语句句是自然，孔子言语句句是实事"②。这种经学思维方式代代相传，不断强化，积淀为人们深层的文化心理结构，对中华民族的发展影响至大。

思想界的这种情况，到明中叶发生了变化，王阳明较早的对权威、偶

---

① （宋）朱熹：《四书集注·论语集注·季氏第十六》，陈戌国标点，岳麓书社1997年版，第251页。

② 《二程遗书》卷五，《文渊阁四库全书》第698册，台湾商务印书馆1986年版，第68页。

像进行了冲击。明初取士，在"四书""五经"范围内命题，答案一以朱注为准。士子思想被朱熹注疏所束缚。王阳明对这种状况极为不满。他反对士子记诵章句。认为，世之儒者记诵词章之习，是当今学术之大患，它导致了圣人之学的废坏。且指出，举业词章之习戕害人心，扼杀人的创造性，与圣学背道而驰①。因此，他要求学者从章句之学中挣脱出来，为学务求于己，到心上用功，以心为衡量是非的标准。他说："六经者，吾心之记籍也。而六经之实则具于吾心。"②又说："夫学贵得之于心，求之于心而非也，虽其言之出于孔子，不敢以为是也。""求之于心而是也，虽其言之出于庸常，不敢以为非也。"③在阳明哲学里，"心"成了最高的权威。《六经》成为被检验的对象。

李贽乃更进一步，欲超脱于传统之外，摆脱传统思想的拘束。他反对"道统论"，认为"道之在人，犹水之在地"，"人无不载道"。他说："彼谓轲之死不得其传者真大谬"④。有人便有道，道是永远存在的，且在不同时代有不同的内涵，否认孔子是道的开创者。他说："有一道学……曰：天不生仲尼，万古如长夜……刘谐曰：怪不得羲皇以上圣人尽日燃纸烛而行也。"⑤通过对刘谐的肯定，以调侃的口吻对孔子进行戏谑。李贽主张理性地对待孔子，反对以孔子的是非为是非。"人之是非，初无定质。人之是非人也，亦无定论。无定质，则此是彼非并育而不相害。无定论，则是此非彼并行而不相悖矣。"⑥"夫是非之争也，如岁时然，昼夜更迭，

---

① （明）王守仁：《阳明全书》卷七《重修山阴县学记》，台湾中华书局 1970 年版。
② （明）王守仁：《王文成公全书》卷七《稽山书院尊经阁记》，赵平校注，中华书局 2015 年版。
③ （明）王守仁：《王文成公全书》卷二《答罗整庵少宰书》，赵平校注，中华书局 2015 年版。
④ （明）李贽：《李温陵集》卷一五《读史·道学》，明刻本。
⑤ （明）李贽：《焚书》卷三《杂述·赞刘谐》，明刻本。
⑥ （明）李贽：《李温陵集》卷一四《读史·藏书纪传总论》，明刻本。

不相一也。昨日是而今日非矣，今日非而后日又是矣"①。认为，是非具有多元性、时代性，没有固定的、一成不变的是非。因此，他反对定是非于一尊，大声疾呼："咸以孔子之是非为是非，故未尝有是非耳。"② 对儒家经典更大张挞伐。他认为，所谓万古不灭的经典——《六经》《语》《孟》，只不过是史官褒崇之词，臣子的赞美之语，根本不是什么"万世之至论"③。李贽还把批判的矛头指向宋明道学家。指斥他们无才无学，假道学以为富贵之资。他说："彼以为周程张朱者，皆口谈道德，而心存高位，志在巨富。既已得高官巨富矣，仍讲道德、说仁义自若也。又从而晓晓然语人曰：我欲厉俗而风世。彼谓败俗伤世真甚于周程张朱也。"④ 李贽以其毕露之锋芒，对从孔子至宋明道学的权威者进行了毫不留情的批判。

黄宗羲批判了当时的理学家、心学家的孤陋，主张博学多识。要求人们不要迷信偶像、权威，要"求之于心"。他说："读书不多无以证斯理之变化，多而不求于心则为俗学"⑤。他反对因袭，提倡独创，批判"如洛闽大儒之门下，碌碌无所表现，仅以问答传注，依样葫芦，依大儒以成名者"，无一创见。说他们"皆凡民之类"⑥。他称赞恽仲升的个性："仲升之学，务得于己，不求合于人，故其言与先儒或同或异，不以庸妄者之是非为是非"⑦，攻击当时普遍存在的"乡愿"人格。他说："诗文有诗文之乡

① （明）李贽：《李温陵集》卷一四《读史·藏书纪传总论》，明刻本。
② （明）李贽：《李温陵集》卷一四《读史·藏书纪传总论》，明刻本。
③ （明）李贽：《焚书》卷三《童心说》，明刻本。
④ （明）李贽：《焚书》卷二《又与焦弱侯》，岳麓书社 1990 年版，第 48 页。
⑤ （清）全祖望：《鲒埼亭文集选注·梨洲先生神道碑文》，黄云眉选注，齐鲁书社 1982 年版。
⑥ （明末清初）黄宗羲：《孟子师说》卷七《待文王章》，民国适园丛书本。
⑦ （明末清初）黄宗羲：《黄梨洲文集·南雷文案》卷一《恽仲升文集序》，中华书局 1959 年版。

愿，成败是非，讲贯纪闻，皆有成说；道学有道学之乡愿"①。这些各个领域中的"乡愿"因袭成说，垄断是非，束缚人才的成长。长期如此，便使人们失去生气，养成因循苟且的社会风气，致使"即有贤者出头出没，不能决其范围，苟欲有所振动，则举世目为怪魁"②。因此，黄宗羲对"乡愿"进行了尖锐的批判。不仅如此，黄宗羲对政治领域中的最高权威天子也进行了攻击。他说："天子之所是未必是，天子之所非未必非"③。主张公其是非于学校，并认为君主是天下之大害，否定了政治领域中最高权威的存在。

总之，到 16、17 世纪，随着社会经济结构的变化，社会上的一切权威——政治、社会制度、思想的权威都受到了批判，权威型心理结构发生了嬗变。至清，虽由于政治环境的变化，高亢激昂地对传统文化的权威、政治领域的权威的批判遭到了抑制，但乾嘉考据学中蕴含的"无征不信""求真""求是"的思维方式和精神，无疑是 16、17 世纪以来中国"激进思潮"的赓续。

2. 反对禁欲主义，肯定人欲的合理性

禁欲主义、克制人自身的欲望是中世纪的共同特征。在西欧，基督教一统天下，垄断人们的精神生活，它认为，人生而有罪，只有通过禁欲，行善事，才能获得上帝的恩典，得到"救赎"，进入天国。托马斯·阿奎那认为，人的幸福并不在身体的感性快乐。食色等感性快乐的满足是恶的，它妨碍人们接近上帝，是接近上帝的最大障碍。因此，为了达到接近上帝的目的，必须禁绝身体的快乐、人的感性欲求④，鼓吹禁欲主义。中

---

① （明末清初）黄宗羲：《孟子师说》卷七《孔子在陈章》，民国适园丛书本。
② （明末清初）黄宗羲：《孟子师说》卷七《孔子在陈章》，民国适园丛书本。
③ （明末清初）黄宗羲：《明夷待访录·学校》，段志强注，中华书局 2011 年版，第 37 页。
④ 北京大学哲学系外国哲学史教研室编译：《西方哲学原著选读》卷上《托马斯·阿奎那》，商务印书馆 1981 年版。

国思想家虽承认人有各种出自本能的欲求，如："饮食男女，人之大欲存焉"①."富与贵，人之所欲；贫与贱，人之所恶"②。但他们认为，这种物质欲望妨碍人们修身养性，阻碍道德理想的实现。因此，孔子要求人们志于道，达于仁。孟子要人们以"养心"为务，把欲求纳入伦理规范之中，"以礼节欲"。荀子则更直接地提出"性恶"的人性学说，认为，人生而有欲，人性为恶。他说："人生而有欲，欲而不得则不能无求，而求无度量分界则不能不争，争则乱，乱则穷。"③他主张制定礼来加以限制。到宋明时期，为了维护封建统治的需要，"寡欲"发展到"无欲"，理学家提出"存天理，灭人欲"的主张，提倡僧侣式的禁欲主义。

明中叶以后，由于商品经济的发展，禁欲主义教条受到了猛烈冲击，人的正当欲望得到肯定。代表这一历史文化潮流的不仅有王艮的"百姓日用即道"④，何心隐的"性而味，性而色，性而声，性而安逸"⑤，李贽的"私者，人之心。人必有私其后而心乃见"⑥，还包括袁宏道、冯梦龙、凌濛初等文学家的一些思想。稍早的李梦阳提出"理欲并行"说。他说："孟子论好勇好货好色。朱子曰：'此天理之所有，而人情之不能无者'，是言非浅儒之所识也。空同子曰：此道不明，天下人遂不复知理欲并行异情之义"⑦。他又说："天地间惟声色，人安能不溺之？"⑧这种反禁欲主义的声

---

① 《礼记·礼运》，叶绍钧选注，商务印书馆1930年版，第45页。
② （宋）朱熹：《四书集注·论语集注·里仁第四》，陈戍国标点，岳麓书社1997年版，第98页。
③ 《荀子》卷一三《礼论篇卷十九》，清抱经堂丛书本。
④ （明末清初）黄宗羲：《明儒学案》卷三二《泰州一》，《文渊阁四库全书》第457册，台湾商务印书馆1986年版，第511页。
⑤ （清）何心隐：《爨桐集》卷二《寡欲》，明天启五年刻本。
⑥ （明）李贽：《李温陵集》卷九《无为说》，明刻本。
⑦ （明）李梦阳：《空同集》卷六六外篇《论学下篇第六》，《文渊阁四库全书》第1262册，台湾商务印书馆1985年版，第606页。
⑧ （明）李梦阳：《空同集》卷六五外篇《化理上篇》，《文渊阁四库全书》第1262册，台湾商务印书馆1985年版，第590页。

浪，到明末清初，仍很高涨。黄宗羲承认自私自利是人的自然本性。他在《明夷待访录》中开篇就写道："有生之初，人各自私者，人各自利也。"并把这一人性论的思想作为其政治哲学的基础，对以天下为一己之私的君主，大加抨击。认为君主妨碍了天下百姓私利的实现，说："向使无君，人各得自私也，人各得自利也。"① 顾炎武、王夫之、陈确等也都承认人的物质欲望的合理性。顾炎武说："天下之人各怀其家，各私其子，其常情也。为天子为百姓之心，必不如其自为。……圣人者，因而用之，用天下之私，以成一人之公而天下治"②。认为自私之心是人之常情，要统治者顺乎自然，任其发展。王夫之对宋明理道学家的"理""欲"观，作了较大的修正。认为，天理存在于人欲之中，无人欲则无天理。他说："有欲斯有理。"③ 又说："人欲之各得，即天理之大同；天理之大同，无人欲之或异。"④ 认为，人欲的满足即是天理的实现。相反，天理的实现就是人欲的满足。陈确承认人欲的客观存在性，以"生机之自然不容己者"解释人欲，肯定人欲是人的生理属性，人人具有。在理欲关系方面，他认为，"天理皆从人欲中见，人欲正当处，即是天理"⑤。当时，还有不少思想家、文学家具有相同或类似的思想。限于篇幅，不一一赘言。总之，16、17 世纪一些中国思想家突破了"天理至正，无人欲之私"的观点，否认人欲为恶，认为它与天理一样是善的，反映了此时期思想文化发展的一个良好趋向。至 18 世纪，这一思潮并未完全中绝，戴震在《孟子字义疏证》卷上中，对程朱理学将理、欲截然对立的观点进行了批判，认为理、欲是相互依存的，"理原于欲"，离开了"欲"，便没有"理"，"理

---

① （明末清初）黄宗羲:《明夷待访录·原君》，段志强注，中华书局 2011 年版，第 8 页。
② （明末清初）顾炎武:《亭林诗文集·亭林文集卷一·郡县论一》，四部丛刊景清康熙本。
③ （清）王夫之:《周易外传》卷二《复》，清船山遗书本。
④ （清）王夫之:《读四书大全说》卷四《里仁篇》，清船山遗书本。
⑤ （清）陈确:《陈确集·无欲作圣辨》，中华书局 1979 年版。

者，存乎欲者也"①。

3.反对人性的品级区分，提倡人性平等

强调人性品级区分是中国思想文化的特点。在中国，为适应宗法等级制社会，大多数思想家都极力为人性的不平等作论证，宣扬人性的品级划分。孔子认为，道德属性为君子所特有。他说："君子而不仁者有矣夫，未有小人而仁者也。"②并说，唯上智与下愚不移。董仲舒把人性分为三个等级。提出"性三品"学说，认为，上品至善，中品可善可恶，下品为恶。程朱理学家更把人性分为"天命之性""气质之性"。"天命之性"即天理，为至善。但人为气所构成，"天命之性"要受气质的影响，形成所谓的"气质之性"。进而提出"气禀"之说。"气有清浊，禀其清者为贤，禀其浊者为愚"③。"有自幼而善，有自幼而恶，是气禀有然也"④。认为，人之贤愚，由气禀清浊而然，天生如此，不可更改。

至明中叶为之一变，王阳明的"致良知"学说认为，良知人人同具，不分贤愚，每个人都可为圣。因此，他说："满街都是圣人。"其学说包含有人格平等的思想。泰州学派开创者王艮，发展阳明致良知学说。认为："圣人经世，只是家常事。""百姓日用条理处，即是圣人之条理处"⑤，更进一步填平圣凡、贤不肖之间的鸿沟。李贽集其大成，把人性平等的思想发展到极致。他说："天下之人本与仁者一般，圣人不曾高，众人不曾

---

① （清）戴震：《孟子字义疏证》卷上《理》，清乾隆刻微波榭丛书本。
② （宋）朱熹：《四书集注·论语集注·宪问第十四》，陈戍国标点，岳麓书社1997年版，第219页。
③ 《二程遗书》卷一八，《文渊阁四库全书》第698册，台湾商务印书馆1986年版，第165页。
④ 《二程遗书》卷一，《文渊阁四库全书》第698册，台湾商务印书馆1986年版，第14页。
⑤ （明）王艮：《心斋王先生语录》卷上，明刻本。

低。"① 道德属性每个人都具有，圣人能办到的，众人也能办到。进而，他对男尊女卑、女人不堪学道的观点，进行了批判。李贽认识到，女人在才智上并不比男人低。男子之见不尽长，女人之见不尽短。如果识见有差异，那也是客观条件造成的。不能因此抹杀、忽视女人同男人具有同等的认识能力。他说："谓妇人见短，不堪学道。诚然哉！诚然哉！夫妇人仅出闺域，而男子则桑弧蓬矢以射四方，见有长短不待言也。……余窃谓欲论见之长短者当如此，不可以妇人之见为短也。故谓人有男女则可，谓见有男女岂可乎？谓见有长短则可，谓男子之见尽长，女人之见尽短，又岂可乎？"② 认为，在历史上，女人其才智过人者，大有人在。"人亦何必不女"，反对歧视妇女。黄宗羲除承认人的道德平等外，把李贽的平等思想更向前推进一步。主张君臣平等、君民平等，这种思想在《明夷待访录》中有所反映。例如他引孟子的话，否认天子至高无上的地位，认为天子只不过是众多爵级中的最高一级，叫人们不要视天子之位为过高③，他认为，君臣为共治天下之人，犹曳大木然。君与臣名异而实同④。在《原法》中，他更说"贵不在朝廷，贱不在草莽"。明确主张君臣平等、君民平等。

4. 反对专制，主张限制君权

随着专制的加强，魏晋、宋元时期，君主制就受到人们的谴责。但那只是旧思想浩瀚海洋中闪耀出的一丝零星的火花。只是到了明末清初，由于社会经济的变动，政治风云的变化，对专制的反抗才汇成一股强大的潮流。在这一时期，"家天下""君权神授"等观念发生了动摇。顾炎武对天子至高无上的地位和权威，表示了怀疑和否定。他认为，君为民之需

① （明）李贽：《李温陵集》卷二《复京中友朋》，明刻本。
② （明）李贽：《李温陵集》卷五《答女人学道为见短书》，明刻本。
③ （明末清初）黄宗羲：《明夷待访录·置相》，段志强注，中华书局2011年版，第27页。
④ （明末清初）黄宗羲：《明夷待访录·原臣》，段志强注，中华书局2011年版，第17页。

要而设，与为治民而班爵的公侯伯子男一样。"为民而立之君，故班爵之意，天子与公侯伯子男一也，而非绝世之贵。"①顾炎武反专制的思想不仅如此，还体现在改造封建体制的方案中，他反对君主独裁，主张"众治"，反对"独治"。他说："人君之于天下，不能以独治也。独治之而刑繁矣，众治之而刑措矣"②。在地方政制方面，通过对历史的透视，顾炎武也指出其得失并提出改革方案。他说："封建之失，其专在下，郡县之失，其专在上"。为了防止封建与郡县的弊端，并同时保留二者的优点，指出了"寓封建之意于郡县之中"的意见。主张扩大地方权限，"尊令长之职，而予以生财治人之权，罢监督司之任，设世官之奖，行辟属之法"③，让地方官放手发展经济，整治社会。傅山和王夫之则对自古沿袭、上下认同的"家天下"的观念进行了抨击。傅山说："天下者，非一人之天下，天下之天下也。"④王夫之也说："天下者，非一姓之私也。"⑤"天下非一家之私。"⑥唐甄对君主制的批判以大胆、激烈、尖锐而别具特色。首先，他戳穿了"君权神授""真龙天子"的神话，拭去了笼罩在君主头顶上的神圣灵光。他说："天子虽尊亦人"，"天子之尊，非天地大神出，亦人也。"⑦进而他指斥了历代帝王犯下的罪恶，愤怒地谴责说："杀一人而取匹布斗粟，犹谓之贼；杀天下之人而尽有其布粟之富，而反不谓之贼乎！""自秦以来，凡为帝王者皆贼也。"⑧黄宗羲对君主专制的批判以其理论的深度和体系的完备而名享后世。他在时代允许的范围内，对君主制进行了剖析和清算。并

---

① （明末清初）顾炎武：《日知录》卷七《周室班爵禄》，清乾隆刻本。
② （明末清初）顾炎武：《日知录》卷六《爱百姓故刑罚不中》，清乾隆刻本。
③ （明末清初）顾炎武：《亭林诗文集·亭林文集卷一·郡县论一》，四部丛刊景清康熙本。
④ （清）傅山：《霜红龛集》卷三二《读子一》，清宣统三年丁氏刻本。
⑤ （清）王夫之：《读通鉴论》卷一一《晋》，清船山遗书本。
⑥ （清）王夫之：《读通鉴论》卷一〇《杂著·朋友服议》，清船山遗书本。
⑦ （清）唐甄：《潜书》下篇上《善游》，清康熙刻本。
⑧ （清）唐甄：《潜书》下篇下《室语》，清康熙刻本。

提出了一套清晰的改革方案，主张限制君权、官权，初步认识到了权力制衡的作用。

二、士大夫女性意识的异动

女性，系组成人类整体的重要一半，是人类延续、社会发展不可或缺的力量。然而，在以男性为中心的社会中，女性备受压制、歧视，形成了一套规范女性行为，摧残女性身心的制度，也形成了为社会认可的，然而是被扭曲的女性意识。所谓女性意识，即指人们对女性社会地位、才能、体质、婚姻家庭等方面的认识。在不同的历史时期，由于政治、经济条件的差异，人们的女性意识是不一样的，它在某种程度上反映着社会进步和文明开化的程度。

明清时期，中国封建社会已步入晚期。新的方生，旧的尚存。面临新的形势，敏锐的士大夫对厚重的传统进行沉痛的反省，发出反专制的呐喊，唱出抨击禁欲主义的时代最强音。同时，他们也对封建制度桎梏下的妇女表示深切地同情，在对宋明道学的批判中，表现出了具有时代特征的女性意识。

1. 女人并非祸水，具有政治智慧的女性代不乏见

自母权制衰落，父权制取而代之以后，妇女的社会地位便一落千丈，不仅成为男人的附庸，"在家从父，出嫁从夫，夫死从子"，三从四德成为妇女无形的精神枷锁，而且，不公平的社会常把男人事业的挫折、国破家亡的惨祸，都归罪于妇女。"牝鸡无晨，牝鸡司晨，惟家之索"。夏桀亡于妹喜；商王连同他的殷商奴隶制帝国毁于妲己纤手；周幽王为博褒姒一笑，

烽火戏诸侯，给西周画上了一个悲惨的句号；甚至唐帝国衰落的旧账也算到美艳的杨贵妃身上。愚昧的观念，终于导致了马嵬驿惨剧。杨贵妃死了，极不情愿地死了。但中兴的唐朝并未因此而如日中天，再圆开元盛世的甜梦，重建的唐朝也不过是唐帝国的夕阳余晖。这些故事众口传诵，也为史家演绎。女人祸人家国的论调在中国流行数千年，广为社会所接受，以至对女人姿色的赞美都用"倾城倾国"这样凄凉的词语来描绘。谬误，民族的谬误，文化的谬误！只要是谬误迟早总会有人来纠正。至明中叶后，这样的时代来临了。

李贽援引历史事实，反驳声色误人家国的荒诞神话，他说："甚矣，声色之迷人也。破国亡家，丧身失志，伤风败类，无不由此，可不慎欤！然汉武以雄才而拓地万余里，魏武以英雄而割据有中原，又何尝不自声色中来也。嗣宗、仲宗流声后世，固以此耳。岂其所破败者自有所在，或在彼而未必在此欤！吾以是观之，若使夏不妹喜，吴不西施，亦必立而败亡也。周之共主寄食东西，与贫乞何殊，一饭不能自给，又何声色之娱乎？固知成身之理，其道甚大，建业之由，英雄为本，彼琐琐者，非恃才妄断，果于诛戮，则不才无断，威福在下也。此兴亡之所在也，不可不慎也。"[1]国之兴衰，个人事业的成败哪里和女色有关？汉武帝雄才盖世，内修政理，外拓疆土；曹操英武绝伦，韬略过人，割据中原，挟天子以令诸侯。他们可谓功业赫赫，彪炳史册，又何尝不恋声色？相反，东周王室为天下共主，贫穷不能自存，连丧葬费都要向列国讨取，为诸侯施舍的对象，哪里又有什么声色之娱？然而，东周不是一样式微，为列国觊觎吗？可见，"建业之由，英雄为本"，事业成功，国家兴盛，在很大程度上，由统治者自身素质所决定。亡国破家者亦是咎由自取。恃才妄为，草菅人命，优柔寡断如夏桀和夫差，即使没有妹喜、西施，也是劫数难逃，逃不

---

① （明）李贽：《李氏文集·初潭集》卷三《夫妇三·贤夫》，张业整理，北京燕山出版社1998年版，第37页。

脱灭亡的命运。"夫而不贤，则虽不溺志于声色，有国必亡国，有家必败家，有身必丧身，无惑矣。彼卑卑者乃专咎于好酒及色，而不察其本，此俗儒所以不可议于治理欤！"①国灭家破身亡，完全由鄙俗的男人所造成。然而千百年来，妇女却遭不白之冤，蒙受奇耻大辱！李贽之论，可谓痛快淋漓，卓有识见。

如果说李贽列举史实，雄辩地从正面驳倒了道学家"女人祸水论"的谬论，那么，于慎行则从另一角度予"祸水论"以致命的抨击。于慎行（1545—1608），字可远，又字无垢，山东东阿人。隆庆二年（1568）进士，官至礼部尚书，万历十八年（1590）致仕，万历三十六年（1608）辞世，家居 17 年，以读书著述为事。他认为，女人非但不倾人城，倾人国，而且历史上有许多人恰恰是因有贤内助，有女人的参与而事业兴旺，成就霸业者。"西晋之乱，荀崧屯宛，为杜曾所围，欲求救于襄城太守石览。崧小女年十三，帅勇士数十人逾城夜出，且战且前，遂达览所，卒解崧围。"②荀崧于危急存亡之秋，因有一胆略过人、勇猛异常的小女而求救成功，得以大难不死！朱全忠、李克用皆为唐末五代叱咤风云的人物，他们之所以能"驱使一世"，都是因为有贤惠妻子的帮助。朱全忠，宋州杨山(今属安徽) 人，曾参加黄巢起义，后变节降唐。于 907 年代唐称帝，建立后梁。虽不能比肩秦皇汉武，却不失为乱世之枭雄。夫人张氏"严整多智，军府之事，与参谋议"。重大谋略皆饱含张氏的心血和智慧。李克用（856—908），唐沙陀部人，一目失明，又号"独眼龙"，为后唐建立者李存勖之父。曾杀唐大同军防御使段文楚，据云州。后为唐军所败，与其父逃入鞑靼。黄巢攻克长安，应唐邀请，率沙陀兵镇压黄巢。李克用攻破长安，被任为河东节度使，此后割据跋扈，一度进犯京师。后进

---

① （明）李贽：《李氏文集·初潭集》卷三《夫妇三·俗夫》，张业整理，北京燕山出版社1998 年版，第 49 页。

② （明）于慎行：《谷山笔麈》卷一五《杂记三》，明万历于纬刻本。

封为晋王，为争夺黄河流域的统治权，长期与朱全忠交战。他在关键时刻，因听从夫人刘氏的谏言，为后唐政权开创了基业。"克用为汴军所攻，不能自保，欲用诸将之谋，且入北房，徐图去就，刘氏力争，以为不可，曰：'王居鞬韣，几不自免，赖朝廷多事，乃得复归。今足下出城，则祸变不测，塞外安可得至耶？'克用乃止。"这件事对李克用家族事业的发展关系甚大。于慎行对这一事件的影响做了精辟的分析："当时非刘氏之言，奔窜胡中，不过一亡虏耳！安能以河东之地与天下争衡？世固有用妇言而兴者，克用是也。"①五代纷争，刀光剑影，女人的智能支撑的岂止是李克用的霸业！

　　沈德符（1578—1642），字景倩，浙江嘉兴人，万历时举人。他则以明代史实说明了妇女在守卫边城、平定内乱中所起的作用。正统十四年（1449）七月，瓦剌首领也先大举内犯，英宗御驾亲征，土木堡一战，皇帝被俘，京师震动，其时位于辽东的镇静堡也受到了攻击，辽东广宁卫指挥金事赵忠力战不胜，"其妻左氏曰：'此堡破在旦夕，吾宁死不受辱，君其勉之。'遂与母及其三女俱自经。忠感愤，拒守愈坚，虏终不得志，遂解围，城赖以全。"左氏以死激励将士，边城得以保全。万历二十年（1592）二月，宁夏致仕副总兵哱拜反叛朝廷，与鞑靼勾结，以数万之众围攻参将萧如熏所守的平虏城。由于守备力量单薄，人心惶惶，萧妻杨氏"尽出资斧簪珥犒士，身率健妇乘城。命如熏出战，昼夜苦斗，贼竟退去，不能东犯"②。此二妇女深明大义，积极支持丈夫的事业，为明边防巩固，统治的稳定作出了贡献。"女人祸水论"到明朝中叶后受到了猛烈冲击，妇女千年的冤情稍得缓解。

---

① （明）于慎行：《谷山笔麈》卷一五《杂记三》，明万历于纬刻本。

② （明）沈德符：《万历野获编》卷二三《二妇全边城》，杨万里点校，上海古籍出版社 2012 年版，第 493 页。

2.女性在认识能力上与男性没有差别，历代多有极富才学的女性

以男性为中心的社会，为维持男性统治于不坠，除了把女人视为祸国殃民的害人精，还极力贬低妇女的能力，压制妇女潜在能力的发挥，认为女人的能力比男人低。于是"妇女之仁""妇人之见"成为男人间互骂的肮脏语汇。至明朝中叶后，随着经济社会结构的些微变动，人们对女性的认识也逐渐偏离了传统的轨道，这集中表现在士大夫阶层中，这一时期出自士大夫之手的文集、笔记小说屡有记述。稽诸记载，首先发难的是中国历史上杰出的思想家李贽，他针对道学家"妇人见短，不堪学道"的荒谬绝伦的观点，一针见血地指出："谓妇人见短，不堪学道。诚然哉！夫妇人不出阃城，而男子则桑弧蓬矢以射四方，见有长短不待言也。……余窃谓欲论见之长短者当如此，不可止以妇人之见为短也。故谓人有男女则可，谓见有男女岂可乎？谓见有短长则可，谓男子之见尽长，女人之见尽短，又岂可乎？设使女人其身而男子其见，乐闻正论而知俗语之不足听，乐学出世而知浮世之足恋，则恐当世男子视之，皆当羞愧流汗，不敢出声矣。此盖孔圣人所以周流天下，欲庶几一遇而不可得者，今反视之为短见之人，不亦冤乎？"[1]李贽认为男子与女子具有同等的认识能力，在智力上无甚差别的，如果说有差别的话，那也是后天形成的，是封建制度压迫妇女的产物。在封建社会，妇女的行动受到极大的限制，终身蜗居闺阁，足不出户，宛如囚徒，如给她们提供和男子一样的社会条件，一样的参与社会活动和受教育的机会，说不定自诩高女人一等的男人会羞愧汗颜，无地自容呢！李贽以哲学的形态对男女在智识上的平等做了有力的论证。

谢肇淛（1567—1624），字在杭，祖籍福建长乐，出生地为钱塘（今杭州），万历年间进士，官至工部郎中。他对"女子无才便是德"的观点

---

① （明）李贽：《焚书》卷二《答以女人学道为见短书》，岳麓书社 1990 年版，第 58 页。

不予苟同，高度赞美妇女的才情。他说："妇人以色举者也，而慧次之。文采不章，几于木偶矣。"①主张妇女应色才兼备，认为只有姿色而缺乏内涵的妇女和木偶差不多。因此，他极力颂扬那些学问渊博、文采出众的妇女，对传统偏执之论予以批驳。"若伏生之女口授《尚书》，韦逞之母博究经典，班氏手续兄书，文姬记录先业，皓首大儒不敢望焉。至于窦氏璇玑，以八过之锦，八百余言，纵横反复皆成文章，夺真宰之秘，泄造化之工，可谓出圣入神，亘古一人而已。谁谓红粉中无人乎？若夫残篇剩语，为时脍炙，而名姓磨灭，莫知谁何？"②从浩瀚的历史记载中，谢肇淛略举数例，浓墨重彩地叙述了妇女的才学，笔端流淌着对这些女性的崇敬与钦佩！历史上的才女让须眉们不能望其项背者，数不胜数，而道学家却视而不见，充耳不闻，硬是固守女子不如男的教条。谢肇淛愤激之余，要为蛾眉吐气，要在当时人们的心目中重新塑造妇女的形象。这项工作虽然是艰难的，但其精神足可感动后人。他认为，列女传应增加新的内容，给有才智、文采的女性留有一席之地。对宋儒的"不通之论"给予了痛斥："范尉宗传列女而及文姬，宋儒极力诋之，此不通之论也。夫列女者，亦犹士之列传云尔。士有百行，史兼收之。或以德，或以功，或以言，至于方技缁流，一事足取，悉附纪载，未闻德行纯全而后传也。今史乘所载列女皆必早寡守志及临难捐躯者，其他一切不录。则士亦必皆龙逢、比干而后可耳！何其薄责缙绅而厚望荆布也。故吾以为传列女者，节烈之外，或以才智或以文章，稍足脍炙人口者咸著于编，即玄机、薛涛之徒亦可传也，而况文姬乎！"③列女传应兼收并蓄，不能只以道德为标准，专为早寡守节的女性树碑立传，在封建道德以外，其他方面有特长者，也应在入选之列。妇女的价值不光体现在对封建道德的践履、认同方面，才智、文采也是其

---

① （明）谢肇淛：《五杂俎》卷八《人部四》，上海书店出版社 2009 年版，第 152 页。
② （明）谢肇淛：《五杂俎》卷八《人部四》，上海书店出版社 2009 年版，第 152 页。
③ （明）谢肇淛：《五杂俎》卷八《人部四》，上海书店出版社 2009 年版，第 152 页。

耀眼之处，辉煌之所在。

沈德符对妇女才智情有独钟，倍加赞赏，在《万历野获编》中以饱蘸浓情的笔调记述了能诗善赋的妇女及其诗句。"昔徐昌谷纪金陵徐妓诗云：'杨花厚处春衫薄，清冷不胜单夹衣'，以为清婉绝伦。余近观金陵徐惊鸿寄友游楚云：'妾怨芳杨柳，横枝在吹楼，折来欲有寄，游子在黄州。叶互参差影，花飞历乱愁，林梢窥破镜，何日大刀头。'俱风雅可诵。"①还记载了一位才女，名叫徐安生，"美慧多艺，而性颇荡，曾嫁武林邵氏，以失行见逐，遂恣为非礼。其写生出入宋元名家，尝仿梅道人'风雨竹'一幅遗余，且题一绝句于上云：'夏月浑忘暑酷，堪爱酒杯棋局。何当风雨齐来，打乱几丛新绿。'"②此女才气横溢，此诗意境特佳，读来给人以美的享受。沈德符没有因其"性颇荡"，其行为有违封建伦理道德而嫌弃她。由于"其才情实可念"，事隔多年尚追忆不已，发出"不知踪迹何所"的长叹，对这位不幸的女性表达了深深的悯念。女性的才能不仅表现在诗词歌赋、学问方面可与男子比肩，在时艺方面也才能卓异。她们虽受制度的压迫，不能金榜题名，却能指导兄弟、丈夫博取功名。山阴司马樾峰万历二年（1574）"举南宫第一人"。其嫂"性严而慧，深于八比之业，决科举得失如影响，故樾峰受其教以取大魁"。他之所以能科举得意，完全是其嫂子的功劳。又载，汉阳萧丁泰"少时疏于制举业，屡试不第，后入赘为上舍，其内子阅其文，辄涂乙之殆尽，戒其勿行，不听，而终不售。至庚子岁，始谓曰：'今年属草，稍有文气，当偕子出。'乃买舟沿途与扬扢改窜。至入试，颦蹙叹曰：'第可博榜尾缀列耳'。及榜出，果名籍将尽矣。因挟之出都城僻处，日夜课之。及新春，始稍色喜，谓：'子功力尽矣，

---

① （明）沈德符：《万历野获编》卷二三《女郎吟咏》，杨万里点校，上海古籍出版社2012年版，第499页。

② （明）沈德符：《万历野获编》卷二三《徐安生》，杨万里点校，上海古籍出版社2012年版，第502页。

奈文资不超，技止此耳。然尚可望本房首卷。'既撤闱，遂举第八名。"①
沈德符只是客观地记述了这些事实，但透过其记述，我们可以清楚地发
现，沈德符认为在才识方面女人是不比男人低的。

3. 妇女改嫁具有正当性，寡妇不应受到社会歧视，谓女子"善妒"为偏执之论

在婚姻家庭方面，妇女也是最大的受害者，她们单方面地尽着非人道
的义务，可以说，一部中国古代婚姻家庭史浸透了妇女的血泪。为保持男
性血统的纯洁性，要妇女遵守贞节，丈夫死了也不许改嫁，片面地恪守
着"从一而终"的承诺；为使家族人丁兴旺，男人三妻四妾，许多女人共
同拥有一个丈夫，妇女忍受了多少难耐的寂寞和感情的饥渴！还不许女人
忌妒，将之视为恶德。凡此种种，不一而足。它构成了一幅妇女生活的悲
惨画卷，真是惨不忍睹。宋明以后理学流行，对妇女的束缚更加严酷。因
此，自明中叶始，一些有良知的士大夫为改善妇女的生活处境起而呐喊。

李贽对禁止妇女改嫁的观念和行为深恶痛绝，同时也赞颂那些敢于冲
破世俗观念而热烈追求幸福生活的女性。卓文君寡而家居，遇司马相如两
情相悦，遂夜亡私奔。世俗偏见认为这是一件很不光彩的事情，其父卓王
孙也深感耻辱，觉得有辱门庭，说卓文君是失身于司马相如。李贽深不以
为然，认为卓文君有追求新生活的权利，她与司马相如结合，重组家庭，
是一段佳缘，"正获身非失身"，大胆地歌颂了卓文君的正义行动②。在《初
潭集》中也载："庾亮儿遭苏峻难，遇害。诸葛道明女为庾儿妇，既寡，
将改适，与亮书及之。亮答曰：'贤女尚少，故其宜也。感念亡儿，若在

---

① （明）沈德符：《万历野获编》卷二三《妇人能时艺》，杨万里点校，上海古籍出版社
　2012年版，第499页。
② （明）李贽：《藏书》卷三七《儒臣传·词学儒臣·司马相如》，台湾学生书局1974年版，
　第625页。

初没。'"李贽在记述这件事后，批曰："好"，对庾亮开明、通情达理的胸襟表示赞赏①。同书又载："王戎子绥，欲娶裴遁女。绥既早亡，戎过伤恸，不许人求之，遂至老无敢娶者。"王戎老朽，爱子夭亡，自己的心灵遭受巨大创痛，竟让未过门的儿媳守节，让无辜的少女承受人生的苦痛，横蛮地剥夺别人选择生活的权利。李贽对此事表示了极大的愤怒，在其后批曰："王戎不成人，王戎不成人！"②字里行间充溢着对王戎此辈的鄙薄！

　　谢肇淛则从古代历史和当时国家法令中为妇女再嫁寻找依据："古者妇节似不甚重，故其言曰：父一而已，人尽夫也。辰嬴以国君之女，朝事其弟，夕事其兄。鹑奔、狐绥之行，见于大邦之主而恬不为耻也。圣人制礼本乎人情，妇之事夫，视子之事父，臣之事君，原自有间。即今国家律令严于不孝不忠，而妇再适者无禁焉，淫者罪止于杖而已，岂非以人情哉！抑亦厚望于士君而薄责于妇人女子也？"③妇女改嫁之事在历史上屡有记述，不以为怪。圣人制礼也是本诸人情，把妇之事夫与子之事父、臣之事君当作两件事对待。在明朝的法律制度中也无妇女再适之禁，禁止妇女改嫁是宋明道学家违反人性的戒律，理应摒弃。因此，他接着说："'父一而已，人尽夫也。'此语虽得罪于名教，亦格言也。父子之恩，有生以来不可移易者也；委禽从人，原无定主，不但夫择妇，妇亦择夫矣，谓之'人尽夫'亦可也。"④宋明道学家的僵死教条必须打破，人类的婚姻制度应建立在人性的基础上。妇女在婚姻的缔结中应享有同男子平等的权利。丈夫可以挑选自己理想的妻子，妇女也有权利选择自己合适的丈夫。妇女在婚姻中不是任人宰割的羔羊！谢肇淛之论大胆卓越，至今仍具有震撼心

---

① （明）李贽：《李氏文集·初潭集》卷一《夫妇一·丧偶》，张业整理，北京燕山出版社1998 年版，第 19 页。
② （明）李贽：《李氏文集·初潭集》卷一《夫妇一·丧偶》，张业整理，北京燕山出版社1998 年版，第 19 页。
③ （明）谢肇淛：《五杂俎》卷八《人部四》，上海书店出版社 2009 年版，第 146 页。
④ （明）谢肇淛：《五杂俎》卷八《人部四》，上海书店出版社 2009 年版，第 147 页。

魄的力量。

王应奎（1683—1760），字东淑，号柳南，诸生，江苏常熟县人。他从理学的内在矛盾入手，论证妇女改嫁的合理性。他说："饿死事极小，失节事极大，程子固尝言之。然先王制礼，有同居继父、不同居继父之服。则女子改嫁，固非先王之所禁矣。"①上面所说的程子即宋代理学家程颐，他是反对妇女改嫁最力的始作俑者。"饿死事小，失节事大"，此论一出，为反对妇女改嫁的人广泛引证，成为反对妇女改嫁的理论根源。谬种广为流传。然而，就是这位倡导"饿死事小，失节事大"封建纲常的可敬的理学家，在其所制之"礼"中，却有"同居继父，不同居继父之服"条。无改嫁再适之事，哪里来的继父呢？其"礼"中立此条，不就是对改嫁的承认吗？本来，这可说是程颐理学内在结构的矛盾之处，而王应奎为这位理学的奠基者保存了颜面，由此而得出"女子改嫁，固非先王之所禁"的结论。但对理学进攻的矛头仍是犀利无比的。王应奎认为："今世衣冠之族，辄以改嫁为耻，而事出勉强，驯致无状，反不如改嫁之为得也。"②改嫁实是于各方有益。

钱泳（1759—1844），初名鹤，字立群，号名仙，江苏金匮（今江苏无锡）人，能诗工书，一生未至显官。他认为："宋以前不以改嫁为非，宋以后则以改嫁为耻，皆讲道学者误之。"是理学流行的结果。在宋代以前，改嫁是很正常的事情，历代多有，"若汉蔡中郎女文姬改嫁陈留董祀。《新唐书》诸公主传，其改嫁者二十有六人。又权文公之女改嫁独狐郁，其实蝥也。韩昌黎之女先适李汉，后适樊宗懿。范文正之子妇，先嫁纯礼，后适王陶。文正母谢氏亦改适朱氏。陆放翁夫人为其母太夫人之侄女，太

---

① （清）王应奎：《柳南随笔·续笔》卷四《改嫁》，以柔点校，上海古籍出版社 2012 年版，第 130 页。
② （清）王应奎：《柳南随笔·续笔》卷四《改嫁》，以柔点校，上海古籍出版社 2012 年版，第 131 页。

夫人出之,改嫁赵氏。薛居正妻柴氏,亦携赀改嫁。而程伊川云:妇人宁死,不可失节,乃其兄明道之子妇亦改嫁。"① 真是不胜枚举。因此,对改嫁之事不必大惊小怪,改嫁与守节应依具体情况而定,没有一定之规。"总看门户大小,家之贫富,推情挨理、度德量力而行也。"② 不过,他是主张妇女改嫁的。他曾引用沈垚的话:"兄弟以不分家为义,不若分之以全其义;妇人以不再嫁为节,不若嫁之以全其节也。"③ 其意向非常明显。

　　龚炜(1704—1769),字巢林,自称巢林散人,江苏昆山人。他对封建社会对寡妇的歧视进行了毫不客气的反驳。《曲礼》:"寡妇之子,非有见焉,弗与为友。"龚炜说:"但云非有见焉,弗与为友,可。而必别之以寡妇之子,何欤?与其子友,而致嫌于其母之寡,非君子之言也。"④ 封建制度是多么地残忍,不但对寡妇瞧不起,予以社会性的歧视,甚至殃及寡妇之子,他有何罪?龚炜站在公正的立场上,斥之为"非君子之言也"。读起来何其痛快!在龚炜的言论中,虽未看到寡妇改嫁的明确主张,但他对寡妇的境遇寄予无限同情。他说:"寡妇不夜哭,亦非情理。"⑤ 是啊,寡妇既有切肤之痛,失去了生活的依靠,又受到社会的不公正待遇,亲人也跟着受人白眼,生活多么地艰难,她能不夜哭吗?寡妇是悲惨的、不幸的,而就能说未寡妇女的生活就是由鲜花点缀而成的吗?不,她们的生活也充满了苦涩味,有着难以言状的苦衷。别的不说,就封建婚姻制度而言吧,男人娶妻纳妾,女性则不事二夫,在几个或十几个女人只有一个丈夫

---

① (清)钱泳:《履园丛话》卷二三《杂记上·改嫁》,孟斐校点,上海古籍出版社 2012 年版,第 415 页。

② (清)钱泳:《履园丛话》卷二三《杂记上·改嫁》,孟斐校点,上海古籍出版社 2012 年版,第 415 页。

③ (清)钱泳:《履园丛话》卷二三《杂记上·改嫁》,孟斐校点,上海古籍出版社 2012 年版,第 415 页。

④ (清)龚炜:《巢林笔谈》卷二《寡妇》,钱炳寰点校,中华书局 1981 年版,第 53 页。

⑤ (清)龚炜:《巢林笔谈》卷二《寡妇》,钱炳寰点校,中华书局 1981 年版,第 53 页。

的情况下，她们的生理和情感的需要都无法满足，她们明争暗斗，相互竞争着，妒忌着。她们之间的争斗，导致了大家庭的不和，甚至四分五裂。封建统治者看到了这种弊端却又不愿拔本塞源。最后，只好说女人善妒，咒骂她们的"恶德"。女人背着这种骂名生活了几千年。龚炜看到了妇女妒忌的本质，认为"以妒为妇人病"者，"只做得一面文字"，他要推翻这千年的定论，得出公允评价。于是，他作了《原妒》一篇论文。他认为，所谓"妒"者，即是爱情的过激形式，是男人渔色酿出的苦酒。他说："人之生也，不能冥情以处，而夫妇人伦之始，情尤深焉！妇人从一而终，情何如其专也！使为之夫者，亦由敖由房，坚其偕老之恩、同穴之誓，岂非闺房之福，妒何从生？惟是士也罔极，二三其德，或赋嘻彼，或歌期我，始之如胶如漆者，渐且有洸有溃。于是爱夫之心，激而怼夫；终亦不忍竟置其夫，因迁怒于所爱所私之人。又或工掩袖之谗，使狂惑迷乱者，虚恭而实怨，外惧而内猜，转辗以成妇之恶名。究其所以被此名者，特迫于情之不能自已耳，是夫负妇，非妇负其夫也。""故召妒酿恶，其夫皆不得免于罪。"① 假使男人像女人那样对爱情坚贞不二，没有三妻四妾，妒缘何而生？其产生，男人不得辞其咎，其根源在罪恶的婚姻制度，不能让妇女"被此恶名"。其思想是异常深刻的。

4. 反对女子缠足，女子缠足导致国势衰弱

古代妇女不仅在精神上受压抑，在肉体上为满足男人畸形审美心理，也备受摧残与折磨，裹足即其例。我国妇女裹足始于五代南唐。《道山新闻》云："李后主窈娘以帛绕足，令纤小屈足新月状。"张邦基《墨壮漫录》亦说"弓足起于南唐李后主"。至宋代，裹足之风开始蔓延，但裹足者尚不太多。陶九成《辍耕录》谓："扎脚始于五代以来方为之，熙宁、元丰

---

① （清）龚炜：《巢林笔谈·续编》卷下《原妒》，钱炳寰点校，中华书局1981年版，第219页。

间为之者尚少。"此风至元大盛。此后遂相沿成俗。"士大夫家以至编民小户，莫不裹足。"钱泳以充足的理由反对妇女裹足：1."妇女裹足之说，不载于经史，经史所载者，惟曰窈窕，曰美而艳，或言领言齿言眉目，从未有言足者。"裹足为五代以前所无之事。其时，人们心目中的理想女性是窈窕、美艳、明眸皓齿，脚之大小不影响女性的形象。2."大凡女人之德，自以性情柔和为第一义，容貌端庄为第二义，至足之大小，本无足重轻。"妇女应以德为上，容貌次之，脚大脚小无关紧要。3."天下事贵自然，不贵造作，人之情行其易，不行其难。惟裹足则反是，并无益于民生，实有关于世教。"裹足违反自然，给妇女造成了极大的痛苦，于民生无益，有伤教化。4.裹足与否关系国运盛衰，民族存亡。"试看南唐裹足，宋不裹足得之；宋金间人裹足，元不裹足得之；元后复裹足，明太祖江北人不裹足得之；明季后妃宫人皆裹足，本朝不裹足得之。""由是观之，裹足为不祥之兆，明矣！"为什么裹足与国家强盛衰弱有关呢？钱泳进行了可以说是科学的唯物解释："盖妇女裹足，则两仪不完；两仪不完，则所生男女必柔弱；男女一柔弱，而万事隳矣！"[1]"两仪"指天地或阴阳，这里指男女之事。女性由于从小裹足，三寸金莲，行动不便，户外活动减少。这样，就不会有强健的体魄，致其所生子女柔弱多病，从而影响国家的强盛。钱泳之论振聋发聩，每个有民族责任感和使命感的人都会为之警醒！

明清时期是中国历史发展的一个重要阶段。封建制度日益衰落，新的经济因素破土而出。明清士大夫的女性意识就产生于这样的政治经济环境之中。他们反对女人祸水论，为女人辨诬；认为女人和男人在认识能力上是平等的；同情寡妇的遭遇，主张寡妇改嫁；反对妇女缠足。对宋明道学的陈腐观念、空洞说教进行了猛烈的批判，使传统女性意识发生了变异。

---

① （清）钱泳：《履园丛话》卷二三《杂记上·裹足》，孟斐校点，上海古籍出版社 2012年版，第 428 页。

它同此一时期对专制主义的批判、禁欲主义的抨击一起构成中国早期启蒙文化的重要内容，具有历史的进步性。但新的经济社会因素毕竟弱小，他们无法超越时代的限制。他们虽主张男女在智识上平等，女性有婚姻自由的权利，对封建婚姻制度造成了一定的冲击，但仍主张主性"以性情柔和为第一义"，顺从男性是女人的德性，对男尊女卑的观念未予根本否定，也未明确要求废除封建婚姻家庭制度，更多的只是对妇女遭遇的同情。但这些我们都不能苛责古人，他们只是清末女权运动的先声。

三、李贽的人际关系理论

人际关系是人们在物质生产和精神生产的过程中，形成的人与人之间的关系。这种关系和其他社会关系一样，与人类社会相伴生。社会本身就是人们交互作用的一种形式。但不同的社会发展阶段，人际关系具有不同的特点和理论模式。因为随着社会的变迁，社会经济条件的变化，人际关系也要因反映不同的时代内容而发生相应的变化。

我国封建社会有完备的人际关系思想体系。它开始形成于春秋战国时期。孔子面对春秋末年"礼崩乐坏"天下大乱的不稳定的社会状态，企图通过对人际关系的调整，恢复旧的社会秩序，实现社会的和谐发展，提出了"仁者爱人"的主张。要人们相亲相爱，孝亲悌兄，并把这种对亲族的情愫，由己及人，推广到更加广阔的社会生活中去。视天下如一家，视天下如一人。"己所不欲，勿施于人"；"己欲立而立人，己欲达而达人"。既尊重自己也尊重别人，互利互助。人际间充溢着一种温馨的亲情。

但由于孔子的仁爱精神产生于宗法社会，因此，与尊尊、亲亲的宗法原则是密切结合的。它强调人在社会中的等级名分，"君君、臣臣、父父、子子"，把人际关系伦理化，纳入尊卑贵贱的等级结构之中。这种思想后来经董仲舒、宋明理学家的发展，成为束缚人们的绳索。"君为臣纲，父为子纲，夫为妻纲"，"君臣父子，天下之定理，无所逃于天地之间"。天下无不是的父母，无不是的君主。建构起森严的人际关系的等级模式。

明清时期是我国封建社会的晚期，封建机体在许多方面都显露出衰败的征兆。明中叶，发达的商品经济浪潮的冲击，推动着新社会因素的诞生，也直接促进了人际关系的变革。李贽的人际关系理论，正反映了这一人际关系的现实。他对一些人际关系的原则作了新的阐发，对人与人之间的关系作了新的描绘，体现了明清文化转型的特点。

1."天下尽市道之交"

李贽在阐述其人际关系思想时，首先回答了一个人际关系学的本体论问题，即人际关系形成和发展的动力是什么？对此，李贽在当时的条件下，给予了自己时代的回答——"天下尽市道之交"。

李贽对这个问题的回答，是建立在对人性研究的基础上的。他在考察了历史上的人性论和审视了人的现实行为后，提出了自己对人性的认识，"夫私者，人之心也。人必有私而后其心乃见"[1]。他片面夸大人的自然属性，认为人的本性是自私的，把人视为无止境追求自私欲望实现的生物个体。由此，便逻辑地得出了他对人际交往的看法。"盖交难则离亦难，交易则离亦易。何也？以天下尽市道之交也。夫既为市矣，而曷可以交目矣，曷可以离病之。则其交也，不过交易之交耳！"[2]在李贽的笔下，社会

---

[1] （明）李贽：《藏书》卷三二《德业儒臣后论》，台湾学生书局 1974 年版，第 544 页。

[2] （明）李贽：《续焚书》卷二《论汇·论交难》，夏剑钦点校，岳麓书社 1990 年版，第 357 页。

交往成为逐利的手段，人际关系被完全商业化，人的尊严变成交换价值，其消极的人生观覆盖了人际关系的领域。

李贽在现实的土壤上构筑起自己的理论后，为了扩大它的适用范围，从而把它引入历史。他认为，不但现实如此，而且历史就是如此，自古就是如此。"千古有君臣，无朋友"①。他以挑剔的眼光，考察了君臣关系的实质，揭开了臣下冒死诤谏的秘密。他说："夫君犹龙也，下有逆鳞，犯者必死。然而以死谏者相踵也。何也？死而博死谏之名，则志士亦愿为之。况未必死而遂有巨福耶？"②原来，驱动着臣下犯颜直谏的是名利的诱惑，一切道义上的冠冕堂皇只不过是一片谎言！君臣伦理在很大程度上由利益维系着，而朋友，则是一种平等的关系，信义相从、言义而不言利。由于"举世皆嗜利，无嗜义者"③，导致了朋友之道的终绝。李贽以当代精神阐释历史，其结论虽不无偏差，但却向我们透露了可贵的时代信息。它昭示：当时的时代，商品经济的利剑，已挑破了笼罩在人际关系上的温情脉脉的面纱，每颗心灵都在经受着商品经济冰水的侵蚀，古道热肠、助人为乐的人际关系意识，随着社会结构的变化而悄悄地消失。双方对对方的需要成为人际关系形成和发展的动力！即便是圣如孔子，贤如七十子也不例外。"七十子所欲之物，唯孔子有之，他人无有也；孔子所可欲之物，唯七十子欲之，他人不欲也。"④人际间除了赤裸裸的利害关系外什么也没有。

2. 人际关系种类的划分

李贽在对人际关系的实质界定后，根据自己对现实人际关系的观察、

① （明）李贽：《焚书》卷一《答耿司寇》，夏剑钦点校，岳麓书社1990年版，第28页。
② （明）李贽：《焚书》卷一《答耿司寇》，夏剑钦点校，岳麓书社1990年版，第30页。
③ （明）李贽：《焚书》卷五《朋友篇》，夏剑钦点校，岳麓书社1990年版，第30页。
④ （明）李贽：《续焚书》卷二《论汇·论交难》，夏剑钦点校，岳麓书社1990年版，第357页。

分析，把复杂的人际关系分为十类，并认为，这十种类型概括了世间所有的人际交往。"十交，尽天下之交矣"①。李贽所划分的这十种类型的人际关系，在《焚书》卷三《李生十交文》中作了详尽的说明。这十种关系是：酒食之交、市井之交、遨游之交、坐谈之交、文墨之交、骨肉之交、心胆之交、生死之交等。在这十种人际关系中，李贽认为，酒食是"最日用之第一义"，是人类维持生存所必需。因此为"最切"。遨游之交、坐谈之交，是为了"令人心神俱爽"，满足人类交往心理的需要。而骨肉之交、心胆之交、生死之交，是人类道德价值的自我实现，由于人们竞相争利，则"未之见"。当时的社会交往，大多表现为酒食之交、市井之交②。李贽关于人际关系类型的划分，否定了传统人际关系的伦理化倾向，反映了在商品经济的冲击下，人们文化心态的变迁，并且明显地打上士大夫的印痕。

3. 反对人际关系的等级模式，力主人际间的平等关系

中国封建社会建立在宗法制的基础之上，人际间等级森严，社会的人被划分为十等："一官、二吏、三僧、四道、五医、六工、七猎、八民、九儒、十丐。"且统治者大力倡导封建的伦理纲常，从家庭到社会形成层层的隶属关系，等级制成为封建社会的普遍特征。李贽对封建社会等级进行了不遗余力的抨击，充分论述了人际间平等关系。

李贽对人际平等关系的论述，从道德开始，带有浓厚的中国特色。他首先阐述人的道德平等。他说："德性之来，莫知其始，是吾心之故物也"③，

---

① （明）李贽：《焚书》卷三《李生十交文》，夏剑钦点校，岳麓书社1990年版，第128页。
② （明）李贽：《焚书》卷三《李生十交文》，夏剑钦点校，岳麓书社1990年版，第128页。
③ （明）李贽：《李温陵集》卷一《道古录上》，明刻本。

"盖人人各具有是大圆镜智"①。李贽继承了历史上的天赋道德观念，并加以创造性的发展。认为，人的道德禀赋，"与千圣万贤同"，只要不断扩充善端，每个人都可进入圣人的境界，成为圣人。因此，"天下之人，本与仁者一般，圣人不曾高，众人不曾低"②。在人性上，大家都是平等的，圣人并不是高不可攀，不可企及。"尧舜与途人一，圣人与凡人一"③。在道德修养、人格自我完善方面，填平了圣凡之间不可逾越的鸿沟。其次，李贽认为，在能力方面，人与人也是平等的。他说："圣人所能者，夫妇之不肖可以与能"。即圣人也不一定能做到，因为圣人也有所不能④。最后，李贽还否定了人们在认识能力上存在的差别。认为，每一个人都天生具有潜在的认识能力。"天下无一人不生知，无一物不生知"⑤。由此出发，李贽还批判了理学家"男子之见尽长，女人之见尽短"的谬论。认为，"人有男女则可"，如谓见有男女，则不可。因为，男女具有相同的认识能力。如果说，在识见上真存在差别的话，那也不是女子自身的原因，而是由社会对女性的禁锢造成的。她们终身深居闺阁，足不出户，所见皆闺阁中事，见闻自然受限。若因此而把她们视为短见之人，李贽认为，那也太冤枉她们了！⑥

总之，李贽在中国历史上第一次树起了人际平等的丰碑，他从道德、能力、认识能力方面充分论述了人际间的平等，从而初步建构起了平等的人际关系模式。尽管这种平等观尚很幼稚，而且缺乏政治经济的基础，但

---

① （明）李贽：《续焚书》卷一《书汇·与马历山》，夏剑钦点校，岳麓书社 1990 年版，第 281 页。

② （明）李贽：《焚书》卷一《复京中友朋》，夏剑钦点校，岳麓书社 1990 年版，第 19 页。

③ （明）李贽：《李温陵集》卷一八《道古录上》，明刻本。

④ （明）李贽：《李温陵集》卷一九《道古录下》，明刻本。

⑤ （明）李贽：《焚书》卷一《答周西岩》，夏剑钦点校，岳麓书社 1990 年版，第 1 页。

⑥ （明）李贽：《焚书》卷二《答以女人学道为见短书》，夏剑钦点校，岳麓书社 1990 年版，第 59 页。

他毕竟是中国历史上系统地对人的平等进行理论论述的第一人，无疑具有重要意义。

4. 反对依附型的人际关系，提倡人际交往中的自主性

人际关系的依附性，是中国宗法社会的痼疾，与等级制相并而生。由于宗法伦理观念的束缚和国家政治法规的强制，生活于这种社会的人渐渐失去了作为人的自主性，形成了依附型人格。李贽作为时代的先觉者，对此有敏锐的洞察。他说："今之人皆受庇于人者也"，"居家则庇荫于父母，居官则庇荫于官长，立朝则求庇荫于宰臣，为边帅则求庇荫于中官，为圣贤则求庇荫于孔孟，为文章则求庇荫于班马"。① 这些人奴性十足而不自知。李贽认为，他们犹如未成年的孩子。他主张自立，反对受庇于人。他说："未有丈夫汉不能庇人，而终身受庇于人者也。"② 人无论在思想上，还是行动上，都应有自己独特的个性，不能事事迎合别人，依赖别人，应肯定自我，发展自我，确立自我在人际交往中的自主性。李贽的这种思想，在其著作中的许多地方都可见到，他在当时能提出这种见解，是非常可贵的。

5. 倡导竞争型的人际关系

我国古代提倡人际关系的和谐，"礼之用，和为贵"。要求大家遵守礼的规范，实现社会和谐于贵贱尊卑有差的秩序之中。在具体的人际交往中，倡导以"温良恭俭让""恭宽信敏惠"为行为准则。一句话，温和、谦让、彬彬有礼是古代人际关系的特点之一。

---

① （明）李贽：《焚书》卷二《别刘肖川书》，夏剑钦点校，岳麓书社1990年版，第57页。

② （明）李贽：《焚书》卷二《别刘肖川书》，夏剑钦点校，岳麓书社1990年版，第56页。

明中叶后，传统的社会结构发生了些微变化。所谓"出贾既多，土田不重，操赀交捷，起落不常；能者方成，拙者乃毁；东家已富，西家自贫，高下失均，锱铢共竞，互相凌夺，各自张皇"①。强吞弱、众并寡蔚然成风。李贽适应这种变化了的社会形势，超越传统的束缚，为强者张目，鼓吹弱肉强食的生存竞争。他说："强者，弱之归，不归必并之；众者寡之附，不附即吞之。"并认为，这种违背传统道德准则的社会行为是"天道"的体现，是社会的普遍规律。虽圣人也不可违背。他指斥当时禁止众暴寡，强凌弱的法律，是"逆天道之常"，"拂人之性"②。肯定生存竞争的合法性，从而倡导一种竞争型的人际关系；但是，人为地强凌弱、众暴寡则是不合理的。由于时代的限制，李贽没能区分弱归强与强凌弱的差别所在。

总之，李贽的人际关系理论与明中叶后商品经济的发达，新的社会经济因素的出现有着密切的联系。它是当时"金令司天，钱神卓地"的社会现实，在意识形态领域的折射。同时，也是在商品经济繁荣的条件下，人们要求自主、自立，改变对统治者的依附关系的哲学回声，是时代的呐喊。我们不能因为他夸大对人的自然属性的认识，而抹杀其全部价值。他的人际关系思想有积极、进步的一面，如主张平等、自主的人际关系；但也存在一些偏颇。如"天下尽市道之交"就无视传统的人际关系中"仁""义"的原则；十种人际关系种类的划分亦不尽合理。

最后，通过对李贽人际关系思想的剖析，我们也应吸取一些思维教训。一方面，思想的创造要感受时代脉搏的跳动，反映时代的特征；另一方面，在社会剧变，传统道德价值体系面临解体时，思想家应高屋建瓴，

① （明末清初）顾炎武：《天下郡国利病书》（二），第 9 册，《凤宁徽·歙志》，上海科学技术出版社 2002 年版，第 712 页。

② （明）李贽：《李温陵集》卷一九《道古录下》，明刻本。

指导民众现实行为的价值选择，而不应被动地受"时代潮流"的左右，走入理论的误区。

四、明清商人与多民族国家统一及边疆地区经济发展

今天的中国，疆域辽阔，民族众多，是一个统一的多民族国家。其开始形成于何时，学术界尚存分歧。但最后形成于清前期，则是学术界的共识。国家统一、对边疆地区控制加强，是清前期统一多民族国家空前巩固的重要表现。然而，这一划时代历史成就的取得，是通过一系列平叛及反对外来入侵的战争完成的。如平定"三藩之乱"、准噶尔部叛乱、回疆叛乱、大小金川叛乱及反击廓尔喀入侵西藏等。在这些战争中，商人们都坚定地站在清王朝一边，以多种方式支持为了国家统一而进行的正义战争。这类材料在史籍中多有记载。如：程德乾，倜傥多大略，中年服贾。以吴三桂为首的"三藩"叛乱后，为防止耿精忠进犯浙江，组织团练地方武装，据守休宁县东南百里处，由闽入浙的交通要冲——白际岭①。吴尔襄，服贾豫章，常往来于临川、乐安之间。"三藩"叛军进攻乐安，"尔襄倡设防御，邑人得免残戮"。临川告急，尔襄又驰往临川，"偕邑令誓诸生于学，募丁壮固守，贼莫敢犯"，两邑赖之以安②。他们不避矢石，奋战疆场，直接与分裂势力戈矛相向，对叛军起到了一定的遏制作用。有的不惮万里跋涉，翻越崇山峻岭，穿过戈壁沙漠，为大军供应给养。这方面，以范毓馪最具代表性。康熙六十年（1721），为牵制策妄阿喇布坦，护送六世达赖入藏，清廷派军西征，清将富宁安兵至吐鲁番。山西介休富商范毓馪自请

---

① （道光）《休宁县志》卷二四《杂志》，清嘉庆二十年刊本。
② （道光）《歙县志》卷八《人物志·义行》，清道光八年刻本。

以家财为大军转饷，由于他精心筹划，虽辗转万里，运饷万石，无一后期，有效地保证了军队的粮食供给①。雍正七年(1729)，世宗命侍卫内大臣傅尔丹为靖边大将军出北路，川陕总督岳钟琪为宁远大将军出西路，分兵两路征讨噶尔丹策零。军需挽输孔急。怡亲王允祥因毓馥前次运饷有成，遂举荐毓馥负责大军后勤供应，转运粮饷。范毓馥欣然应允，尽心办理。此次运粮地点，以科布多为最远。必须穿越穷荒沙碛之地，历经崇山巨泽。但由于范毓馥对运粮所需人工、牲畜、器具、刍粮等先期办理，擘画精详，粮车首尾相连，如期到达，"幕府所在，储胥充裕，军得宿饱"②。清廷用兵西北，范毓馥多次承担运输军粮的任务，"前后十年，所运米凡百万石，所省大司农金钱六百余万"③。其他运送军粮的商人也不在少数。在乾隆年间进行的大小金川之役中，挽运粮储，除官运外，照例兼用商运，给价招商，认运米石，"各商自备成本办运"，俟运抵指定军营，"掣有仓收，按数给价"④。虽山险路窄，跋涉少艰，但在有效保障官兵的粮饷供给方面起到了较大的作用。阿桂在给乾隆的奏折中说："军储无缺，商运之力为多。"⑤ 用兵西北所需牛羊也取给商贩。乾隆二十一年（1756）五月，大学士管陕甘总督黄廷桂疏称，"往年西路军营所需牛羊，多借资于北路商贩"⑥，等等。有的则佐国家之急，慷慨解囊，为朝廷提供财政上

---

① （清）钱仪吉：《碑传集》卷四二《范毓馥墓表》，载《中国近代史料丛刊》第 93 辑，台湾文海出版社 1987 年版，第 2108 页。

② （清）钱仪吉：《碑传集》卷四二《范毓馥墓表》，载《中国近代史料丛刊》第 93 辑，台湾文海出版社 1987 年版，第 2108 页。

③ （清）钱仪吉：《碑传集》卷四二《范毓馥墓表》，载《中国近代史料丛刊》第 93 辑，台湾文海出版社 1987 年版，第 2108 页。

④ （清）阿桂：《平定两金川方略》卷四〇，《文渊阁四库全书》第 360 册，台湾商务印书馆 1986 年版，第 624 页。

⑤ （清）阿桂：《平定两金川方略》卷五九，《文渊阁四库全书》第 361 册，台湾商务印书馆 1986 年版，第 818 页。

⑥ 《清高宗实录》卷五一三，乾隆二十一年五月丙申，中华书局 2008 年版。

的援助。这方面的例子更多。在平定大小金川叛乱的战争中，晋商张英于乾隆十三年（1748），"输入白镪千，助金川军役"；乾隆三十八年（1773），"复输金万有二千，助金川饷"①。前后两次捐饷。广东洋商潘振成等也捐银20万两②。两淮盐商财大气粗，捐输数额更大。总商江春等一次就捐银达400万两之巨③。乾隆五十六年（1791），统治尼泊尔的廓尔喀兴兵入藏，肆行烧杀抢掠，给西藏僧俗人民带来了巨大的灾难。清廷发兵抗击。商人们也纷纷捐款支持战争。两浙商人何永和等捐银50万两④。两淮商人亦不甘落后，洪箴远等捐银20万两⑤。道光六年（1826），平定大和卓木的孙子张格尔叛乱。广东洋商伍敦元等捐银60万两，盐商李念德等捐银40万两⑥。淮商请捐400万两以备军需，加恩赏收银200万两⑦。浙商公输军饷，呈请报效银100万两⑧。河东商人因军营需用较繁，吁恳公捐银20万两⑨。粤东洋盐两商并淮南两浙盐商公捐银310万两⑩。等等。这些巨额的捐输给予了清廷以有力的财政支持。

---

① 《定阳张氏族谱》，载张正明、薛慧林：《明清晋商资料选编》，山西人民出版社1989年版，第296页。
② （清）阮元：《两广盐法志》卷二九《捐输》，载于浩辑：《稀见明清经济史料丛刊》第一辑，第43册，国家图书馆出版社2009年版，第134页。
③ （清）王定安：《两淮盐法志》卷七《王制门》，清光绪三十一年刻本。
④ 《清高宗实录》卷一三九七，乾隆五十七年二月下癸亥，中华书局2008年版。
⑤ 《清高宗实录》卷一三九五，乾隆五十七年正月下己丑，中华书局2008年版。
⑥ （清）阮元：《两广盐法志》卷二九《捐输》，载于浩辑：《稀见明清经济史料丛刊》第一辑，第43册，国家图书馆出版社2009年版，第181页。
⑦ （清）曹振镛：《平定回疆剿捦逆裔方略》卷三五，载《中国近代史料丛刊》第86辑，台湾文海出版社1987年版，第2218页。
⑧ （清）曹振镛：《平定回疆剿捦逆裔方略》卷三六，载《中国近代史料丛刊》第86辑，台湾文海出版社1987年版，第2280页。
⑨ （清）曹振镛：《平定回疆剿捦逆裔方略》卷三八，载《中国近代史料丛刊》第86辑，台湾文海出版社1987年版，第2379页。
⑩ （清）曹振镛：《平定回疆剿捦逆裔方略》卷三八，载《中国近代史料丛刊》第86辑，台湾文海出版社1987年版，第2406—2407页。

那么，这些商人为什么会有如此行为呢？原因当然不止一端。但清朝前期的通商政策在其中起到的作用不可小觑！概而言之，一是清朝实行通商政策，为商人营商逐利提供了合法的制度性保障，整顿榷关关务和评定市价的牙行，在一定程度上免除了官吏、奸牙等的需索，增强了商人对朝廷的向心力和亲和力，从而形成了商人与朝廷在思想上和行为上的一致性。而这是商人拥护朝廷平叛和加入维护国家统一行列的基本原因。没有对清朝统治及国家的认同，是很难想象商人会为朝廷平叛及反对外来入侵的战争血战疆场、自请运送军粮和吁恳捐输白银的。春秋时，郑国商人弦高"矫诏犒秦师"，站在郑国国家的立场，反对远袭郑国的秦军，也是因为郑国国君保障商人的利益。对清前期商人踊跃加入维护国家统一与巩固的行列，也应作如是观。二是清前期的通商政策满足了商人在政治上的需求。在中国传统社会中，官本位盛行，做官是各阶层共同的向往，被视为人生价值实现的最高体现。商人也不例外。"富而好官"是商人们的一种普遍的心态和价值追求。而清朝的通商政策中，恰好就有鼓励商人"急公好义"，凡捐输报效，运送军需多者，报部议叙，予以官位或职级的内容。通商政策为商人打开了通往仕途的通道，激发了商人的政治动机，给他们跻身上层社会提供了空间，极大地满足了他们的心理需求。许多商人正是在这种强烈的政治动机驱使下不吝捐输和千里运粮的。

另一方面，纵观古今中外的历史，国家的统一与巩固，特别是多民族国家的统一与巩固，固然离不开军事政治力量的强盛，但单靠兵威和有效的行政管理模式是难以长久维持的。世界历史上许多大帝国短暂繁华后即快速瓦解就是明证。多民族国家的统一与巩固还需要"经济力"和"文化力"的维系。乾隆皇帝实际上已经认识到了经济发展与边疆稳定的密切关系。乾隆四年（1739），贵州古州镇总兵韩勋奏：贵州"苗疆向无市廛，近今兴立场市，各寨苗民商贩，俱按期交易称便，并无强买强卖，军苗实属乐业"。乾隆帝下旨："览奏，朕怀诚慰！若能行之以实，则将来永远安谧矣。"①而清朝前期的通商政策在推动经济发展，特别是边疆民族地区的发展方面是起到了不小的作用的。清朝前期的通商政策为商人走向市场之路提供了有效的制度安排，商人队伍扩大，特别是形成于明中叶以后的十大商帮在明末清初旷日持久的战争中不仅没有衰亡，而且还在清前期进入了发展壮大的阶段，这与通商政策密切不分。内地商贾既多，必然往边疆开拓新的市场，而通商政策规定，商民只要领有照票就可赴边疆各地贸易。制度的许可使前往边疆地区的商人较以往增多。如："奉天昔日人烟稀少，土著逐什一者甚少，而山西帮、直隶帮、山东、河南、三江各帮遂纷至沓来，反客为主矣"②。新疆的阿克苏、叶尔羌，"中原商贾，山、陕、江、浙之人不辞险远，货贩其地"③。巴里坤"商贾毕集，晋民尤多"④；打箭炉"城以内所驻商贾，惟秦晋两帮最多"⑤。道孚"汉商颇多饶裕，皆陕人"⑥。到西藏经商的商人也不少，如康熙时，歙县人李遴"向业贩茶，本办安徽腹引，改边引，至其地，遂为商首，各商国课，皆交李完纳"⑦。还有不少商人北上蒙古贸易，如"科布多之商有京庄、山西庄二大别"⑧，等等。这些

---

① 《清高宗实录》卷一〇五，乾隆四年十一月壬申，中华书局 2008 年版。

② （民国）《沈阳县志》卷七，转引自张正明：《明清山西商人概论》，《中国经济史研究》1992 年第 1 期。

③ （清）椿园：《西域闻见录》卷二上《新疆纪略下》，清青照堂丛书本，第 29 页。

④ （清）文绶：《陈新疆情形疏》，载琴川居士：《皇清奏议》卷五九，《续修四库全书》第 473 册，上海古籍出版社 2002 年版，第 496 页。

⑤ 《小方壶舆地丛钞续编》第三帙，转引自张正明：《清代晋商的股俸制》，《中国社会经济史研究》1989 年第 1 期。

⑥ （清）徐珂：《清稗类钞》第 5 册，《农商类·道孚商务》，中华书局 1984 年版，第 2337 页。

⑦ （清）徐珂：《清稗类钞》第 5 册，《农商类·西藏茶务》，中华书局 1984 年版，第 2340 页。

⑧ （清）徐珂：《清稗类钞》第 5 册，《农商类·科布多商务》，中华书局 1984 年版，第 2339 页。

商人背井离乡，远赴边地，大多因以致富，获得巨利，积累了雄厚的商业资本。但更促进了边疆地区经济的发展及边疆与内地经济联系的加强。

首先，促进了边疆地区城市的发展。归化城是旅蒙商人的汇聚之地，这里商贾云集，遂成为蒙古地区的贸易、商业中心；包头有"先有复盛公，后有包头城"之说，西宁则有"先有晋盛志，后有西宁城"的说法。说明包头城和西宁城的兴起、发展与晋商经营此地有很大的关系。川西的打箭炉，"汉夷杂处"，为入藏的必经之地，吸引了大批商人到此。因此，"百货完备，商务称盛，在关外可首屈一指。常年交易，不下数千金，俗以小成都名之"①。乌鲁木齐，"其地为四达之区，以故字号店铺，鳞次栉比，市衢宽敞，人民辐辏，茶寮酒肆优伶歌童工艺技巧之人，无一不备，繁华富庶甲于关外"②。伊犁，"官兵既众，商旅云集，关外巍然一重镇矣"③。巴里坤"城厢内外，烟户铺面，比栉而居"④。阿克苏，"地当孔道，以故内地商民外番贸易，鳞集星萃，街市纷纭，每逢八栅尔会期，摩肩雨汗，货如雾拥"⑤。叶尔羌，"比栉而居，几无隙地，中国商贾山陕江浙之人，不辞险远，货贩其地，而外藩之人如安集延、退摆持郭酣、克什米尔等处，皆来贸易，八栅尔街长十里，每当会期，货如云屯，人如蜂聚，奇珍异宝往往有之，牲畜果品，尤不可枚举"⑥。商人赴边疆地区经商推动了边地城市人口的增加和商业繁荣。

其次，加强了内地与边疆的经济联系，各族人民的联系亦日益增强。如：旅蒙商人将内地生产的布、茶、米、绸缎、铜铁器、瓷木器及日用杂

---

① 徐珂：《清稗类钞》第5册《农商类·打箭炉商务》，中华书局1984年版，第2336页。

② （清）椿园：《西域闻见录》卷一上《新疆纪略上》，清青照堂丛书本，第6页。

③ （清）椿园：《西域闻见录》卷一上《新疆纪略上》，清青照堂丛书本，第8页。

④ （清）文绶：《陈新疆情形疏》，载《皇清奏议》卷五九，《续修四库全书》第473册，上海古籍出版社2002年版，第496页。

⑤ （清）椿园：《西域闻见录》卷二上《新疆纪略下》，清青照堂丛书本，第26页。

⑥ （清）椿园：《西域闻见录》卷二上《新疆纪略下》，清青照堂丛书本，第29页。

货长途贩运到蒙古地区，又将蒙地所产之驼、马、牛、皮毛、蘑菇、药材等运销内地。据载，当时的货流量很大。"岁入糙米二万余石，油麦八千余石，砖茶二十余万方"，"岁出驼马牛约十余万头……羊皮岁出约四十余万张"①。在西南，输入民族地区的商品以茶为大宗，针、棉线、布匹、烟叶、水烟等亦甚畅销。输出产品则以鹿茸、麝香、牛、羊、皮毛、冬虫夏草、贝母、红花、藏香等为大宗②。边疆地区与内地的经济交流日趋频繁。在商业活动中，各族人民的联系也日益增强。如：赴蒙商贩皆以牛车载货，运至库伦、科布多二城发卖，常常数百辆牛车前后相联，蔚为壮观。赶车者皆为蒙古人，暇则唱歌。其乐融融！③还有与蒙古人共同经商者，"蒙人出资本"，"岁一结帐"④。利益的纽带把他们紧紧地联系在一起。

再次，往边疆从事农业垦殖的商人也不乏见，促进了边疆地区的农业开发。试以新疆为例。在伊犁，商民张子仪等 32 户，自乾隆二十八年（1763）起，共垦种麦地 39618.6 亩，平均每户屯种 1238 亩。商民张尚义等 200 户，自乾隆二十八年（1763）起，共垦种蔬地、稻田 10668.6 亩⑤。在乌鲁木齐屯区，有陈善魁等 170 户商屯⑥。"巴里坤所属穆垒地方，可垦地亩甚多，前军机处议准，于西安、肃州等属，招募无业贫民，安插该处耕种，业经节次派往。但该处地势旷阔，须民人认垦，方得日渐开辟。现据巴里坤填臣德昌报，有奇台商民芮友等三十二名呈称，穆垒地广土肥，

① （清）徐珂：《清稗类钞》第 5 册《农商类·乌兰布察商务》，第 2339 页；《农商类·科布多商务》，第 2339 页，中华书局 1984 年版。

② （清）徐珂：《清稗类钞》第 5 册《农商类·打箭炉商务》，第 2336 页；《农商类·道孚商务》，第 2336 页，中华书局 1984 年版。

③ （清）徐珂：《清稗类钞》第 5 册《农商类·赴蒙商贩》，中华书局 1984 年版，第 2338 页。

④ （清）徐珂：《清稗类钞》第 5 册《农商类·蒙人贸易》，中华书局 1984 年版，第 2338 页。

⑤ （清）徐松：《西域水道记》卷三，《续修四库全书》第 728 册，上海古籍出版社 2002 年版，第 126 页。

⑥ （清）文绶：《陈新疆情形疏》，载琴川居士：《皇清奏议》卷五九，《续修四库全书》第 473 册，上海古籍出版社 2002 年版，第 497 页。

情愿开渠引水，认垦荒地，并自购籽种、牛只、农具。查该商民等携赀贸易，系有工本之人，请饬巴里坤镇臣给予执照，令其认垦耕种，仍与派拨户民，一体安插。"得旨："嘉奖。"①"迪化、奇台、绥来三州县及济木萨等处户民子弟成丁者，四百二十四户，再贸易佣工商民情愿认地垦种入于民籍者九十五户，照例每户拨给地三十亩，借给农具籽种牲畜。"报闻②。"库车、喀喇沙尔两城相隔九站，中间有布古尔、库尔勒两小回城，庄田早被内地商民租种棉花，每年运赴嘉峪关内贩卖，大获其利。吐鲁番回子地亩，商民租种棉花贩运关内获利亦然。"③此外，还有不少商民在哈密、乌鲁木齐、哈喇沙尔、乌什等地认垦菜园④。在新疆的农业开发史上，商人们用辛勤的汗水书写下了耀眼的一页。

---

① 《清高宗实录》卷八○一，乾隆三十二年十二月己丑，中华书局 2008 年版。
② 《清高宗实录》卷一一○七，乾隆四十五年五月甲辰，中华书局 2008 年版。
③ （清）曹振镛：《平定回疆剿捦逆裔方略》卷四五，载《中国近代史料丛刊》第 86 辑，台湾文海出版社 1987 年版，第 2747—2748 页。
④ （清）傅恒、刘统勋、于敏中：（乾隆）《钦定皇舆西域图志》卷三四《贡赋一》，《文渊阁四库全书》第 500 册，台湾商务印书馆 1986 年版，第 691、692、696、698 页。

第九章　明清商人整体衰落的原因

明清时期是我国古代继春秋战国秦汉、唐宋之后商品经济发展的第三次高潮。商品经济异常活跃，地域商帮如雨后春笋般涌现，商人成为一个重要的社会阶层。他们在商业实践中练就了精湛的经营之道，同时也积累了相当雄厚的商业资本。如在明代的徽州商人中，有藏镪至百万者，二三十万的资产拥有者只能算作中等商人①。清代两淮盐商积累的财富更令人咋舌："向来山西、徽歙富人之商于两淮者百数十户，蓄资以千万计。"②可以说，无论在从业人员的数量上，还是财富的占有量上，与西欧封建社会晚期的商人相比，明清商人都毫不逊色。然嘉庆、道光以后，除个别商帮影响继续扩大，较好地实现了近代转型外，其他商帮大多未能经受住近代风雨的考验，先后衰落下去了。这些有着几百年历史，对明清社会产生过重大影响的商帮衰落的原因何在？为什么明清商人未能整体地转化为近代商人？不少商帮研究者提出了自己的观点。他们较为普遍地认为，是清廷的打压、掠夺，帝国主义的侵略，③战争的影响及近代市场经

---

① （明）谢肇淛：《五杂俎》卷四《地部二》，上海书店出版社 2009 年版，第 74 页。
② （清）汪喜孙：《从政录》卷二《姚司马德政图叙》，载汪中：《汪氏丛书》，中华书局 1925 年版。
③ 张海鹏、张海瀛：《中国十大商帮》，黄山书社 1993 年版，第 46—48、78 页。

济大潮的冲击。① 这些认识无疑都是深刻的。但前者只强调了外部因素对
明清商人的影响，忽视了对明清商人自身的考察。而我们知道，内因是事
物发展的根据，外因是通过内因起作用的。且人是历史的主体，在历史发
展中的作用是不可小视的。笔者认为，明清商人未能整体地实现近代转化
的原因是多方面的，不可能是单一因素所致，但主要还应从明清商人自身
去寻找原因。本章拟从明清商人的商业行为与商品经济的矛盾性、明清商
人的职业身份认同这两个维度做一尝试性的探讨。

一、明清商人的商业行为与商品经济的矛盾性

1.商品经济的基本特征

要弄清楚在明清商人的商业行为中，究竟是否存在与商品经济相矛盾
的现象，首先必须明确商品经济的基本特征。这是解决这一问题的前提。
马克思把人类历史分为自然经济、商品经济、产品经济三个时期，并揭示
了各个时期的特征，对商品经济有过深刻的论述。② 国内学术界也有不少
研究。一般认为，商品经济是一个历史范畴，它直接以商品生产、商品交
换为基础和内容。在商品经济活动中，个人是从事商品生产和商品交换的
独立利益主体，其活动目的是追求个人物质利益，且不仅是谋生，而是追
求财富的积累和增长。人们的社会关系更是通过物与物之间的关系来表
现。因此，商品经济在本质上是获利经济，而非需求经济。商品生产和交
换的获利本性，必然要求最大限度地开发各种生产要素的潜能，使人、工

---

①　张海鹏、王廷元：《徽商研究》，安徽人民出版社 1995 年版，第 609 页。
②　黄楠森等：《马克思主义哲学史》卷二，北京出版社 1991 年版。

具、资源等发挥最大功能，追求利润最大化。① 这是商品生产者和经营者
都必须遵循的法则。

2. 明清商人与商品经济相矛盾的商业行为

揆诸明清商人的商业行为，确有不少商人在认识市场规律的前提下，
充分运用商业智慧，获得了极大的成功，表现了与商品经济的高度适应
性。但与商品经济相矛盾的商业行为也是较为广泛的存在的，它不仅表现
在商业活动的过程中，也体现在商业活动的目的上，且表现形式多种多
样。根据已掌握的材料，其矛盾性主要表现在以下几个方面：

第一，不能超越传统道德的藩篱，在经商活动中，耻言厚利，仅把经
商视为谋生的手段，对商业利润采取超然乃至漠视的态度。这方面的例子
很多，笔者略举几例。沈卓，诸生，常熟人，"家贫居市廛，超然物外"，
潜心诗歌创作，"诗格近孟东野、李长吉"②。周家禾，梅里（今江苏无锡
东南）人，"以卖米为业，自晨至午居肆中，过午辄闭肆，登小楼读书。
工诗好客，与朱彝尊、李良年、钟渊映比邻相善，诗酒往来无虚日"。③
他们虽身处商品市场的环境，却商无"市心"，将相当部分的时间用于读
书、作诗和与士大夫交游，经商似乎成了他们的副业。徐翁，"业儒不竟，
去服贾"，好施予，"解衣推食无所吝"。常训其子："安贫是福，它日有一
命寄，慎勿损清白声。"④ 将经商视为万不得已的谋生手段，且告诫其子，
只要"有一命寄"，有其他安身立命的地方，就不要经商。还有，朱仲龄，
溧水人，以父命习贾，"待人宽恕，不求自益，尝戒子孙以'学吃亏'三

---

① 杨魁森：《物化的时代——论商品经济的基本特征》，《吉林大学社会科学学报》1999 年
第 4 期。

② （雍正）《昭文县志》卷七《列传》，清雍正九年刻本。

③ （清）王应奎：《柳南随笔》卷四，以柔点校，上海古籍出版社 2012 年版，第 47 页。

④ （明）顾起元：《懒真草堂集》卷一一《徐封翁七十序》，上元蒋氏慎修屋排印本，
1916 年。

字"①。张通，长安杜陵人，15 岁即能通《大学》要义，后家道少衰，乃秉父命就贾，不数年即足迹遍天下。且有杰出的经商才能，"诸关中言贾者皆出公下矣，然公性惮厚利，而仅取足，曰：'苟可以给日用，则生道所关，如是而已，夫何以厚为哉！'"②黄龙孙，婺源人，"贸易无二价，不求赢余，取给朝夕而已。"③游仕魁，婺源人，"重气谊，喜交游，虽托迹懋迁而宽厚仁恕"，"既而生事稍裕，始治装归。"④他们更是害怕厚利，不求自益！

第二，在面对商场的狡诈和欺骗，利益受到损害时，常常强忍内心的伤痛和愤懑，宁愿自己吃亏受屈，也不愿起而抗争，维护自己的合法权益。吴士声，吴县人，游于贾，"居常操物奇赢，未尝闻智巧，或为人所欺，既觉，弗与较也。"且还常常告诫子弟："宁人负我，无我负人"。又说："第言人负我，我已负人。"⑤把中国传统文化中"忍"的智慧发挥到了极致。金观澜，海阳人，生平慷慨好施，"挟箧而贾鱼盐，好为廉贾，耻屑屑问锱铢，同贾诸人有欺匿者，知而不忍校（较）。"⑥凌晋，太学生，敦厚诚实，"虽经营阛阓中而仁义气蔼如，与市人贸易，黠贩或蒙混其数以多取之，不屑屑较也"⑦。张天绪，世居蔚州，"以贫故从贾，某姻戚与共赍行货，千没子母钱无算，更宣言以为君擅其有也，人咸为君张目，竟

---

① （同治）《续纂江宁府志》卷一四《人物·孝友》，清光绪十年重印本。

② （明）康海：《对山集》卷三七《墓志·明封承德郎刑部主事张公墓志铭》，明万历十年潘允哲刻本。

③ （民国）《重修婺源县志》卷四三《人物十二·质行二》，民国十四年刻本。

④ （民国）《重修婺源县志》卷三七《人物十一·义行一》，民国十四年刻本。

⑤ （清）吴德旋：《初月楼续闻见录》卷八，《近代中国史料丛刊三编》第 26 辑，文海出版社 1987 年版。

⑥ （明）顾起元：《懒真草堂集》卷二五《光禄署丞观澜金公传》，上元蒋氏慎修书屋排印本，1916 年。

⑦ （清）凌应秋：《沙溪集略》卷四《文行》，李琳点校，安徽师范大学出版社 2018 年版。

置不较"①。汪伯龄之父，"以下贾起繁昌，转而之齐鲁间，赢得以数千计。寻为宗人子同事者所千没，翁父（伯龄之父）为弗问也者而舍之。"②梁迪生，顺德人，少孤贫，稍长，经商佛山，与其弟壁生"同理银业"。"初理银业，中间缘附股伙开支号，为同事所亏欠，毁家以偿，尚有疑其匿款自肥者，弗与辨。"且说："平生不作亏心事，天道有知，吾后必昌。"③不追究使他陷入困境中的人，却把希望寄托在虚无缥缈的天道上。

第三，将从事商业活动当作实现对义的追求的手段，以义为追求的最高目标。这里面又可分为两种情况。一种是，有的在其商业生涯中，常常将辛勤积聚的财富用于周济贫困的亲友、宗族、邻里，以义而散，根本不考虑商业的进一步发展，甚至置家计于不顾。潘士相，休宁人，"尝贾孝感，值邑水沴，尽出其装以赈之。徒步归，人问所藏，则对以市义。"④汤阴郑氏，男子力耕治贾，"诸农贾所入皆困之，有婚嫁者族长主其费，寸布斗粟而上，无或私者。"⑤杜从信，万安镇人，"尝治鹾山东之鱼台，颇有积蓄，亲友称贷辄耗其半，归之日或实不能偿，出券焚之。"⑥王一鸿，世居三原，早年家徒四壁，后经商吴越、江淮致富，"虽自以纤啬起，然不吝里中，窭者持券取君囊如寄，或不能偿，辄为破券。"⑦丘琥，兰阳人，"商游吴中"，经营 40 余年，家至千金，"顾尽散诸弟男女及族若所识贫乏者。已

---

① （明）李廷机：《李文节集》卷二〇《扶风驿丞怙山张君墓志铭》，于英丽点校，商务印书馆 2019 年版，第 494 页。

② （明）汪道昆：《太函集》卷五三《处士汪隐翁配袁氏合葬墓志铭》，胡益民、余国庆点校，黄山书社 2004 年版，第 1116 页。

③ （民国）《佛山忠义乡志》卷一四《人物六》，载广东省社会科学院等：《明清佛山碑刻文献经济资料》，第 367 页。

④ （清）马步蟾、夏銮：(道光)《徽州府志》卷一二之四《人物·孝友》，清道光七年刊本。

⑤ （明）邓元锡：《皇明书》卷四一《孝行》，明万历刻本。

⑥ （民国）《洪洞县志》卷一三《人物志下》，民国十六年铅印本。

⑦ （明）温纯：《温恭毅集》卷一一《明寿官峨东王君墓志铭》，《文渊阁四库全书》第 1288 册，台湾商务印书馆 1986 年版，第 644 页。

而金辄复集，集而复散，终不为自计。"① 刘宾，山西沁水人，"以赀市缯江淮间"，"性喜施予，能佐人急，岁计所入足自给，以其羡市粟贮别廪以待里之贫者，小歉则平直粜之，大歉则即与之，不收债，如是岁以为常。"② 黄明杰，绩溪人，贸易江右，"稍获赢余，即以散给贫乏，凡助婚葬恤孤寡多义举。"③ 王廷柏，淇源人，"贾游江湖，手致饶裕，绝不作悭吝态，偶有一诺必践，凡属知交无不沾其余润者，以慷慨故晚竟囊无长物，而伉爽之概不减曩时，遇好友而贫者犹称贷以赠之。淮扬间有'王救贫'之目。"④ 吴椿年，歙县人，业盐扬州，产不过中人，然好施予，"每岁暮，权其里中之贫者缓急多寡，折白金作数等，各裹以纸纳怀中，昏夜按门而投。知其所为者，就而谢之，则答以未知也。"又"卖米于市，截竹为半升，实受升之二三。盖卖米以半升计必贫人，取半升之值而与大半升之粮，阳为交易之迹，而阴行其周恤之心也"。⑤ 汪宏达，"弃儒服贾，曾三致千金，皆资贷贫交不取偿。"⑥ 毕本晋，兄弟五人，惟本晋服贾，"稍有赢余，恒资给其兄弟。"⑦ 王国沾，歙县人，"幼贫服贾山东，晚年家稍裕，修道路，济贫乏，凡有负贷未偿者焚其券。"⑧ 王政，待弟极为友爱，"在外经营数年，所积资财尽数给弟，并不以私其子"⑨。王玉鼐，太谷县人，"服贾于辽，临行与堂兄弟及侄析产讫，封一函付堂叔鸿业曰：'侄归始启。'服贾十年归，获利

---

① （明）李梦阳：《空同集》卷四五《处士松山先生墓志铭》，《文渊阁四库全书》第 1262 册，台湾商务印书馆 1985 年版，第 412—413 页。
② （明）冯琦：《宗伯集》卷一八《封吏部左侍郎松岩刘公行状》，明万历刻本。
③ （清）清恺、席存泰：（嘉庆）《绩溪县志》卷一〇《尚义》，清嘉庆十五年刊本。
④ 葛韵芬修，江峰青纂：（民国）《重修婺源县志》卷三七《人物十一·义行》，民国十四年刻本。
⑤ （清）阿史当阿修，姚文田纂：（嘉庆）《扬州府志》卷五二《人物·笃行》，清嘉庆十五年刊本。
⑥ （清）马步蟾、夏銮：（道光）《徽州府志》卷一二之四《人物·孝友》。
⑦ （清）马步蟾、夏銮：（道光）《徽州府志》卷一二之四《人物·孝友》。
⑧ （清）劳逢源、沈伯棠：（道光）《歙县志》卷八之八《人物志·义行》，清道光八年刻本。
⑨ （清）鹿学典、武克明：（光绪）《浮山县志》卷二二《孝义》，清光绪六年刻本。

巨，与兄弟及侄重分，启函证之，盖夙志也。"① 等等。另一种情况则是，有不少商人在积累起可观的财富后，即"金盆洗手"，毅然"罢商而归"，专以行义为事。阎天杰，猗氏县人，经营盐业，"运发陕西长安、华阴两县，商事五年之间，盈利数万，旋辞商归家，倡修庙宇，周济贫乏，每于岁暮，设饭施衣，终身不倦。"② 闵世璋，歙西岩镇人，少孤，九岁废书，长大后，"走扬州，赤手为乡人掌计簿，以忠信见倚任。久之，自致千金；行盐策累赀巨万。自是，遂不复贾，岁入自家食外，余尽以行善事，故箧财利数十年而产不更饶。"③ 汪景光，歙县西溪人，"业贾三十年，年五十以生产付子孙，专务利济族之茕苦者，计月给粟，岁费钱百五六十千"④。这两种情况虽在表现形式上有所不同，前者边经商边行义，后者专门行义；时间上也有先后之别，前者发生在商业过程中，后者出现在停止商业活动之后，但其以行义为经商的最高目的是非常清楚的。在现代社会中，也常有不少企业为营造和谐的外部环境，提高知名度而投资社会公益事业。那么，明清商人的这种行为是否也含有公关的含义呢？这当然不能完全排除。但我们应注意，公关的目的是为了扩大商业规模，使生意更加兴隆，而这些商人倾其所有以行义，是丝毫看不到这方面影子的。

以上诸端显示，不少明清商人经商或以获取生存所需的基本生活资料为满足，不逐厚利；或以义为追求的最高目标，通过商业活动建立完善的传统道德人格的经济基础；或害怕冲突，隐忍退让，不能有效地保护自己的正当利益。这些都是与商品经济的获利本性及正当利益最大化的要求相冲突的。可见，在明清商人的商业行为中，与商品经济相矛盾的情况确实是较为广泛地存在的，我们应予以足够的重视。

---

① 安恭己、胡万凝纂：(民国)《太谷县志》卷五《义行》，民国二十年铅印本。
② (清)徐浩修、潘梦龙纂：(光绪)《续猗氏县志》卷上，清光绪六年刻本。
③ (清)魏禧：《魏叔子文集外篇·文集卷十序·善德纪闻录叙》，清宁都三魏全集本。
④ (清)劳逢源、沈伯棠：(道光)《歙县志》卷八《人物志·义行》，清道光八年刻本。

3.明清商人的商业行为与商品经济的矛盾性产生的根源

明清商人的商业行为产生于商品交换之中，受到商品经济的规范和制约，本应体现商品经济的特性。那么，为什么会出现与商品经济相矛盾的现象呢？这种矛盾性产生的根源何在？

人总是生活在一定的环境中，环境在人的塑造中起着重要的作用。关于这一点，经典作家早有论述，马克思曾说："我们每一个人都是更多地受环境的支配，而不是受自己的意志的支配。"[①] 而环境是一个系统，由多种要素构成。但在社会环境的构成要素中，经济无疑是基础，人们的行为选择要受到所处时代的经济类型的规定。关于明清时期的经济类型，史学界有诸多讨论，普遍认为，明清时期商品经济虽有了较大的发展，市场有所扩大，但整个社会的经济结构尚未发生根本性的变化，自然经济仍占据着主导的地位。而自然经济从本质上说，是一种需求经济，一切经济活动的出发点和归宿都是以满足需求为目的，是为了买而卖，而不是追求"交换价值和交换价值的增值"。明清商人虽以商品交易为业，但置身于这种大的经济环境中，其商业行为不可能不受到自然经济本质特征的影响。

文化也是确定人们行为方式的重要因素之一。明清时期，文化开始转型，出现了许多新的趋向，但儒学仍是占统治地位的文化，它对明清商人的影响是巨大的。根据学术界的研究，明清时期不少商帮的商人都具有"贾而好儒"的特征，并且，在形成明清商人诚信无欺、缘义取利等经营之道及加强商帮的封建性方面起了较大的作用 [②][③]，这些认识是以大量史实为基础的，反映了历史的真实。但我们也应注意到，儒学的内在特性具有多样性，它对明清商人商业行为的影响也是多方面的。其"重义轻利"的价值观规定了商人道德至上的行为取向，使他们很难确立正当利益最大

---

① 《马克思恩格斯选集》第 4 卷，人民出版社 1972 年版，第 373 页。

② 张海鹏、王廷元：《徽商研究》，安徽人民出版社 1995 年版。

③ 张正明：《晋商兴衰史》，山西古籍出版社 1995 年版。

化的追求目标；"贵和息争"的思想更极大地限制了他们的商业行为，使他们在利益受到损害时，不能运用法律的武器，勇敢地与损害其利益者对簿公堂。儒学内在特质与商品经济的矛盾性孕育了"好儒"的明清商人与商品经济相矛盾的商业行为。

可见，明清商人与商品经济相矛盾的商业行为的形成确与明清时期的政治、经济、文化环境有莫大的关系。

然环境仅是决定人的行为的外部条件，人的行为是由一定的动机引起的，且动机决定行为的性质。因此，要全面理解导致明清商人与商品经济相矛盾的商业行为的原因，还必须分析引起这一商业行为的动机。心理学研究表明，动机源于需要，需要的类型决定动机的类型，且人们的大多数行为都是由多种动机引起的。同样，明清商人这一较为普遍的商业行为亦并非单一动机所致。那么，是哪些动机导致了这一商业行为呢？稽诸史实，在明清时期，许多人是因生活环境所迫而走上商贾之途的。如徽商是明清时期的著名商帮，它的崛起与徽州恶劣自然环境所形成的生存压力密切相关："徽州介万山之中，地狭人稠，耕获三不赡一。即丰年亦仰食江楚十居六七，勿论岁饥也。天下之民寄命于农，徽民寄命于商。"[1] 人口大幅度增长，耕地严重不足，不得不改变传统的生存方式。山西的情况也大致如此："晋俗以商贾为重，非弃本而逐末。土狭人满，田不足于耕也。"[2] 这一现象在其他地区也不同程度地存在。在此仅以吴县为例。《吴县志》载："国家太平日久，人民户口百倍于前，地无不耕之土，水无不网之波，山无不采之木石，而终不足以供人之用，为商为贾奔走四方。"[3] 他们经商是为了满足自身及家庭成员衣食等生理的需要，在生理需要基础上产生的生理动机是推

---

① （清）廖胜煃修，汪晋征纂：(康熙)《休宁县志》卷七，清康熙三十二年刊本。
② （清）徐继畬纂修，孙汝明续修：(光绪)《五台新志》卷二《生计》，清光绪九年续修刻本。
③ 曹允源，李根源纂：(民国)《吴县志》第五二上《风俗一》，民国二十二年铅印本。

动其商业活动的内在动力。心理学原理告诉我们，需要、动机是行为的内在原因，行为是需要、动机的外部表现。明清商人从商的生理动机必然会表现在商业行为上，这就使其商业行为不可避免地成为其实现生理性动机的手段，以谋生为目的。明清商人不逐厚利还与其隐逸动机密切相关。在中国历史上，一些满腹经纶之士，怀抱济世之才，因与流俗相左，视官位为腐鼠，远离浊世，寄情山水，隐于岩穴山林，保持高尚节操。到明清时期，在商品经济浪潮的冲击下，原有的隐遁方式发生了历史性变迁，由山林趋向市廛，由岩穴趋向城居，即所谓"大隐隐于市"。在明清载籍中，有诸多此方面的记载，笔者略引一二以印证之。陈镇明，山西绛县人，"好读书，隐于商，遇贫乏者，力周给之。尝著《复性语》以自娱。"① 沙维杓，长洲人，"居下津桥，隐于商，来往江西湖北，长髯巨颡，如酒豪剑客，诗多悲壮激发之音。袁枚赏其'花气半湖阴'五字，谓得五言佳境。"② 亢树滋，吴县人，"少好读书，不屑意举子业，稍长弃儒习贾，出则与驵侩为伍，入则手一编，讽诵不辍。""工诗，著有《市隐书屋文稿》十一卷，诗稿《危言》二卷。"③ 从这些记载看，他们从商的动机是十分明显的。经商只是隐遁的一种方式，做隐士才是其真意所在。自然，他们就不会以逐利为意。避祸动机对明清商人商业行为的影响也是巨大的。在封建政治法律中，产权制度欠完善，私有财产常遭到权力的觊觎，财产安全缺乏保障，逐渐形成了"财富为祸害"的观念。这对明清商人影响甚大，并内化为其心理结构的一部分。如：查道大，休宁人，"才识不群，尝客吴楚间，货殖多中。中岁业益殷，幡然归来，独捐一室，曰：'慎斋'。或者诘之，君曰：'天道忌盈，可不慎乎！'"④ 汪拱乾，婺源人，因家贫服贾，精会计，"其于物也，人弃我

---

① 徐昭俭修，杨兆泰纂：(民国)《新绛县志》卷五《孝义传》，民国十八年铅印本。
② (清)李铭皖修，冯桂芬纂：(同治)《苏州府志》卷八九《人物十六》，清光绪九年刊本。
③ 曹允源，李根源纂：(民国)《吴县志》卷六六下《列传四》，民国二十二年铅印本。
④ 《休宁西门查查氏祠记·城西善士世宏查君暮志铭》，载张海鹏、王廷元：《明清徽商资料选编》，第253条，黄山书社1985年版，第84页。

取，往往利市数倍，广置田宅，而自奉菲恶无异穷约时，尝蓄赢赀以时出入，缓急有求，请悉应之，任其先后来偿。年近六十，诸子私相谓曰：'凡物盈亏有时，昔陶朱公屡积屡散，其中男犹不免祸，况聚而不散者乎？'乾闻诸子言大悦，曰：'我抱此愿久矣！'悉出笥中积券共计八千两有奇，令人来合券遍归之。"① 周昊，绩溪人，"服贾赢""晚有余财，称贷者众，疾革，尽焚其券，曰：'无以是为子孙损智益过。'乾隆间，晕溪大路倾圮，伐木为桥以济行人。"梁国雄，顺德人，经商为生，有子三人。晚年，将所积白银千两付长子玉成，命其经商佐次弟蔼如读书。"玉成贾一年，获资累巨万。公曰：'财之积也难，汝骤获之，祥与殃莫定也，勉作善，毋累后人。'"② 他们视聚财为不祥，认为它会给自身带来祸患并可能累及子孙。因此，当资金积累到一定数量，即以德而散，或罢商而归，以求平安。避祸动机成为商人追求利润最大化的心理障碍。也许，导致明清商人与商品经济相矛盾的商业行为的动机还不只这些，但在明清商人的心理，这些动机比较强烈而稳定，它们在明清商人这一商业行为的形成中确实起着主导的作用。

总之，明清商人这一商业行为并非单一因素所致，它是外界环境与个体心理相互作用的结果。二者缺一不可。强调其中的任何一方面而忽视另一方面都是片面的。

4. 明清商人的商业行为与商品经济的矛盾性产生的影响

明清商人的商业行为与商品经济的矛盾性虽有其产生的原因，是那个时代的产物，在明清时代具有历史的合理性。但这种矛盾性说明，明清商人群体虽与市场相伴，却未能完全形成完整形态的市场经济人格，未能完

---

① 葛韵芬修，江峰青纂：(民国)《重修婺源县志》卷三七《人物十一·义行一》，民国十四年刻本。
② 《梁氏支谱》卷三《貤封奉直大夫内阁中书梁公传》，载《明清佛山碑刻文献经济资料》，广东人民出版社1987年版，第359页。

成成熟形态的市场主体的塑造。当然，我们不能苛责于明清商人，任何人都不可能超越他所处时代的限制。但对其自身命运及中国历史进程的影响却是巨大的。

他们仅视经商为谋取自身及家庭生活资料的手段，耻言厚利，以行义为最高目标，由于严重违背了商品经济的规律，带来的常常是一连串失败的记录和令人心酸的创痛。沈文桢，四明人，工书法，尝从族人沈应奇游阙下，居京师三年，无所成名，资产几近耗尽，又不愿"郁郁坐困"，遂持母钱三百缗，往钱唐大治酒舍，经营酒店业。"岁千酿酤市中，文桢故酒豪，愈益喜客。客至，或不问酒钱，酤三年，母钱尽。"①本钱全部丧失，辛劳付诸水流。张遐龄，蒲州人，性坦率，无城府，"虽幼事贸迁，而视财利甚轻，不屑屑较锱铢"，商游关陇，"连不获牟大利"，"乃南历五岭，抵番禺，往来豫章、建业诸大都会，凡六七年，而赀益耗，窘而归。"②闯荡南北数年，最终落魄返乡。朱荣，长洲人，家世业贾，"喜客，故所得辄缘手散尽，业日向衰，家日益落。"③沈江，蒲州人，"虽牵车服贾，不切切然计赢缩，当年盛志锐，携巨赀游关陇、扬越间，往往牟大利辄散去，不复訾省。末年生理渐耗，或终岁屡空"④。韩杰，"业贾，游吴越，胸次洒落，绰有风致，贫者建义宅以处之，生养死葬悉赡焉。戚友称乏，多方赈助，捐金修学为诸生倡，生平所绩，以仗义散尽。"⑤不但未能扩大商业规模，且为市场所淘汰。

---

① （明）汪道昆：《太函集》卷二八《沈文桢传》，胡益民、余国庆点校，黄山书社 2004 年版，第 605 页。

② （明）张四维：《条麓堂集》卷二八《叔父竹川府君暨配孺人李氏左氏合葬墓志铭》，张志江点校，上海古籍出版社 2018 年版，第 770 页。

③ （明）文征明：《文征明集·补集》卷三一《朱效莲墓志铭》，上海古籍出版社 1987 年版，第 1548 页。

④ （明）张四维：《条麓堂集》卷二八《寿官郇罔沈公墓志铭》，张志江点校，上海古籍出版社 2018 年版，第 760 页。

⑤ 徐昭俭修，杨兆泰纂：(民国)《新绛县志》卷五《孝义传》，民国十八年铅印本。

遇到经济纠纷时的隐忍态度，也使商人们蒙受了不应有的损失。张允龄，蒲州人，"识量宏远，诸所废居剂量往往牟奇息"，"会无良子数辈相与千没其赀，众为之不平，请理之官"，允龄曰："吾为若赚命也？天必鉴之"。"置不问，用是骤困。"① 武而谦，增广生，"少时贸易中州，积银四千余两，闻母病急归。母丧后，复至中州，则积银已为他人所取，人谓鸣官可以追给。慨然曰：'吾贸易为养母也，今母已矣，岂以财兴讼耶！'空囊而归。"② 商品经济是利益主体多元化的经济，市场主体间的利益冲突不可避免。一旦冲突发生，就该积极应对，焉能如此退缩不前，自取其败！

仅以谋生和行义为目的商业行为还使明清时期的许多商人缺乏一种持继续经商的动力，当积累起能够满足其需求的物质财富后，即罢商而归，栖身田园。刘善萃，南昌府人，"幼时见父作苦田间，掩面泣。既长，习贾于汉皋"。"后致赀足养，遂不出，兄弟怡怡侍左右孝养以终。"③ 黄才晖，"以服贾为孝养，及年四十余，念老亲在，非远游之时，遂弃业归，筑一室子身与父母居，每日饔飧皆手具。"④ 董华锴，少读书通晓大义，既长，"自伤家贫，无以给甘旨，乃弃儒服贾，营什一之利"。生计稍裕，乃喟然而叹："父母在，不远游，古圣人之训也，向特不得已而为之，今菽水幸无缺，可以补前愆矣！"遂罢商而归，孝事双亲⑤。马学良，"少孤贫，贸易西秦，忽念朝夕离母，即弃归"⑥。乔廷楹，北关人，因家贫，16

---

① （明）张四维：《条麓堂集》卷三〇《先考封光禄大夫柱国少师兼吏部尚书中极殿大学士岷川府君行状》，张志江点校，上海古籍出版社 2018 年版，第 806 页。

② 杨国泰纂修：(道光)《太原县志》卷一〇《人物》，清道光六年刊本。

③ （清）许应鑅修，曾作舟纂：(同治)《南昌府志》卷四八《人物·孝友》，清同治十二年刻本。

④ （清）郑梦玉修，李征霭纂：(同治)《南海县志》卷一六《列传·孝义》，清同治十一年刻本。

⑤ （清）钱大昕：《潜研堂集·文集》卷四九《赠儒林郎董君墓表》，清嘉庆十一年刻本。

⑥ （清）张应辰修，王墀纂：(嘉庆)《稷山县志》卷六《孝义》，清嘉庆二十年刻本。

岁时经商关中，历十余年，"积百余金，念亲老旋里"①等。他们停止商业活动的动机是高尚的，退出商场后的行为也是无可厚非的，却因此中断了商业生涯，致使长时间积累起来的经商经验和能力失去用武之地，无法得到继续发挥，造成了商业人力资源的极大浪费，阻碍了事业的进一步开拓。

由上可以看出，明清商人不以正当利益最大化为目标的商业行为是与商品市场环境不相容的。他们为此付出了惨重的代价！严重影响了明清商人实力的壮大！很明显，这样的商业行为是不可能抵御近代市场经济风浪的冲击的！况且，近代的中国是面对封建主义和外国资本主义的双重压迫，商业环境异常险恶。因此，我们认为，明清商人未能整体地实现近代转化，痛失历史机缘，原因固然复杂多样，有政治的、经济的，但明清商人的商业行为与商品经济的矛盾性也是一个非常重要的因素。

二、明清商人的职业身份认同

1.明清商人职业身份认同的多种类型

认同，在汉语词汇中，即是认可、赞同之意。身份认同即为个体对其社会身份的自我确认。人在社会上的身份是多重的，要充当多种角色。职业身份认同就是指个人对其所从事职业的认知和感受。明清商人地域分布广，人数众多，其职业身份认同必然多样，不可能划一，大致可分为两大类型，即价值型和工具型。如果再进一步细分，价值型又可分为价值型 A 和价值型 B；工具型也可分为工具型 A 和工具型 B。共两大类，

---

① 杨世瑛修，王锡祯纂：(民国)《重修安泽县志》卷一一《人物·孝友》，民国二十一年铅印本。

四小类。

（1）价值型 A。此类商人群体对其所从事的商业完全认同，将经营商业、积累财富当作实现人生价值的方式和途径，自尊自信，乐在其中，内心充满了喜悦和满足。这方面的例子从史籍中可以见到不少。许伴先，正统至嘉靖时歙县人，继承父业从商，"营运于荆楚之间"，常常讲，士农工商四业无高下、贵贱之分，"人之处世，不必拘其常业，但随所当为"。既然选择了商业这一职业，即应勇往为先，"苦其心志，劳其筋骨，以致富有"①，裕身肥家。吴肖甫，万历至崇祯间歙县人，与父亲吴正模一道，贾于楚地，极富经商才能，"间划一筹，巧出若翁上"。信心满满，理直气壮，敢于与儒士较高下，他说："岂必儒冠说书乃称儒耶!"②言外之意，商人只要践履儒家学说，也可称儒，认为商贾的价值不在儒士之下。吴良儒，歙县人，生九岁而孤，娶妻后，请受经为儒，母曰："儒固善，缓急奚赖耶?"命之业商，"深惟之，三越宿而后反命"，经过数晚的思想斗争和审慎地思考，决定听从母亲的安排。他说："儒者直孳孳为名高，名亦利也。藉令承亲之志，无庸显亲扬名，利亦名也。"③东走松江贸易，后以"泉布"起家。他认为，读书做官扬名显亲，光耀门楣，其实质仍是给家族带来利益；经商追逐利润，兴旺家业，也同样能给家族带来荣耀。名利相通，儒贾具有同等的价值，业儒者并不能占据道德的制高点。王文显，成化至嘉靖间山西蒲州人。业儒不成，弃而为商，"善心计，识重轻，能时低昂"，家致饶裕。前后经商40余年，足迹半天下。尝训诫诸子曰："夫商与士异术而同心，故善商者处财货之场而修高明之行，是故虽利而不

---

① （歙县）《许氏世谱·西皋许公行状》，载张海鹏、王廷元：《明清徽商资料选编》，第728条，黄山书社1985年版，第237—238页。

② 《丰南志》第5册《光裕公行状》，载张海鹏、王廷元：《明清徽商资料选编》，第738条，黄山书社1985年版，第240页。

③ （明）汪道昆：《太函集》卷五四《明故处士溪阳吴长公墓志铭》，胡益民、余国庆点校，黄山书社2004年版，第1143页。

污；善士者引先王之经而绝货利之径，是故必名而有成。故利以义制，名以清修，各守其业，天之鉴也。如此则子孙必昌，身安而家肥矣。"① 他认为，高明的商人应该是身处货利之场，以义制利，保持道德高洁，不做金钱的奴隶；高明的士人应该是潜心钻研先王之道，不生货利之心，趋炎附势。商与士虽职业不同，但对道德的坚守是一样的，商人与儒士在道德上是平等的。梁玉成，广东顺德人，兄弟三人，玉成为长，代父营商，支持二弟业儒，他说："吾营产业，汝勤学业，各肩厥任以承考志，勉矣，勿以尘务撄心。"② 将营产业、勤学业并列，认为此两者皆是家族兴盛的支撑，同等重要，不可或缺。持此种职业身份认同的商人在徽商、晋商、粤商以外的其他商帮中皆有存在，他们都把业商与业儒置于同等重要和具有相同意义的地位。

（2）价值型 B。此类商人对所从事的商业虽在总体上是认同的，但具有"迫不得已"的色彩，认为从商业比农业更能体现价值，不失为自我价值实现的一种途径。但在他们的心目中，业商只是"眼前的苟且"，业儒才是他们的"诗和远方"。汪弘，弘治至嘉靖间休宁人，"幼失恃"，家计多艰，及长就学，在"疏通闻见"后，即弃儒经商，经营盐业，北跨淮扬，南游吴越。尝自谓："生不能扬名显亲，亦当丰财裕后。虽终日营营，于公私有济，岂不犹愈于虚舟悠荡，蜉蝣楚羽者哉！"③ 在他的价值认知里，业商"于公私有济"，对社会有益，但与读书做官相比，是第二位的选择。许秩，弘治至嘉靖间歙县人，商游江湖 20 年，下闽广，入湖湘，

---

① （明）李梦阳：《空同集》卷四六《明故王文显墓志铭》，《文渊阁四库全书》第 1262 册，台湾商务印书馆 1985 年版，第 420 页。

② 《梁氏支谱》卷三《赠封奉直大夫内阁中书梁公传》，载广东省社会科学院历史研究所中国古代史研究室等编：《明清佛山碑刻文献经济资料》，广东人民出版社 1987 年版，第 359 页。

③ 《汪氏统宗谱》卷一一六《弘号南山状》，载张海鹏、王廷元：《明清徽商资料选编》，第 1344 条，黄山书社 1985 年版，第 440 页。

抵鲁豫,"致息数倍"。他认为,大丈夫"安能效农家者流,守镃基,辨菽麦",与土地打一辈子交道?"非锐意经史,即寄情江湖间,各就所志,期无忝所生而已。"①人生的价值体现在精研经史、治国平天下和经商谋利两个方面,但前者居于优先的地位。杨继美,嘉靖至万历间山西代州人,读书喜博综群籍,涉猎大义,"挟数千金,游贾江淮",自信满满,充分肯定业商的价值,他说:"念四民之业,各有所托以成名,今纵不能殖学以显,自托于士林,幸藉先人遗赀,修其业而息之,犹贤乎!"②认为士农工商四业各有其社会价值,他继承家业经商,发扬光大,也可称贤!贤与圣在以儒家为主流意识形态的传统社会中合称圣贤,泛指道德才智杰出的人,是儒家最高的理想人格。继美以此自况,足见内心的充实与强大。但这并不是他的终极价值目标追求,"殖学以显,自托于士林",助天子以致唐虞之治,才是其最高理想。席铭,成化至嘉靖间山西平阳人,幼攻举子业,不售,遂泛舟江湖。他说:"丈夫苟不能立功名于世,抑岂为汗粒之偶,不能树基业于家哉!"③大丈夫人生价值目标的首选应是"立功名于世",治国平天下。第二的选择方是经商致富,建立家业。"为汗粒之偶",从事农业是断断不可的。在席铭的职业身份认同的序列中,最高是儒,其次是商,再下是农。他对商贾的认同是以业儒理想的幻灭为前提的。张景发,字秀实,清西安府北圪塔村人。为人忠厚和平,业商也不是他的初衷,只是因业儒未成而"寄迹市廛"。因此,一生重道崇儒,每遇读书人,"必诚敬尽礼"④。身居市廛,对儒士充满无限钦羡。无疑,儒士占据着其内心的

① (歙县)《许氏世谱》第5册《平山许公行状》,载张海鹏、王廷元主编:《明清徽商资料选编》,第646条,黄山书社1985年版,第216页。
② 王家屏:《复宿山房集》卷二六《封刑科给事中杨公墓志铭》,载沈乃文主编:《明别集丛刊》第3辑,黄山书社2016年版,第66册,第595页。
③ (明)韩邦奇:《苑洛集》卷六《大明席君墓志铭》,载沈乃文主编:《明别集丛刊》第2辑,黄山书社2016年版,第8册,第380页。
④ 曹骥观:(民国)《续修醴泉县志稿》卷七《人物一》,民国二十四年铅印本。

最高位置。

（3）工具型Ａ。此类群体视经商为工具和手段。他们之所以经商，大部分都是为家庭经济窘境所迫，或为谋生，或用贫求富，既无人生价值实现的高度，也没有觉得经商低贱，完全是为了满足世俗的目的。如尹元，明永昌府人。父殁，事孀母戚氏至孝，"贸易奉养，备极甘旨"。后家境日渐殷实，慷慨好施，"埋尸济贫"，当道旌其家曰"孝义"。① 曹汝珍，与尹元同为明永昌府人，天性纯孝，以家贫，昼则贸易，夜则读书，"事二亲备极甘旨"②。李治西，清同州府人，"性孝家贫，贸易千里外。"③ 雷廷兰，与李治西同籍，"善事母，家贫如洗，贸易山东。母老，手足不能自举，乃辞归奉养。"④ 王大利，凤翔人，"艰于甘旨，赴蜀商贩"。⑤ 祁之芹，字乃勤，东莞棠梨涌人。少习举子业，"父事盐策，耄年犹货于外"，见父辛苦万状，慨然弃儒服贾于衡桂之间，勇敢地挑起家庭生活的重担。俟积有盈余，即杜门课子，礼聘名士为其讲解，早夜不倦。⑥ 祁上樟，字仲木，广州府牛眼石人，"赋性孝友，重然诺"，家道中落，"无以为养"，遂弃儒业行贾，"以营甘旨"。⑦ 蔡兴嘉，澄海县詹莱人，七岁丧母，"哀毁如成人"。事继母，能得其欢心，"常挟赀游暹罗、波斯"，经商海外。既而，

① 《永昌府志》卷四四《孝友》，《中国地方志集成·云南府县志辑》第38册，凤凰出版社2009年版，第252页。
② 《永昌府志》卷四四《孝友》，《中国地方志集成·云南府县志辑》第38册，第252页。
③ 《同州府续志》卷一一《列传上》，《中国方志丛书》华北地方第291号，成文出版社1970年版，第572页。
④ 《同州府续志》卷一二《列传下》，《中国方志丛书·华北地方》第291号，第650页。
⑤ 《重修凤翔府志》卷七《人物》，《中国方志丛书·华北地方》第292号，成文出版社1970年版，第277页。
⑥ 《东莞县志》卷六五《人物略十二》，《中国方志丛书·华南地方》第52号，成文出版社1967年版，第2575页。
⑦ 《广州府志》卷一三四《列传二十三》，《中国方志丛书·华南地方》第1号，成文出版社1966年版，第3册，第374页。

以父亲老迈，杜门不出，承欢膝下。①

（4）工具型B。他们同样视经商为手段，但认为行贾是丈夫贱行。由于这一观念的作用，在业商中，他们彷徨、空虚，无法找到快乐，归属感和幸福感缺失，内心充满紧张、焦急、忧虑和恐惧等负面情绪，形成严重的身份认同焦虑。如慎元庆，江苏吴兴潞溪人，倜傥奇伟，小时候便不满家庭经济现状，"思亢其家"，18岁即渡江北上，涉淮泗，游燕冀，"射时以徇"，"称良贾焉"。商业经营已获不小的成功！但心中仍对商贾充满鄙薄之情，觉得低人一等，内心备受煎熬。已而叹曰："行贾，丈夫贱行也。吾闻末业贫者之资，吾其力本乎！"遂归乡"耕于苕雪之间"，②回归农业。方彬，"用盐策起家"，"车马田宅，庶几素封"。晚年，喜黄老，筑舍七宝峰下，"与双鹤道人俱"，有人劝告说："处士以贾豪，奈何近方士？"方彬笑曰："吾仆仆锥刀之末，终不欲老市井中！诚愿卒业玄同，幸而蝉蜕于污渎足矣，恶用窃刀圭翔白日为也。"一生经商，都没有建构起对所从事的商业的认同，以"污渎"视之。③吕麒，江苏太仓州人，万历五年(1577)卒，经商清源，市不二价，息辄倍称。致富后，即弃商为农，督课家人耕作。他说："吾奈何以末富耶！"④以经商致富为耻辱。金璋，江苏太仓人，卖席为生。生子金朗，数岁即能"诵书占对"，聪颖异常。祖父满心欢喜，对金璋说："儿姣，不复代若贾乎？"金璋曰："吾安忍复弃儿贾也。"言辞间，对父亲让其经商多有怨气，心怀不满。怎么会再让自己的儿子经商呢！在

---

① 《澄海县志》卷一八《孝友》，《中国方志丛书·华南地方》第62号，成文出版社1967年版，第193—194页。

② （明）文征明：《文征明集》补辑卷三〇《南槐慎君墓志铭》，上海古籍出版社1987年版，下册，第1529页。

③ （明）汪道昆：《太函集》卷一四《赠方处士序》，胡益民、余国庆点校，黄山书社2004年版，第295页。

④ （明）王世贞：《弇州续稿》卷一〇五《太医院冠带医士竹逸吕翁暨配钟孺人合葬志铭》，《文渊阁四库全书》第1283册，台湾商务印书馆1985年版，第495页。

他的心目中，让子经商就近乎把这个孩子抛弃一样残忍。这一个"弃"字透露出了他对商贾决绝的拒斥态度。于是，命金朗"从师肄经术"。① 同样的例子还有不少。丁兖，儿时聪明超群，"有气概"。父"器爱之"，授之书。然在丁兖甫弱冠之时，不幸降临了这个家庭，父亲去世，诸弟尚幼，不得已经商养家，"不竞治博士家言"。由此造成的心理阴影，终生挥之不去。常沉痛地说："少孤夺治生，不能终博士家言，以为恨！吾有三子，安忍弃之农若贾乎！"② 发誓再也不能把自己的遗憾和惆怅延续到下一代身上。张珏，弘治、隆庆间长洲人，出身商贾世家。生育8子，长子元卿生而颖敏。张珏兴奋异常，似乎看到了跻身世宦家族、走出商贾这一屈辱沟壑的希望："勉哉，吾贾赖尔而脱！"③ 似乎商业是一种不光彩的职业，急于"洗白"身份的愿望跃然纸上。杨安贵，字爵初，清大荔长安屯人。幼年家贫，读书未能卒业，改习商务，经营布庄以谋生计，旅居泾阳50余年，"商业骎骎日盛，家亦渐裕。"晚年，雅好诗书，与同邑孝廉马立山、学官雷秀夫相友善，研讨经史，久无倦容。年届八十，犹每日临池习字，读书不辍，"恒以幼贫未克卒读为憾"。④ 少年的经历在他的心里留下了终身的阴影。董仲惠，字象敏，揭阳在城人，性格浑厚宽和，"少慕学而困于贫"，长大后，跟随祖父懋烈、父亲孟光"服贾业"，以忠信勤俭起家。生平无他嗜好，独喜购书，一有闲暇，即往坊肆检索书目。或谓："子非士，好书何为？"曰："积以供后人用耳。"当时有人笑其痴呆，答曰："树

① （明）王世贞：《弇州续稿》卷九三《金君夫妇合葬志铭》，《文渊阁四库全书》第1283册，台湾商务印书馆1985年版，第340页。
② （明）王世贞：《弇州续稿》卷一〇五《封文林郎句容令怀丁翁墓志铭》，《文渊阁四库全书》第1283册，台湾商务印书馆1985年版，第493页。
③ （明）王世贞：《弇州续稿》卷一〇九《仙居簿累赠兵科都给事中子心张公暨配周太孺人合葬志铭》，《文渊阁四库全书》第1283册，台湾商务印书馆1985年版，第544页。
④ 《大荔县志稿》卷一一《耆旧传下》，《中国方志丛书·华北地方》第315号，成文出版社1970年版，第190页。

人犹树木，百花蓓蕾，惟赖培植之功耳！"时刻未忘让后人读书。54 岁时，疾病缠身，身体每况愈下，"将易箦，犹谆谆以读书振家声为嘱"。① 终身以家贫失学为恨，把希望和梦想深深地寄托在下一代身上。谢起凤，字葆直，同州府人，嗜读书，因家贫业贾，暇即开卷，吟诵不辍。后得程朱之书，遂杜门诵读自乐，"屡空不恤"，不以生意为骛。尝曰："人只有为学一事，不学便不足为人。"又曰："学须有二资，一书籍，一师友，无此二资，义理安得不日消，私欲安得不日长！"又曰："养之于慎独，致之以无间，教人之能事毕矣。"又曰："人之高下，均由学养真伪纯驳所致，可不慎哉！"喜读《周易》，尤嗜周敦颐《太极图说》、张载《西铭》，谓："终身于此，少有所得，不虚生矣。"② 终身痴迷宋代理学，以读书明理为追求的最高目标。惜其年甫四十而卒，贫不能葬。刘汝功，字锡祉，华阴县北姚村人。幼年丧父，家因中落，赴甘肃贸易，遂至失学，引为终身憾事！常告诫子侄要珍惜读书的机会，不负光阴，曰："汝等须勤力学问，勉继书香家声，勿如吾之后悔无及也。"本人更是身体力行，为子侄树立榜样，虽居阛阓，深恶市井气习。一有余暇，"恒披程朱诸书潜读"，尤酷嗜李二曲、吕新吾遗集，好学不辍，"诸老宿均乐与过从。"③ 周恕，字推己，明凤翔文昌里人。少时业儒，"以家计弗赡"，遂经商维扬，历数年，获利万金。恕虽货殖，谓子孙曰："商而富，不如儒之贫。"对业儒充满向往，遂延师以课子孙。其后，科甲相继，为凤翔望族。④ 黎光弼，字从辉，广州府市桥人，少时家贫，"随父贾于市"，将对科举的向往潜藏心底。弱冠

---

① 《揭阳县续志》卷三《人物志·贤能》，《中国方志丛书·华南地方》第 188 号，成文出版社 1974 年版，第 234 页。

② 《同州府续志》卷一一《列传上》，《中国方志丛书·华北地方》第 291 号，第 568—569 页。

③ 《华阴县续志》卷五《人物志·乡耆》，《中国地方志集成·陕西府县志辑》第 25 册，凤凰出版社 2007 年版，第 330—331 页。

④ 《凤翔县志》卷六《人物·义行》，《中国地方志集成·陕西府县志辑》第 29 册，凤凰出版社 2007 年版，第 463 页。

后，开始读书，温习经史。嘉庆六年(1801) 辛酉科，中乡举。① 黄乔松，字苍厓，"少以家累，混迹盐策"，经商余暇，"仍手一编"，手不释卷，究心经世之学。学问造诣甚高，博学多才，满腹经纶，"为诗文援笔立就"，常与诗人如郑荣、陈晃等诗酒唱和，家中坐客常满，而"制艺尤工"，醉心科举，惜"屡踬于乡闱"，② 抱负未酬。黄乾正，在城人，"家贫业贾"，"常恨无力读书"，在具有一定经济能力后，即精心培育子弟，其子锦标不负所望，逾冠即"游庠食饩"，自己"亦捐纳九品职衔"。③ 黄维珪，字俞特，号执轩，明晋江安平人。"好义乐施，耻屑屑竞锥刀，凡名贤书画、金石款志、方外服食，靡不讲究，尤精于琴，工佩兰调，又自号佩兰。"多才多艺，倜傥儒雅。后以食指渐繁，代父服贾，往来于吴越粤峤间，风雅依旧，遍交名士。尝训诸子曰："贾非吾志也，吾嗤世之贾竖，往往援攫溪藏，丧心昏智，故托于琴，镕砭而涤荡之。方吾鼓琴，踌躇满志，不知天地高下，形骸有无，况区区盈绌多寡？有知吾琴心者，贾可也。"④ 虽然不得已走上了经商之路，但在他的心里对商贾持一种蔑视、拒斥的态度，心灵备受煎熬。只有在拨弄琴弦之时，在悠扬的琴声中，心灵才能得以舒展，精神才能得到升华，与天地为一，物我两忘。刘宗泰，字学和，少贫，壮年业商，居积渐裕，"顾不愿终其身以垄断而获贱丈夫之称"，因慨然曰："世间事业，商不如农。"⑤ 遂出资购荒地数处，招人从事开垦事

---

① 《广州府志》卷一三一《列传二十》，《中国方志丛书·华南地方》第 1 号，第 3 册，第 323 页。

② 《广州府志》卷一三一《列传二十》，《中国方志丛书·华南地方》第 1 号，第 3 册，第 325 页。

③ 《揭阳县续志》卷三《人物志·贤能》，《中国方志丛书·华南地方》第 188 号，第 249—250 页。

④ (乾隆)《泉州府志》卷六〇《笃行》，《中国地方志集成·福建府县志辑》第 24 册，上海书店出版社 2000 年版，第 3 册，第 345 页。

⑤ 《闽清县志》卷七，《独行传》，《中国方志丛书·华南地方》第 101 号，成文出版社 1967 年版，第 197 页。

业，且躬自督理，历十余年，工程方才告竣，田畴因之广辟。卢特懋，幼业儒，因次兄患"痼疾"，遂服贾赡养父母、供给次兄衣食。然"居恒抑抑，憾不得卒业"，心情十分抑郁，闷闷不乐。在积累起一定资财后，遂将全副精力和心思放在"置书田，延名师"等文教公益事业上，"日以振兴鼓舞为事"。① 郑寿年，字葛如，安平里夹漈村人。幼聪颖，入塾读书，日课数千言，过目三遍，即可背诵如流。11 岁时，"从父远贾"。逾二载，父亲归乡，13 岁就"独任肆务"，独当一面。少闲，则博涉群籍，穷探义理，躬行实践，"尝以不终儒业为憾"。积聚渐丰，欲以子侄学有所成弥补内心的遗憾，因延聘宿儒教授诸子侄，复开办夹漈小学，"以课族人"，非常重视子侄、族人的教育。效果也很显著，"子若孙多人，仕商学各擅专长，后起方兴未艾也。"② 王心普，字济之，号慧庵，以家贫故，幼习商贾业，常随父贾客泾阳。及长，家道渐充，以未得读书为憾。尝手执《孝经》一帙，终日披吟，又延名师督课子侄。"易箦时"，犹手写"读书"二字以"诏后裔"。③ 对儒学的向往已深入骨髓。

上引资料涉及徽州、山西、陕西、福建、广东、云南等地的商人，地域分布不可谓不广。类似资料在其他各地都有，且数量不少。这说明，明清时代的商人对其职业身份认同的四种类型是客观存在的。

2. 明清商人职业身份认同的特点及其形成原因

从上面的论述可以看到，明清商人对自身的职业身份认同具有鲜明的特点。第一个特点是价值型与工具型兼具，而价值型、工具型又分别可划

① 《南平县志》卷二一《孝义传第廿八》，《中国方志丛书·华南地方》第 217 号，成文出版社 1974 年版，第 1902 页。
② 《永春县志》卷二二《孝友传》，《中国方志丛书·华南地方》第 231 号，成文出版社 1975 年版，第 772—773 页。
③ 《稷山县志》卷六《孝义志》，《中国方志丛书·华北地方》第 424 号，成文出版社 1976 年版，第 582—583 页。

分为两种类型：价值型 A、价值型 B、工具型 A、工具型 B，认同类型和程度存在较大差异。第二个特点是工具型认同远多于价值型认同。明清商人分布地域广，且人数众多，其记载散见于各类史籍，要准确地计算出价值型认同的商人与工具型认同的商人的比率确有相当地难度，但可以做一大致的估算。兹以明清徽商和晋商为例做一粗略的统计。张海鹏、唐力行等主编的《明清徽商资料选编》共收有名有姓的商人约 965 人，能确定认同类型的商人 943 人。其中，价值型认同商人 247 人，工具型认同商人 696 人。价值型认同商人约占能确定认同类型的商人总数的 26.19%，工具型认同商人约占能确定认同类型的商人总数的 73.81%，高出价值型认同商人总数 47.62 个百分点。再看看晋商。张正明等主编的《明清晋商资料选编》共收有名有姓的商人约 191 人，能确定其认同类型的商人共 185 人。其中，价值型认同商人 28 人，工具型认同商人 157 人。价值型认同商人约占能确定认同类型的商人总数的 15.14%，工具型认同商人约占能确定认同类型的商人总数的 84.86%，高出价值型认同商人 69.72 个百分点。由此可见，不论是徽商还是晋商，工具型认同商人皆远多于价值型认同商人。也就是说，明清时期的绝大部分商人都是把经商当作一种谋生，或求富，甚至是隐遁的手段。第三个特点是从价值层面对业商完全认同，以业商为人生价值最高体现，并认为它不输业儒的商人所占比例极低。在我们的认同分类中，价值型 A 是完全认同业商的，但不论在徽商还是晋商中都占比很低。本书还是以《明清徽商资料选编》《明清晋商资料选编》为统计范围的数据来说明这个问题。根据《明清徽商资料选编》的统计，认同类型为价值型 A 的商人约 156 人，占能确定认同类型的徽州商人总数的 16.54%。在《明清晋商资料选编》中，认同类型为价值型 A 的商人仅约 20 人，占能确定认同类型的山西商人的 10.81%。不论是徽商还是晋商，认同类型为价值型 A 的商人都没有超过 17% 的比例。基于这两部商人资料集所做的统计，可能不无缺憾，但时至今日，它们仍应是较权威的商人资料集，且根据这两部商人资料集所做的统计而得出的结论又是那么的一致。因此，笔者觉得对明清商人职业身份认同内部结构的分析是有相当的依据。

人是一种社会性的存在。人们对自身职业的认识，是在特定的社会环境中形成的，不可能不受到社会环境的影响。那么，明清商人职业身份认同的形成原因是什么呢？明清时期是中国古代社会向近代转型的时期。新旧并存是转型期社会的普遍特征。明清商人的职业身份认同价值型与工具型兼具，正是对转型期社会特征的反映。明清社会经济结构的核心无疑依然是小农经济，不少士人、政治家、思想家敏锐地捕捉到了这一现实的变化，并深刻地形塑着他们的农商观。庞尚鹏（1524—1580）说："民家常业，不出农商"。[①] 张居正（1525—1582）提出了著名的"商农权衡观"："商通有无，农力本穑，商不得通有无以利农，则农病；农不得力本穑以资商，则商病。故商农之势常若权衡然。"[②] 朱国桢（1558—1632）在观察湖州小农经济运行实态的基础上，认为"农桑为国根本，民之命脉也"[③]。把商业提高到了与农业同等重要的地位，突破了自战国以来占据着社会主流的农商对立的思维模式。不仅如此，更有不少人认为，士商之间也非高下悬绝，皆是治生之事。如王守仁（1472—1529）提出了"四民异业同道说"："古者四民异业而同道，其尽心焉，一也。士以修治，农以具养，工以利器，商以通货，各就其资之所近，力之所及者而业焉，以求尽其心。其归要在有益于生人之道，则一而已。士农以其尽心于修治具养者，而利器通货犹其士与农也。工商以其尽心于利器通货者，而修治具养者，犹其士与农也。故曰：'四民异业而同道'。"[④] 不论士农工商的职责

① （明）庞尚鹏：《庞氏家训》，丛书集成初编本，中华书局 1985 年版，第 2 页。

② （明）张居正：《张文忠公全集》卷八《答赠水部周汉浦浚还朝序》，上海古籍出版社 1984 年版，第 99 页。

③ （明）朱国桢：《涌幢小品》卷二《蚕报》，上海古籍出版社 2012 年版，第 39 页。

④ （明）王守仁：《王阳明全集》卷二五《节庵方公墓表》，上海古籍出版社 2011 年版，第 1036 页。

有何不同，但皆为社会发展、文明进步所必需，在这一点没有什么不同！海瑞（1514—1587）认为，士、商皆为王道，皆为孔门事业："今之为民者五，曰：士、农、工、商、军。士以明道，军以卫国，农以生九谷，工以利器用，商贾通焉而资于天下。身不居一于此，谓之游惰之民。"①"纵商贾、佣工、场圃、夫脚，嗣往兴来，莫非王道，亦莫非孔门事业。"②赵南星（1550—1628）从社会发展的维度提出了"士农工商皆本"的思想："士农工商，生人之本业……岂必仕进而后称贤乎？"③"农之服田，工之饬材，商贾之牵车牛而四方，其本业然也。"④冯应京（1555—1606）的观点很明确："士农工商，各执一业……皆治生之事。"⑤至清初，黄宗羲对"世儒"抑商进行了猛烈的抨击，"此古圣王崇本抑末之道，世儒不察，以工商为末，妄议抑之。夫工固圣王之所欲来，商又使其愿出于途者，盖皆本也。"⑥发出了"工商皆本"的呼喊。其后，类似的看法，若隐若现，不绝如缕，贯穿于明清时期的大部分时段。经济的变动通过观念的革新对商人的职业身份认同的影响不可小觑。社会意识的变化为商人的价值型职业身份认同的形成提供了有力的文化支撑。在这方面，最典型的例子莫过于山西商人王文显，其"士与商异术而同心"的理论简直就是王阳明"四民异业而同道"的思想的翻版。许傓先对业商合法性的阐释亦与王阳明的"四

① （明）海瑞：《备忘集》卷八《乐耕亭记》，《文渊阁四库全书》第1286册，台湾商务印书馆1986年版，第203页。

② （明）海瑞：《备忘集》卷五《复欧阳柏庵掌科》，《文渊阁四库全书》第1286册，台湾商务印书馆1986年版，第149页。

③ （明）赵南星：《赵忠毅公诗文集》卷一〇《寿仰西雷君七十序》，明崇祯十一年范景文等刻本。

④ （明）赵南星：《赵忠毅公文集》卷一〇《贺李汝立应乡举序》，《四库禁毁书丛刊·集部》第68册，北京出版社2000年版，第255页。

⑤ （明）冯应京：《月令广义》卷二《岁令二·授时》，《四库全书存目丛书·史部》第164册，齐鲁书社1996年版，第596页

⑥ （明末清初）黄宗羲：《明夷待访录·财计三》，段志强注，中华书局2011年版，第161页。

民异业同道"异曲同工。吴肖甫叫板儒士的底气、语气和赵南星言论的气势相互辉映。他们理直气壮地视业商为人生价值实现的重要方式和途径，欲与儒士试比高。制度层面的变化也应是明清商人价值型职业身份认同形成的原因。如商业政策，明清时期的商业政策经历了一个从抑商与通商并存，再到通商全面确立的过程。明洪武到万历，抑商与通商并存；至明万历年间，抑商体系坍塌，通商政策确立。入清，延续不断。① 但我们对这种新的变化所产生的影响不能估计过高，如小农经济市场化主要还是在东南沿海地区更为明显和普遍，在广大的内陆以及北部、西部地区，小农经济的市场化还很不充分；新的观念虽产生了不小的冲击力，但远未成为主流社会价值观；万历以后至清，虽通商政策确立，但抑商政策在中国历史上实行了 1000 多年，人们的抑商心理和行为还具有很大的惯性；② 虽经时间的淬炼，"工商皆本"已破土而出，但"商末"的观念仍在流行，并在某种程度上支配着人们的行为。这些因素既是明清商人价值型职业身份认同与工具型职业身份认同兼具的原因，也必然决定在明清商人的职业身份认同中价值型认同处于很低的比例。

工具型职业身份认同是固有的经济结构、文化结构与个人生计困境对立、调和的结果。在明清时期，由于原有的经济结构、文化结构尚未发生根本性的变化，大部分商人之所以选择商业作为一种职业，是因为外在环境的逼迫，而非发自内心的自愿选择。这在前引材料中已多有提及。前引方志、文集记载，山西、徽州外出经商者众多，不少人是因为人地矛盾尖锐，人多田少，单单从事农业无法维持生计，不得不远离故土，与市场风浪搏击，以养家糊口。江西、吴江洞庭山以及福建等地的情况也与此类似。也有不少人是因为家境贫穷，经济状况不足以支持其力学，才被迫从

---

① 参见拙作：《明代商业政策再认识》，《历史研究》2018 年第 6 期；《清前期的商业政策与多民族国家的统一与巩固》，《古代文明》2016 年第 6 期。

② 参见拙作：《明代商业政策再认识》，《历史研究》2018 年第 6 期。

商的。这种情况在明清时期的各个商帮中都不乏见。① 还有不少人之所以经商是受赋役繁重的驱迫。何良俊（1506—1573）说，松江府在正德以前，"逐末之人尚少"。嘉靖以后，"赋税日增，徭役日重，民不堪命，遂皆迁业。""去农而改业为工商者，三倍于前矣"。② 人们经商是在外在的压力下而采取的谋生手段，而非出于一种超越世俗的精神价值的追求。工具型职业身份认同的商人高出价值型身份认同的商人几十个百分点，其原因就在于此。总之，人的身份认同是在与他人的互动中形成的，明清商人的职业身份认同是历史与逻辑的统一。

3.明清商人的职业身份认同与明清商人的历史命运

职业身份认同无疑是对社会意识、社会结构的能动反映。但一经形成，个人的价值判断和价值期待就蕴含其中，并对个人行为和社会产生影响。那么，明清商人的职业身份认同对明清商人群体自身产生了什么样的影响呢？它与明清商人群体在近代的整体衰落又有何关联呢？

明清商人的价值型职业身份认同所蕴含的价值判断和价值期待，与新教伦理中的"天职"观念有些类似，即对商业的价值充分肯定，士商异术同心，儒贾相通，"良贾何负闳儒"，"贾何负于农"，业商是自我价值实现的途径和方式之 。商人的这种职业身份认同应该是有利于商业的发展和商人群体自身的成长的。他们把经商当作一种事业去经营，敬业、自信，有利于商业管理智慧的积累以及整个商业文明的进步和发展。明清时期的经商大潮跌宕起伏，历时数百年而不衰，惊艳世界，应与此有一定的关系。但极为可惜的是，持此种职业身份认同的商人数量很小，即使是在徽商、晋商中也没有达到20%。据此推算，在其他商帮中也不会高于此数。由于数量太少，这

---

① 张海鹏、张海赢：《中国十大商帮》，黄山书社 1993 年版，第 323、366—367、303、374 页。

② （明）何良俊：《四友斋丛说》卷一三《史九》，中华书局 1997 年版，第 112 页。

部分商人的职业身份认同对明清商人群体的历史命运不会产生太大的影响。

明清商人的工具型职业身份认同所蕴含的价值判断和价值期待，即是对业商既不"好之"，也不"乐之"，甚或"耻之"，将营商仅仅视为一种谋生或用贫求富的工具和手段。他们在致富或基本目标达到后，经商的原初动力立刻或渐渐消失。这时，如果说他们还有价值的期待和追求的话，那就是"去商人化"。所谓的"去商人化"，就是不再为商业规模的扩大和商业资本的增殖费心劳神，而是竭尽所能地扮演非商人的社会角色，重塑社会形象，商业资本迅速转化为社会资本、政治资本。持工具型职业身份认同的商人"去商人化"的路径较多。

第一种"去商人化"的路径就是由商而仕，立于官宦之林。明清时期的许多工具型职业身份认同的商人进入仕途的路径有二：一是参加科举考试。"学而优则仕"是中国传统社会各阶层民众的普遍追求，深入人们的骨髓和血液。权力成为人们无法摆脱的魔咒。明清时期的许多商人也无法例外。他们是因为不得已的原因走上业商之路的，业商并非其所好，常常因为没能业儒而遗憾，生活于无限悔恨之中，对官场充满向往，欲通过科举考试取得功名，光耀门楣。明清两朝人口大幅度增长，而科举名额并未相应增加，科举考试竞争激烈，成功率不高，"士而成功者十之一"，然知其不可为而为之，有多参加科举考试而不中者。广东《顺德县志》就记载这么一位。梁炜，字震科，清顺德碧江人。母亲李氏"精熟诸史"，有见识，明大义，世称"菉猗女史"。梁炜自幼即受教于母。然"以孤贫不能竟学，去而事贾，走豫章吴会间，遂致巨富"。物质的富裕并未抚平幼年的贫穷带给他的创痕，"自伤失学"，于心不甘，乃率其子"习举子业"，希望能平步青云之上，但"三赴棘闱不售"，父子俩3次参加乡试皆未考中，名落孙山，愿望未能达成。① 这绝非个案。当然，凭

---

① 《顺德县志》卷二七《列传七·国朝三》，《中国方志丛书·华南地方》第187号，成文出版社1974年版，第2579—2581页。

借过硬的本领奋进科场，参加科举考试，博取功名，进入官僚队伍行列的也是不少的。孙枝蔚，字豹人，陕西三原县人。状貌魁梧，性情刚直，"世业盐策"。崇祯十七年（1644），"走江都学贾"，三致千金。一日，他忽自悔曰："丈夫当读数千万卷书耳，何至龌龊学富家为！"于是，折节读书，以诗名世。其为诗沉雄奇古，兴至即书，不事雕饰，"而意致洒如，自命在杜韩苏陆诸公间，余子不屑也。"清初杰出诗人王士祯（1634—1711）对其诗歌成就评价亦甚高："古诗能发源十九首汉魏乐府，兼有温储之体，以少陵为尾闾者，今惟先生一人。"康熙十八年（1679）时，举博学宏词科，授中书舍人。① 李湜，字湛源，清云南嵩明州城人，家贫，白日"售盐于市"，夜晚执卷，苦志灯窗。天道酬勤，继而"游泮登科"，官马龙州学正。② 金光辉，字洀文，清晋江人，跟随伯兄迁居厦门港。母亲患一种神经系统疾病，筋肉萎缩，家境贫穷，17 岁辍学，托身市廛，然一有时间即手不释卷，坚持学习。十年之后，进入儒学，"籍学食饩"，再次走上业儒应试之路，嘉庆二十四年（1819），选充贡生，升入国子监读书。③ 初步取得入仕资格。在科举入试之路上艰难地攀缘。二是捐输入仕。不具备参加科举考试条件的，则以经商积累的资财捐得官职。郭廷元，字辅臣，清陕西华州罗纹里人。8 岁丧父，幼年曾入私塾读书，每遇师傅讲到"孝弟"二字，"恒三复不置"，反复玩味。16 岁时，因家窘废读，奉母命就商。母亲年近六旬之时，辞归奉养，捐从九品官衔。在心理上满足了做官的夙愿。生育二子，次子耀奎较有读书禀赋，送入州庠

---

① 《三原县志》卷九《人物》，《中国地方志集成·陕西府县志辑》第 8 册，凤凰出版社 2007 年版，第 381 页。另见《三原县新志》卷六《人物志第六中·文学》，《中国方志丛书·华北地方》第 539 号，成文出版社 1976 年版，第 346 页。

② （民国）《嵩明县志》卷二五《人物》，《中国地方志集成·云南府县志辑》第 16 册，凤凰出版社 2009 年版，第 220 页。

③ 《厦门志》卷一二《列传上》，《中国方志丛书》第 80 号，成文出版社 1967 年版，第 265 页。

读书。① 汪楷，字南有，一字皆木，清浙江萧山人。少学举子业，屡试不利，弃儒研习法家言。既而感慨："刻深者不祥，惧损吾福"，又弃法为贾，颇得赢余。除以余羡置薄田百亩，嘱弟收租以养父母外，纳赀为官，选得河南淇县典史。② 儿子汪辉祖，乾隆四十年（1775）中进士，为清代廉吏、学者、藏书家。

第二种"去商人化"的路径是潜心为学，勤学苦读，以文行经术、渊博知识济世。赵秉乾，字健堂，清咸宁县人。好读书，"不喜帖括"，酷爱临池习字。然"家不中资"，且三个兄弟皆"专力于学"，家计益艰，遂毅然服贾，奔走四方，但仍读书习字不辍。尝舟泊芜湖，机缘巧合，邂逅著名书法家钱泳（1759—1844）。钱泳，一号梅溪，工诗词、篆、隶。秉乾与之畅谈书法，得其指点，颇获教益，技艺大进。40 岁后，杜门不出，"惟临摹汉碑苏帖以自娱"。性好菊花，工书、画菊，款门求书画者络绎于途。闲暇光景，则与二三故旧友朋，把酒论诗，评书读画，颇有"林下之风"③，极具风度和才华。马居敬，清陕西盩厔县遇仙里人，家世业农。至居敬，始"奋然力学"，读书业儒，或劝其参加科举考试，他说："吾两亲蟠然，而甘旨不给，何以名为！"乃远贩营商，逐什一之利，以供菽水。后父母相继逝世，弃贾而儒。康熙三十年（1691）、康熙三十一年（1692），关中饥馑，携带家眷就食汉南。晚年，尤好《周易》，著有《二水集》。④丘兆祥，字吉庵，清大荔县大壕营人。世代力农，读书数岁，家父令其服

---

① 《三续华州志》卷六《人物志上一·孝友》，《中国地方志集成·陕西府县志辑》第 23 册，凤凰出版社 2007 年版，第 407 页。

② 《番禺县志》卷三三《列传二·寓贤》，《中国方志丛书》第 48 号，成文出版社 1967 年版，第 464 页。

③ 《咸宁长安两县续志》卷二〇《艺术传》，《中国方志丛书·华北地方》第 229 号，成文出版社 1969 年版，第 865—866 页。

④ （乾隆）《盩厔县志》卷八《人物·孝友》，《中国地方志集成·陕西府县志辑》第 9 册，凤凰出版社 2007 年版，第 104 页。另见《盩厔县志》卷六《人物》，《中国方志丛书·华北地方》第 237 号，成文出版社 1969 年版，第 438 页。

贾，店中掌柜对其器重有加，多有照顾，但内心确实不愿业商。一次，故意打破店中之甑，因"被摈归"，终得解脱，一意读书，不曾稍有懈怠。以县试第一名的成绩考入县学。后学有所成，设帐授徒，循循善诱，赖以成名者数十人。尝云："士不能出而治世，亦当处而励俗。"1927年卒，著有《三国演义节要》《处世格言》。[1] 他们在经学、诗歌、绘画、书法等领域取得不菲的成绩，成为名噪一时的学者、诗人和书画家，为艺术的百花园增添了醉人的芬芳。

第三种"去商人化"路径是寄希望于后代，尽最大努力为子孙业儒创造条件，多方督促子孙后代走上业儒之路，获一官半职，扬名显亲。不愿意让他们的子孙继承父祖之业继续经商。徐应中，江西人，万历年间，到楚雄贸易，遂落籍楚雄，安家此地。楚雄有青龙河，夏秋季节，河水泛滥，"行人多溺"。为方便行旅，出千金建成石桥一座。两年后，一次河水暴涨，不幸将桥梁冲塌，应中"回籍鬻产"，筹集2000余金，重新修建。他不仅广行善事，而且子孙后代的教育也颇重视，生养三子，皆登仕籍，其孙达乾更是出类拔萃，康熙十二年（1673）中进士，任吏科给事中。权财并盛，成为当地巨族。[2] 萧瑶，字筱庄，明福山县中前所人。先世为江西太和人，明初，始祖茂远以军功授总旗，戍登州卫中前所，后隶县籍，世代承袭军职，至萧瑶已传七世。萧瑶幼业儒，以家贫去而治生，仍嗜学不辍，出入往来，循循儒者少年。好为义举，明季曾于宁海州，设典铺一座，资本巨万，经盗贼劫夺，所余衣物大约尚值数千金。州人凤服其义，争为守望，萧瑶命贫民随意取之。时值严冬，海乡风紧，路人披棉，由衷感激，曰："此萧公赐也。"一生喜施与，所遇不齐，而自遗甚薄，每训诫

---

① 《大荔县新志存稿》卷一〇《耆旧传·孝友》，《中国地方志集成·陕西府县志辑》第20册，凤凰出版社2007年版，第561页。另见《大荔县志稿》卷一〇《耆旧传上》，《中国方志丛书·华北地方》第315号，第605—606页。

② （康熙）《楚雄县志》卷七《人物志·孝义》，《中国地方志集成·云南府县志辑》第59册，凤凰出版社2009年版，第138页。

其后人曰："吾少贫，不得已废学，去为商贾，未尝作一欺罔事，往来南北都会，谨饬自好，从未屈膝公庭，尔等一志读书循理，好自为之，他日凭藉有基，当不在此余产之几微也。勉之，勉之！"① 勉励后人读书向学。王鲲吉，清永济县城里人，幼业儒，稍长，随父服贾于外。父亲虽以业贾致富，然最重儒，临终嘱鲲曰："四民以士为首，农次之，至于商末道耳！教子弟务以读书、力农为业，商非所急也。"父殁，"哀毁骨立，葬祭如礼"，恪遵遗言，择子弟之秀慧者，为之延聘名师课读。厥后，弟弟萧煜及子侄相继入庠。② 读书以求仕进，蔚成风气。李争艳，幼年失怙，亲生母亲早逝，侍奉继母史氏以孝闻。年十五，从师读书，寻以亲老，力耕以养。康熙三十年（1691），岐山发生饥荒，奉养无资，嘱咐季子照看双亲，而自己与长子炳生贩米汉中。虽身处艰难困苦之中，必督促炳生力学以显亲。炳生不负父望，康熙四十四年（1705）中乡试。③ 周恕，字推己，明凤翔县文昌里人。少业儒，"以家计弗赡"，遂商于维扬。不数年，获利万金。但对业儒未曾一日忘怀，谓子孙曰："商而富，不如儒之贫。"似对业商的价值选择怀有悔恨之意，遂延师教育子孙。其后，周家科甲相继，为凤翔望族。④

第四种"去商人化"的途径是成为乡贤。在他们经商成功后，回归乡里，热心公益，广行善事，扶危济困，兴修堤堰，筑路造桥，修建学校，回报桑梓，并凭借财富的优势地位获取社会声望，进而掌握乡村治理的话

---

① 《福山县志稿》卷七之三《行义》，第 2 页，《中国方志丛书·华北地方》第 55 号，成文出版社 1968 年版，第 1182 页。

② （光绪）《永济县志》卷一三《孝友》，《中国地方志集成·山西府县志辑》第 67 册，凤凰出版社 2005 年版，第 276 页。

③ 《岐山县乡土志》卷二《耆旧录》，《中国方志丛书·华北地方》第 252 号，成文出版社 1969 年版，第 29—30 页。

④ 《凤翔县志》卷六《人物·义行》，《中国地方志集成·陕西府县志辑》第 29 册，凤凰出版社 2007 年版，第 463 页。

语权，教化村民，调解纠纷，以及组织村民抵御匪患，整顿乡村社会秩序，保障村民的生命财产安全，成为乡村社会治理的重要一极。李景文，字仰山，清槐园村人。幼失怙，事母至孝，性格沉毅，胸怀远大志向，读书不屑屑于章句。年十二，慨然自奋曰："大丈夫不效法名将，封侯万里外，负此七尺躯矣！"师从叔父李吉庵练习骑射，"技力超迈"。年十八，"冠童军"；19 岁，举于乡，中武举。会试时，以足疾未能"终场"，时论惜之。"嗣以世业羖皮生理"，乃躬赴蒙古、陇北经商，并借以考察西北边防情势。年逾不惑，喟然叹曰："不获作一朝名将，当勉为一乡善士。"于是，凡属义举，无不力为，亲友待以举火者十余家；遇婚葬等红白喜事，尤佽助无吝。光绪二十六年（1900），发生饥荒，自动散粟十余石以济乡里及亲戚之贫乏者。① 翁宏庆，明楚雄府人，家庭极贫，天性孝顺，贸易养母，"隔日必竭力具酒肉"。母亲病故后，孑然一身，倾力行善，诸如"募化修桥，买物放生，检方救人"之事无不为之。财物散尽，"自甘冻馁"。② 黄嘉祥，字启祥，清下外人。天性孝顺，4 岁失怙。稍长，"就学母族"，依外祖父读书。因思家贫，恐母亲生计不逮，遂废学业贾。稍足自给，即为外祖父修建祠屋。居乡好义，赈荒筑堤，"恒为之倡"；人有负其金，度力不能偿，"即破券与之"。③ 李永橘，字端成，清广东儋县王五墟人。初与人合伙经商，招来远近，颇获巨赀。即作急流勇退之想，"遂分伙归"，泊然寡营，不置田，不构屋。恬退知足，好善乐施。亲友婚丧，穷者皆赒给不索值。④ 杨懋，字

---

① 《大荔县新志存稿》卷一〇《耆旧传·义行》，《中国地方志集成·陕西府县志辑》第 20 册，第 563—564 页。另见《大荔县志稿》卷一〇《耆旧传·义行》，《中国方志丛书·华北地方》第 315 号，第 614—615 页。

② （康熙）《楚雄府志》卷七《人物志·孝义》，《中国地方志集成·云南府县志辑》第 58 册，第 483 页。

③ 《澄海县志》卷一九《义行》，《中国方志丛书》第 62 号，成文出版社 1967 年版，第 209 页。

④ 《儋县志》卷一六《人物志七·卓行》，《中国方志丛书·华南地方》第 191 号，成文出版社 1974 年版，第 1247 页。

季芳，清连城县人，容貌魁伟，词色温恭。壮岁懋迁货殖，若不经意者。五十即传家长子，自以芒屦、羽扇优游林谷间，有人以田还债者，令其子坚辞之，宁让息不受田。① 许元旺，号德正，清大麻甲人。少读书，屡试不售，弃而业商。家少有，遂隐于耕。为人朴诚谨厚，乡人多爱之。凡睦族敦宗，息争解忿诸善行，咸乐为不倦。② 张升鼎，字羡曾，号毅立，清广东大埔县东文部人。性孝友，因家贫弃儒就商，公正不欺。稍有赢余，乐善好施。赈穷恤乏，尤敬儒士，乡试各赠资斧，人多感之。其子承源继鼎志，倡议造茶阳公所，买义山建厉坛回春馆，以便旅客。及黄塘水永济桥，凡渡田平粜，皆有赠助，以从九封鼎为登仕佐郎。③ 王之林，清潼关县人，少家贫，卖菜为生。好施济，有以饥告者，虽持一日粮，必分给。后稍足衣食，常以不读书为恨。病革，命其子长庚捐金，引周公渠水入凤山书院，作池注焉。长庚好义如其父，有负债不能偿者，召之给其券，其人感谢而去。④ 李坤元，字厚庵，清陕西大荔县杨村人。幼贫困，艰苦备尝，酷嗜读书，负薪歌吟，不计鄙夷。兵乱旱荒，终未辍学。事母诚孝，屈己营商，惟恐养有不逮。同治五年（1866），以府试首名入庠，饬躬授徒，里人钦其品，举以办公，热心公益。凡筑城堡、办赈捐，无不集思广益，洁己奉公，建多公祠以报生，成立文昌阁以进文化。每一义举，必为文字以刊石垂后。又为村中严立条教，俾循循礼法之中。所居与朝邑邻，以地界蔓讼，两邑宰均谕令解和，卒能无偏无党，彼此悦服，官为赠以

---

① 《连城县志》卷二二《乡行列传上》，《中国方志丛书》第 239 号，成文出版社 1975 年版，第 904 页。

② 《新修大埔县志》卷二八《列传十一·耆德》，《中国地方志集成·广东府县志辑》第 22 册，上海书店出版社 2003 年版，第 513 页。

③ 《新修大埔县志》卷二八《列传十一·耆德》，《中国地方志集成·广东府县志辑》第 22 册，第 512 页。

④ 《续潼关县志》卷中《人物志》，《中国方志丛书·华北地方》第 247 号，成文出版社 1969 年版，第 123—124 页。

"风度端凝"匾额。岁戊戌（1898），刀匪劫掠行旅，杨村设鸿义局，举坤元为总绅练团防剿，匪闻之，相戒以无入李先生辖境。事讫，以余款设鸿义学塾。性和敏，判事曲直，数言立决，凡忠义、节孝事，为文详细录记，哀然成帙。①

　　第五种"去商人化"的途径是回归土地，购置田园，农商兼资。时人普遍认为，土地是最安全的财富形式，它不怕贼偷，不怕火烧。因此，许多商人奉行"以末致富，以本守之"的观念，将在商业领域积累的资本用于购置土地，收取地租。这在论及明清商业资本流向的论著中，多有述及，在此不赘。

　　上面我们把明清商人"去商人化"的路径划分五种类别，只是为了论述的方便。实际上，这五种类别是互有交叉的。如培育子孙业儒的，其目的也是做官，也购置有土地，也热心公益，利人济物；另如一心向学，以文行经术济世的，也具有仁爱之心，急公好义；乡贤也培育子弟奋进科场，占有土地；等等。但由此可以看出一个大的趋势，"去商人化"是该商人群体目标价值追求的总体特征。持工具型职业身份认同的商人在"去商人化"以后的社会角色主要是学者、文学家、艺术家、官员、慈善家、乡村社会精英、地主。他们有时候可能是多种社会角色兼具，然商业资本向工业资本转化的极少。按照对徽商、晋商的粗略统计，持工具型身份认同的商人约占到商人总数的70%—80%以上。他们的"去商人化"使该商人群体从整体来看缺少一种持续经商的动力，市场经济的洗礼没能塑造成他们的新的商魂，大多数又回到了出发时的体制，这就难以希冀其开辟新的社会发展道路了，发端于15、16世纪的商业大潮在近代的落幕似已成为必然。如将明清商人群体在近代的整体衰落仅归咎于封建主义的压迫，帝国主义的挤压和战争的破坏等因素的影响，则会遮蔽对明清商人群

---

① 《大荔县志稿》卷一〇，《耆旧传上》，《中国方志丛书·华北地方》第315号，第155页。

体自身特质的清晰认识。

三、明清商人精神与现代企业家精神建构

明清商人远去了，消逝在历史的烟尘中。但在其存在了 4 个多世纪的时间里孕育的商人精神是一笔值得珍视的财富。学术界已有一些学者对此颇为关注，做过一些研究，如吴慧、张正明等学者或对明清商人精神进行了总体的概括，或就某一地域商帮如晋商、徽商精神等进行了论述。在此，笔者不欲对明清商人精神本身进行专门的探讨，仅在充分吸收已有成果的基础上，对明清商人精神与现代企业家精神建构的关系做一初步的分析。

"商人"这一概念，有广义与狭义之别。狭义的商人，即如《现代汉语词典》的解释："贩卖商品从中取利的人"。广义的商人要宽泛得多，即是指为市场生产、提供商品或服务，并以此为职业的人，包括贩卖商、运输商、客栈商、金融商、牙商和生产商等。我们所说的"商人"即是采用的广义的商人的概念。什么是精神呢？精神是指人的意识、思维活动和一般心理状态。商人精神又是什么呢？顾名思义，商人精神就是商人的意识、思维活动和一般心理状态。明清商人精神就是指明清商人的意识、思维活动和一般心理状态。它是激发明清商人蓬勃向上、积极有为的内在品质或动力。

明清商人精神的形成，一是由继承明以前中国商人的优秀传统而来，二是创造性转化中国传统文化，特别是儒家文化资源的结果，三是明清时期的早期市场经济的锻造。明清商人精神具有丰富的内涵，涵盖了包括意识、思维活动和一般心理状态在内的精神这一概念的所有构

成要素。为简明、方便、易记，我们用 10 个字对其加以概括。谨略述于后。

爱国

明清商人具有深浓厚地爱国情怀，对国家有着一种强烈的认同感。国家认同是建立在历史认同、文化认同的基础上的。他们热爱自己的历史文化，经商余暇，熟读《左传》《国语》《史记》《资治通鉴》《通鉴纲目》等史学著作，研习儒、释、道诸家典籍，甚至涉猎小学，还喜欢传统的诗词歌赋，与士大夫往还酬唱。在国家多事之时，他们都毅然决然地站在国家一边：明嘉靖之时，倭寇之乱兴，东南扰攘，人民生命财产安全受到很大的威胁，不少商人特别是徽商加入到了防倭、御倭的战争之中，出钱出力加固城防，组织军民抵御倭寇的侵扰；清初，国家初步实现统一，民众渴望和平，然吴三桂倡乱西南，尚可喜、耿精忠响应闽粤，一时间，半壁江山奄非清有，商人拥护清廷平叛，一些商人亲冒矢石，活跃在抵御耿氏由福建进攻浙江的战场；西方殖民者东来，东南沿海商人抵御洋匪不遗余力；清朝用兵西北，商人介休范氏不畏险远，不惧沙漠、戈壁，多次为清军运送军粮；在大小金川之役、反击廓尔喀入侵西藏、平定南疆大小和卓叛乱等战争中，商人都慷慨解囊，捐助军费，缓解朝廷的财政状况，支持朝廷维护国家稳定和多民族国家的统一。爱国已成为明清商人群体的集体意识。

创新

创新是发展的第一动力。明清商人活跃了近 500 年的时间，创造了世界商业史上的奇迹，没有创新是办不到的。但明清商人经营的产品主要是自然产品和农副产品，手工业产品不占主流，产品创新不引人注目；技术创新因明清时期的中国未出现重大的技术发明，也不是非常明显。明清商人的创新主要表现两个方面：一是市场创新，特别是地域意义上的新市场的开拓。这方面的事例很多，如徽商、闽商、粤商、晋商对海外市场的拓展，他们与东南亚、日本、美洲以及欧洲的葡萄牙、西班牙、荷兰、英吉利等国，都有贸易往来。值得大书特书的是，山西商人把中国南方的茶叶经长江、运河北运，途经蒙古，运抵恰克图，辗转到达西欧，开辟了一条堪与丝绸之路相媲美的"茶叶之路"。山西票号在晚清时期，更是把分号开到了日本的横滨、俄国的彼得堡。在国内市场特别边疆民族地区市场的拓展方面，更功绩卓著。在明代，西南、西北、东北以及沿长城一线的茶马互市、马市、木市中，有不少内地商人，至清，蒙古高原活跃着"旅蒙商"，沟通蒙古与内地的商贸往来。旅蒙商人主要来自山西、河北等地。西北的巴里坤、叶尔羌、阿克苏、西宁等地有不少商人，其中以晋民为多。川康地区的打箭炉，商业繁盛，也多晋商。在云贵地区，江右商等商人的活动多见诸载籍。明清商人的另一个主要的创新就是组织管理的创新。这方面的创新各商帮皆有，但以晋商最为典型。最具代表性的就是票号的治理结构和管理理念。如票号中的东家与总经理的关系、票号的股份构成、票号员工的培养等。

诚信

诚、信二字，在《说文解字》中即有解释。许慎《说文解字》云："诚，信也。""信，诚也。"以诚、信互释。诚信就是诚实守信，真实不欺。但强调的侧重似有不同。诚，是指人的一种内在的品质，如《中庸》言："诚者，天之道也；诚之者，人之道也。"信，即信誉、信用，是诚的外在表现。诚与信之关系是，诚是信的内在根据，信是诚的外在表现。信必本之于诚，诚必发之为信。诚信连用，即内外一体，从心理到行为皆真实无妄，表里如一。儒学将信视为人之为人的必备品质，列入仁义礼智信五常之中。孔子云："民无信不立"，曾子云："吾日三省吾身，为人谋而不忠乎？与朋友交而不信乎？传不习乎？"但儒家又认为，信源于诚，没有诚，就难有信，"诚者，五常之本，百行之源也。"明清时期儒学教育体系较为完备，乡有社学、义学，府州县有府州县学，不少商人在经商前就接受过儒学教育，且还不少人弃儒经商。因此，在明清商人中，有数量不少的商人服膺儒学，以诚信营商，各个商帮中皆不乏其例。他们以"儒术饬贾事"，把儒家的道德伦理观念转化为商业伦理，诚实守信，童叟无欺。徽商舒遵刚更将诚实经商的实践提炼成为理论的形态，认为生财有大道，"狡诈何裨焉？""以狡诈求生财者自塞其源也"。诚信是明清商人商业行为的普遍的价值取向。

仁爱

《说文解字》云："仁，亲也。"即对人友善。爱的造字本义，就是用心疼惜呵护，加惠于人。可见，仁爱强调的是个人对他人、对社会的责任。儒家主张从身边做起，"亲亲而仁民，仁民而爱物"，推己及人，"老吾老以及人之老，幼吾幼以及人之幼"，把血缘的亲情推广到整个社会，甚至自然万物，"民，吾胞；物，吾与。"通观明清史籍中的商人传记，我们没有看到西方经济学假设的理性经济人，看到的最多的是明清商人的强互惠行为，他们不以利润最大化为目标，对弱势社会群体充满同情：孤苦无告者，予以救助；贫穷失学者，捐资修建义学、书院，让其接受教育；灾荒发生，灾民流离失所，不吝赀财，广施赈济。修建路桥，畅通道路，方便行人，也多所措办。积极投身公益活动，回馈社会，造福百姓，仁爱之心感天动地。

勤劳

《说文解字》云:"勤,劳也。""劳,剧也。"勤劳,就是尽力做事,不偷懒,不怕辛苦。勤劳是中华民族的美德。为什么要崇尚勤劳呢?只有劳动才能创造财富,劳动是财富之源。财富,在任何时代、任何社会中,都具有稀缺性。因此,要获得财富,勤劳是必备条件之一,甚至是最主要的必备条件。明清商人继承了中华民族这一世代相传的美德,贯穿于经商活动的整个过程之中。如:闽粤海商不惧波涛之险,远贩东西二洋;晋商不畏山高路远、风沙戈壁,走西口、闯关东、逾嘉峪,经商北部边地。另如,徽商、洞庭商贸易吴越楚蜀,江右商懋迁云贵,等等。明清商人的发展,各商帮的壮大,皆其勤劳所致。

企业家与商人都是市场的主体,在追求利润这方面是共同的。但也有差异,企业家是指对土地、资本、劳动力等生产要素进行有效组织和管理,并合法经营,将企业发展当作一项事业的人。中外经济学家、管理学家对企业家应具有的精神精神特征做过深入的分析,归纳起来,企业家精神特征包括如下7个方面的内容:创新是企业家的灵魂;冒险是企业家的天性;合作是企业家精神的精华;敬业是企业家精神的动力;学习是企业家精神的关键;执着是企业家精神的本色;诚信是企业家精神的基石。以这7个方面的企业家精神特征衡量明清商人,可以这么认为,明清商人还不是或不完全是企业家,明清商人精神与企业家精神也还存在一些差距。如在学习方面,明清商人是爱好学习的,他们为商业发展需要,关注交通地理,撰写交通地理著作,总结商业经营技艺和经验,但更让他们倾心的是诗词歌赋、与士大夫诗酒唱和,收藏图书、古玩;在敬业方面,虽也有人将经商当作与圣贤事业一样看待,但多数商人是将经商作为谋生的工具或为业儒奠定经济基础,商业利润积累到一定程度即弃贾而士、弃贾而农,等等。

但从上面的论述也可看出，在明清商人精神的五大构成要素中，与现代企业家精神相契合的内容亦不少见，且存在有可以丰富现代企业家精神内涵的元素。明清商人精神是明清商人留给后世的财富，如对其充分重视，合理吸收，在现代企业家精神的构建中是能够发挥重要作用的。

参考文献

一、古籍

《清实录》，中华书局 2008 年版。

《明实录》，线装书局 2005 年版。

《大明律集解附例》，明嘉靖刻本。

（明）申时行等：《大明会典》，明万历内府刻本。

（明）张四维：《条麓堂集》，张志江点校，上海古籍出版社 2018 年版。

（明）汪道昆：《太函集》，胡益民、余国庆点校，黄山书社 2004 年版。

（明）黄训：《名臣经济录》，影印文渊阁四库全书本。

（明）张居正：《张文忠公全集》，上海古籍出版社 1984 年版。

（明）张瀚：《松窗梦语》，盛冬铃点校，上海古籍出版社 1986 年版。

（明）赵南星：《赵忠毅公文集》，《四库禁毁书丛刊·集部》，北京出版社 2000 年版。

（明）李贽：《李温陵集》，明刻本。

（明）李梦阳：《空同集》，文渊阁四库全书本。

（明）顾起元：《懒真草堂集》，上元蒋氏慎修书屋排印本，1916 年。

（明）何良俊：《四友斋丛说》，中华书局 1997 年版。

（明）王士性：《广志绎》，吕景琳点校，中华书局 1981 年版。

（明）李维桢：《大泌山房集》，《四库全书存目丛书·集部》第 152 册，齐鲁书社 1997 年版。

（明）文征明：《文征明集》，上海古籍出版社 1987 年版。

（明）王家屏：《复宿山房集》，黄山书社 2016 年版。

（明）康海：《对山集》，明万历十年潘允哲刻本。

（明）李廷机：《李文节集》，于英丽点校，商务印书馆 2019 年版。

（明）王世贞：《弇州续稿》，影印文渊阁四库全书本。

（明）温纯：《温恭毅集》，影印文渊阁四库全书本。

《王阳明全集》，上海古籍出版社 2011 年版。

（明末清初）黄宗羲：《明文海》卷一二○，影印文渊阁四库全书本。

（明末清初）黄宗羲：《明夷待访录》，段志强注，中华书局 2011 年版。

（清）谷应泰：《明史纪事本末》卷六五，中华书局 2015 年版。

《皇朝文献通考》，文渊阁四库全书本。

《皇朝通志》，清文渊阁四库全书本。

（清）贺长龄：《皇朝经世文编》，清光绪十二年思补楼重校本。

《世宗宪皇帝朱批谕旨》，影印文渊阁四库全书本。

（清）陈确：《陈确集》，中华书局 1979 年版。

（清）唐甄：《潜书》，中华书局 1955 年版。

（清）李斗：《扬州画舫录》，周春东注，山东友谊出版社 2001 年版。

（清）钱仪吉：《碑传集》，载《中国近代史料丛刊》第 93 辑，台湾文海出版社 1987 年版。

《皇清奏议》，续修四库全书本，上海古籍出版社 2002 年版。

（清）徐珂：《清稗类钞》，中华书局 1984 年版。

（清）王应奎：《柳南随笔》上海古籍出版社 2012 年版。

（清）吴德旋：《初月楼续闻见录》，文海出版社 1987 年版。

（清）钱大昕：《潜研堂集》，清嘉庆十一年刻本。

（清）朱国桢：《涌幢小品》，上海古籍出版社 2012 年版。

（清）屈大均：《广东新语》，中华书局 1985 年版。

（清）纪昀：《阅微草堂笔记》，天津古籍出版社 1994 年版。

（民国）《重修婺源县》，民国十四年刻本。

（民国）《洪洞县志》，民国十六年铅印本。

（万历）《龙游县志》，民国十二年排印本。

（民国）《龙游县志》，民国十四年铅印本。

（嘉庆）《绩溪县志》，清嘉庆十五年刊本。

（民国）《重修婺源县志》，民国十四年刻本。

（嘉庆）《扬州府志》，清嘉庆十五年刊本。

（道光）《歙县志》，清道光八年刻本。

（光绪）《浮山县志》，清光绪六年刻本。

（民国）《太谷县志》，民国二十年铅印本。

（光绪）《续猗氏县志》，清光绪六年刻本。

（康熙）《休宁县志》，清康熙三十二年刊本。

（光绪）《五台新志》，清光绪九年续修刻本。

（康熙）《休宁县志》，清嘉庆二十年刊本。

（同治）《续纂江宁府志》，清光绪十年重印本。

（民国）《吴县志》，民国二十二年铅印本。

（民国）《新绛县志》，民国十八年铅印本。

（同治）《苏州府志》，清光绪九年刊本。

（民国）《吴县志》，民国二十二年铅印本。

《太原县志》，清道光六年刊本。

（同治）《南昌府志》，清同治十二年刻本。

（同治）《南海县志》，清同治十一年刻本。

（嘉庆）《稷山县志》，清嘉庆二十年刻本。

（民国）《东莞县志》，民国十年铅印本。

（民国）《重修安泽县志》，民国二十一年铅印本。

（民国）《续修醴泉县志稿》，民国二十四年铅印本。

《广州府志》，《中国方志丛书·华南地方》第 1 号，成文出版社 1966 年版。

（乾隆）《泉州府志》，《中国地方志集成·福建府县志辑》第 24 册，上海书店出版社 2000 年版。

《闽清县志》，《中国方志丛书·华南地方》第 101 号，成文出版社 1967 年版。

《南平县志》，《中国方志丛书·华南地方》第 217 号，成文出版社 1974 年版。

《永春县志》，《中国方志丛书·华南地方》第 231 号，成文出版社 1975 年版。

《稷山县志》，《中国方志丛书·华北地方》第 424 号，成文出版社 1976 年版。

《顺德县志》，《中国方志丛书·华南地方》第 187 号，成文出版社 1974 年版。

《厦门志》，《中国方志丛书·华南地方》第 80 号，成文出版社 1967 年版。

《番禺县志》，《中国方志丛书·华南地方》第 48 号，成文出版社 1967 年版。

《咸宁长安两县续志》，《中国方志丛书·华北地方》第 229 号，成文出版社 1969 年版。

《福山县志稿》，《中国方志丛书》华北地方第 55 号，成文出版社 1968 年版。

《澄海县志》，《中国方志丛书》第 62 号，成文出版社 1967 年版。

《三原县志》，《中国地方志集成·陕西府县志辑》第 8 册，凤凰出版社 2007 年版。

（民国）《嵩明县志》，《中国地方志集成·云南府县志辑》第 16 册，凤凰出版社 2009 年版。

《三续华州志》，《中国地方志集成·陕西府县志辑》第 23 册，凤凰出版社 2007 年版。

（雍正）《山东通志》，影印文渊阁四库全书本。

《湖广通志》，影印文渊阁四库全书本。

（成化）《山西通志》，民国二十二年景钞明成化十一年刻本。

（雍正）《陕西通志》，影印文渊阁四库全书本。

（乾隆）《盩厔县志》，《中国地方志集成·陕西府县志辑》第9册，凤凰出版社2007年版。

（民国）《大荔县新志存稿》，《中国地方志集成·陕西府县志辑》第20册，凤凰出版社2007年版。

（康熙）《楚雄县志》，《中国地方志集成·云南府县志辑》第59册，凤凰出版社2009年版。

（光绪）《永济县志》，《中国地方志集成·山西府县志辑》第67册，凤凰出版社2005年版。

《岐山县乡土志》，《中国方志丛书·华北地方》第252号，成文出版社1969年版。

《凤翔县志》，《中国地方志集成·陕西府县志辑》第29册，凤凰出版社2007年版。

二、专著

张海鹏、张海瀛：《中国十大商帮》，黄山书社1993年版。

张海鹏、王廷元：《明清徽商资料选编》，黄山书社1985年版。

李华：《明清以来北京工商会馆碑刻选编》，文物出版社1980年版。

苏州博物馆等：《明清苏州工商业碑刻集》，江苏人民出版社1981年版。

上海博物馆图书资料室：《上海碑刻资料选辑》，上海人民出版社1980年版。

广东省社会科学院等：《明清佛山碑刻文献经济资料》，广东人民出版社1987年版。

张正明、薛慧林：《明清晋商资料选编》，山西人民出版社1989年版。

张正明：《晋商兴衰史》，山西古籍出版社1995年版。

姜守鹏：《明清北方市场研究》，东北师范大学出版社1996年版。

龙登高：《中国传统市场发展史》，人民出版社1997年版。

吴承明：《中国的现代化：市场与社会》，生活·读书·新知三联书店2001年版。

姜守鹏：《明清社会经济结构》，东北师范大学出版社1992年版。

韦庆远：《明清史续析》，广东人民出版社2008年版。

黄鉴晖：《明清山西商人研究》，山西经济出版社2002年版。

陈其田：《山西票庄考略》，商务印书馆1937年版。

陈支平：《民间文书与明清东南族商研究》，中华书局2009年版。

唐力行：《商人与近世社会》，商务印书馆 2003 年版。

唐力行：《明清以来徽州区域社会经济研究》，安徽大学出版社 1999 年版。

张海鹏、王廷元：《徽商研究》，安徽人民出版社 1995 年版。

三、论文

封越健：《清代前期商人的社会构成分析》，《中国经济史研究》2000 年第 2 期。

万明：《全球视野下的明朝覆没——基于白银货币化的分析》，《河北学刊》2021 年第 5 期。

王兴亚：《明代抑商政策对中国经济发展的影响》，《郑州大学学报（哲社版）》2002 年第 1 期。

刘颜东：《抑商还是重商：中国古代商业政策再认识》，《云南社会科学》2004 年第 6 期。

王燕玲：《"抑商"思想与明清官僚经商》，《云南社会科学》2005 年第 3 期。

王大庆：《1980 年以来中国古代重农抑商问题研究综述》，《中国史研究动态》2003 年第 3 期。

王卫平：《明清时期江南地区的重商思潮》，《徐州师范大学学报（哲社版）》2000 年第 2 期。

赵世明：《我国明朝中后期重商略论》，《商业研究》2015 年第 5 期。

林春虹：《论晚明闽南士商互动及其重商意识》，《福建师大福清分校学报》2016 年第 1 期。

徐晓望：《论明清福州城市发展及其重商习俗》，《闽江学院学报》2008 年第 1 期。

张玉蕾：《论明代商业政策的转变》，郑州大学 2010 年硕士学位论文。

张明富：《抑商与通商：明太祖朱元璋的商业政策》，《东北师大学报（哲社版）》2001 年第 1 期。

吕小琴：《明代两淮运学倡设中的盐商地位变迁》，《兰州学刊》2015 年第 4 期。

谷霁光：《唐末至清初间抑商问题之商榷》，《文史杂志》1940 年 1 卷第 11 期。

杨联陞：《传统中国政府对城市商人的统制》，载于宗先、王业键：《中国经济发展史论集》，台北联经出版事业公司 1980 年版。

郭蕴静：《略论清代商业政策和商业发展》，《史学月刊》1987 年第 1 期。

郭蕴静：《谈谈清代的重商政策》，《社会科学辑刊》1990 年第 2 期。

邱澎生：《由苏州经商冲突事件看清代前期的官商关系》，载台湾大学文学院编：《文史哲学报》第 43 期，1995 年 12 月。

陈长华《抑商质疑——兼论中国古代的赋税制度》，《史林》1995 年第 2 期。

丁孝智：《中国封建社会抑商政策考辨》，《社会科学战线》1997 年第 1 期。

沈大明：《清律对商人的保护与控制》，《上海交通大学学报（哲社版）》2005 年第 5 期。

黄东海：《国家财政取向下重农抑商传统的法制真相》，《法制与社会发展》2008 年第 1 期。

邓亦兵：《清代前期抑商问题新探》，《首都师范大学学报》2004 年第 4 期。

萧国亮：《封建社会后期中西专制主义国家商业政策的比较研究》，《北京师院学报》1986 年第 3 期。

杨魁森：《物化的时代——论商品经济的基本特征》，《吉林大学社会科学学报》1999 年第 4 期。

张明富：《明代商业政策再认识》，《历史研究》2018 年第 6 期。

张明富：《清前期的商业政策与多民族国家的统一与巩固》，《古代文明》2016 年第 6 期。

陈支平、郑振满：《清代闽西四堡族商研究》，《中国经济史研究》1988 年第 2 期。

陈支平：《明清族商研究的倡言与思考》，《厦门大学学报》2009 年第 4 期。

方志远、黄瑞卿：《江右商的社会构成及经营方式——明清江西商人研究之一》，《中国经济史研究》1992 年第 1 期。

责任编辑：赵圣涛
封面设计：胡欣欣
责任校对：吕　飞

图书在版编目（CIP）数据

明清商人与社会 / 张明富 著 . —北京：人民出版社，2022.6
ISBN 978－7－01－024606－2

I. ①明… II. ①张… III. ①商人－研究－中国－明清时代
 IV. ① F729.4

中国版本图书馆 CIP 数据核字（2022）第 095074 号

明清商人与社会

MINGQING SHANGREN YU SHEHUI

张明富　著

人 民 出 版 社 出版发行
（100706　北京市东城区隆福寺街 99 号）

中煤（北京）印务有限公司印刷　新华书店经销

2022 年 6 月第 1 版　2022 年 6 月北京第 1 次印刷
开本：710 毫米 ×1000 毫米 1/16　印张：19.25
字数：320 千字

ISBN 978－7－01－024606－2　定价：89.00 元

邮购地址 100706　北京市东城区隆福寺街 99 号
人民东方图书销售中心　电话（010）65250042　65289539